Zu diesem Buch Die Beziehung zwischen Mutter und Sohn gilt als weitgehend problemlos. So ist es auch nicht weiter verwunderlich, daß über diese Beziehung recht wenig bekannt ist. Dieses Buch gleicht denn auch einer Reise durch eine bislang unerforschte Landschaft, einer mit vielen Überraschungen und Besonderheiten aufwartenden Reise. Der aufregenden Studie liegen die Auskünfte von mehr als 900 Frauen zugrunde, die über ihre alltäglichen Beziehungen zu ihren Söhnen berichten. Viele der Frauen äußern sich hier zum erstenmal über ihre Unsicherheiten gegenüber dem anderen Geschlecht ihres Sohnes und über intime Einzelheiten, von denen sie glauben, daß über sie nicht gesprochen werden kann und darf. Das Buch unternimmt den Versuch, die feine Linie zwischen mütterlicher Sorge und Unangemessenheit aufzuzeigen, deren Überschreitung zu Verwirrung, Verführung und inzestuösem Agieren führen kann. Der Autor behandelt einige ausgewählte Problembereiche in der Mutter-Sohn-Beziehung in aller Ausführlichkeit, um so den Blick zu schärfen und eine Diskussion über ein weithin als unkompliziert phantasiertes Verhältnis zu eröffnen. Desgleichen werden die wesentlichen Voraussetzungen erörtert, die erfüllt sein müssen, damit Unangemessenes im Verhältnis von Müttern zu ihren Söhnen vermieden werden kann.

Der Autor Gerhard Amendt, Professor für Soziologie an der Universität Bremen, hat sich mit Fragen der Medizin und der Kindererziehung beschäftigt. Er arbeitet an einer ergänzenden Studie zu dem vorliegenden Buch mit dem Titel »Wie Männer ihre Mutter sehen«. – Weitere Bücher des Autors im Fischer Taschenbuch Programm: »Die Macht der Frauenärzte« (Nr. 23769) und »Das Leben unerwünschter Kinder« (11079).

Gerhard Amendt

Wie Mütter ihre Söhne sehen

Fischer Taschenbuch Verlag

Ungekürzte Ausgabe
Veröffentlicht im Fischer Taschenbuch Verlag GmbH,
Frankfurt am Main, November 1994

Lizenzausgabe mit freundlicher Genehmigung
des Ikaru-Verlages, Bremen

Satz: Fotosatz Reinhard Amann, Aichstetten
Druck und Bindung: Clausen & Bosse, Leck
Printed in Germany
ISBN 2-596-12481-6

Gedruckt auf chlor- und säurefreiem Papier

Inhalt

Vorwort

Die vorliegende Studie handelt davon, wie Mütter ihre Söhne sehen. Wenig ist darüber bekannt, denn die Beziehung zwischen beiden gilt als weitgehend problemlos. Wir werden anhand der Ergebnisse unserer Befragung zeigen, daß dieses Verständnis in vieler Hinsicht eine Wunschvorstellung ist, die von der Wirklichkeit weit entfernt ist.

Die Befragung von 903 Frauen haben wir im Frühjahr 1992 durchgeführt. Die 151 Fragen, die wir den Frauen in den alten und neuen Bundesländern vorlegten, haben viele Informationen hervorgebracht und unbekannte Zusammenhänge in der Beziehung zwischen Frauen und ihren Söhnen offengelegt. Nur einen Teil davon stellen wir hier vor. Was nicht erörtert wird, bleibt späteren Veröffentlichungen vorbehalten.

Wir haben uns gefragt, wie wir die Erkenntnisse aus der Befragung den Lesern so anschaulich wie möglich nahebringen können. Wir haben uns dafür entschieden, auf Statistiken und Schautafeln weitgehend zu verzichten und statt dessen *ausgewählte Problembereiche der Mutter-Sohn-Beziehung* ausführlich darzustellen. Soweit einige Schautafeln im Anhangteil beigefügt sind, sollen sie lediglich dazu dienen, komplexe Zusammenhänge auf einen Blick zu veranschaulichen.

Wir haben uns zu dieser Darstellungsweise entschlossen, weil wir glauben, damit mit Frauen, Müttern, Töchtern, Männern, Vätern und Söhnen, Professionellen und interessierten Institutionen direkt in Kontakt treten zu können. Denn wir wollen ohne Verzögerung die Ergebnisse unserer Forschung darstellen. Das bestimmt die Form der Darstellung, die wir gewählt haben. So werden wir die Fragen, die wir den Frauen gestellt haben, zuerst als eine lebendige Beziehungsszene mit vielerlei Facetten entfalten. Wir versuchen zu beschreiben, was die Wahl einer bestimmten Antwortmöglichkeit bedeutet. Im Anschluß daran flechten wir die Zahlen ein, die zeigen, wie häufig bestimmte Beziehungsformen zwischen Frauen und ihren Söhnen verbreitet sind. Wir haben dieses Verfahren für solche Fragenkomplexe gewählt, die bislang nicht diskutiert wurden und denen wir deshalb eine besondere Bedeutung beimessen. Dazu gehören in erster Linie die, welche die Entwicklung der Söhne wesentlich beeinträchtigen und zudem formgebend dafür sind, was beim erwachsenen Mann später als »Männlichkeit«

bezeichnet wird, und was wir als individuelle oder kollektive Erscheinungsweise von Männlichkeit bezeichnen. Im Mittelpunkt werden deshalb Beziehungsszenen stehen, die damit zusammenhängen, daß »Mutter und Sohn« unterschiedlichen Geschlechts sind, und aus denen mehr oder weniger regelmäßig Probleme und verzerrte Sichtweisen entstehen; Sichtweisen, die mit der Tochter in dieser Form nicht möglich sind.

Folgende alltäglich auftretende Beziehungsszenen haben wir aus dem Fragebogen ausgewählt:

- *wie Frauen mit verführerischen Ansinnen ihrer Söhne umgehen;*
- *warum Frauen eine besonders intensive Sorge um den Penis ihres Sohnes entfalten, und warum sie soviel Vorbeugung betreiben, damit es ihm später einmal gutgeht;*
- *wie sich Frauen verhalten, wenn ihre Söhne als Liebhaber auftreten;*
- *warum sie dem Kleinen den Platz in ihrem Bett überlassen, wenn der Große weg ist;*
- *warum sie verzückt sind, wenn der Sohn ihnen wunderschöne Unterwäsche schenkt;*
- *warum viele Mütter seinen Penis streicheln würden, wenn er sich das wünscht;*
- *wie Frauen ihre Söhne beschämen, ohne sich dessen so recht bewußt zu werden;*
- *wie mütterliche Unangemessenheit zum Sohn sich von der väterlichen zur Tochter unterscheidet und*
- *worin die Ursachen für inzestuöse Verstrickungen zwischen Frauen und ihren Söhnen liegen.*

Zu einem späteren Zeitpunkt werden wir uns dem Phänomen des Penisküssens, den nicht endenwollenden Genitalwaschungen und den ungleichen Standards zuwenden, die viele Frauen beim Zugriff auf das Genital ihrer Kinder für sich im Gegensatz zum Vater gelten lassen.

Wir untersuchen, welche Grenzen die Frauen in ihrer Beziehung zum Sohn ziehen, welche sie nicht ziehen, wie sie das tun , welche Widersprüche sich dabei für ihre Gefühlswelt ergeben und welche Gefühle sie häufig außer acht lassen. Ebenso gehen wir der Frage nach, ob sie den Sohn in einer so feingesponnenen Weise verführen, daß dies ihnen selbst nicht einmal bewußt zu werden scheint. Zugleich untersuchen wir auch, wie der Sohn – phasenweise – recht erfolgreich die Mutter in seinen Bann zu ziehen weiß.

Wir fragen ebenso, welche Unterschiede es zwischen den Frauen in den alten und neuen Bundesländern gibt. Denn die Geschichte von 45 Jahren BRD und DDR hat bemerkenswerte Differenzen hervorgebracht – durchaus im Sinne einer zivilisatorischen Lücke,[1] die sich im Erziehungsstil – sowohl der Knaben wie Mädchen – niederschlägt. So erhellend die Ergebnisse der ausgewählten Beziehungsszenen bereits sind und so sehr sie uns eine konfliktorientiertere Sicht des Mutter-Sohn-Verhältnisses nahelegen, so sind es, wie gesagt, nur Ausschnitte aus dem großen Fundus an Einsichten, welche die Antworten der Frauen in sich bergen. Mit dem wenigen, was wir vorstellen, wollen wir die Diskussion über ein weitgehend problemlos phantasiertes Verhältnis eröffnen und eine »andere« Diskussion über unangemessene Eltern-Kind-Beziehungen beginnen, als wir sie bislang gewohnt sind. Wir möchten die *Beziehungen* und deren *Dynamiken* verstehen, die zu unangemessenen Gefühlen und Handlungen führen. Wir wollen keine Etiketten verteilen, welche die Welt in gute Mütter und schlechte Mütter aufteilen. Wenn uns das gelingt, so sind wir fürs erste zufrieden.

Ich möchte es nicht unterlassen, all denen zu danken, die diese Studie unterstützt oder erst möglich gemacht haben. Das sind vor allem die 903 Frauen, die wir um ihre Mitarbeit gebeten haben und die sich der gewiß nicht leichten Anstrengung unterzogen haben, den emotional anspruchsvollen Fragebogen auszufüllen und sich damit einer herausfordernden »Selbstbesichtigung« zu unterziehen. Ich danke den zahlreichen selbstorganisierten Frauen- und Müttergruppen, die zur Verteilung und Rücksendung des Fragebogens beigetragen haben, den Kinderärzten, die mit Aushängen in ihrer Praxis auf die Studie hingewiesen haben, sowie den Frauenbeauftragten in den neuen Bundesländern, die für uns das völlig unbekannte Terrain des Ostens für eine brisante Umfrage höchst kooperativ und obendrein erfolgreich erschlossen haben. Nur so war es möglich, eine Beteiligung von 45 % der Frauen im Osten zu erreichen. Weitgehend erfolglos war allerdings unser Versuch, über die Beratungsstellen der Caritas mit Frauen in den ländlichen Regionen Bayerns in Kontakt zu kommen.

Für die Mitarbeit an diesem umfangreichen Projekt danke ich besonders auch meinen Mitarbeiterinnen und Mitarbeitern. Petra Brandt und Beate Griesmeyer danke ich für die umfangreiche Datenerfassung und die erfolgreiche Umwandlung der zahlreichen Kommentierungen in den Fragebögen zu handhabbaren Variablen. Bei der Entwicklung des

Fragebogens, der Erhebung und anschließenden Aufbereitung für die Datenverarbeitung danke ich für ihre jeweils individuell höchst unterschiedlichen Beiträge meiner ständigen Mitarbeiterin an der Universität Bremen, Brigitte Beihl, sowie für die projektgebundene Mitarbeit Ulrike Locke und Friedrich Wilckhaus, der bei der Auswertung der Daten alles Wesentliche geleistet hat und meine Überlegungen in rechenbare Fragestellungen übersetzte.

Jenseits ihrer jeweiligen Arbeitsbereiche haben alle mit Ideen und nicht minder mit scharfsinnigen Bedenken und Einwänden zu dem brisanten wie aufregenden Projekt beigetragen. Erst recht trifft das für manche Formulierung in den verschiedenen Stadien der Manuskriptabfassung zu. Mein Dank gilt auch den Studenten und Studentinnen, die über mehrere Semester an meinen Lehrveranstaltungen zum Thema »Beziehungen zwischen den Generationen und Geschlechtern« teilgenommen und sehr ideenreich bei der Entschlüsselung des verborgenen Sinns mancher Frage mitgewirkt haben.

Dank schulde ich meinen Wiener Freunden, nämlich Dr. Peter Hexel, der mir in der frühen Phase der Fragebogenentstehung ebenso zur Seite stand wie Margarete Grimm, die kritische Gedanken aus psychotherapeutischer Sicht zu den weniger naheliegenden Aspekten meiner Fragen beisteuerte.

Dank, der einer besonderen Erwähnung bedarf, schulde ich meiner Frau, Dr. Nancy Amendt-Lyon, die mir nicht nur den gelassenen und kontinuierlichen Zugang zu einem angstbesetzten Erkenntnisbereich der psychoanalytischen Forschung erleichterte, sondern ebenso mit Gelassenheit, psychotherapeutischer Erfahrung und kritischen Positionen zum gegenwärtigen Geschlechter-Verhältnis unnachgiebig darauf bestand, daß ich meinen sezierenden Blick nicht jenen Aspekten der Mutter-Sohn-Beziehung vorenthalte, die ich sonst vor lauter Schreck, von so mancher alten wie neueren Angsterfahrung eingeholt zu werden, nicht nur übersehen, sondern auch zu meiner »eigenen Wohlfahrt« mir allzu gern »erspart« hätte.

Trotz vieler Anregungen und nicht unerheblicher Eingriffe in meinen Reflexionsprozeß trägt alles Vorliegende nicht nur letztlich meinen unverkennbaren Stempel, sondern ich trage für alles die Verantwortung, was ich niedergeschrieben habe. Und ich bin tief davon überzeugt, daß alle Beteiligten an diesem Erkenntnisprozeß über die Beziehung zwischen Frauen und ihren Söhnen nicht ohne Veränderung daraus hervorgegangen sind. Weil es anstrengend war, noch immer ist und für die

Zukunft bleiben wird, ist der Arbeitsprozeß nie nur eine intellektuell fordernde Arbeit gewesen, sondern noch viel mehr eine tiefreichende Auseinandersetzung mit der eigenen Erfahrung von Kindheit und Elternschaft und für die Jüngeren nur ein Blick zurück in die eigene unerforschte Kindheit, die jeder ein Stück weit oder beinahe gänzlich vor der erinnernden Wiederkehr gesichert wähnt. Aber wie sich oft zeigte, sei es in Arbeitsgesprächen oder Lehrveranstaltungen, ist jede Geschichte rekonstruierbar. Der Kampf um die Erinnerung lohnt sich immer, und sei es, daß der kleinste Fortschritt nur die Möglichkeit des Erinnerns als *Möglichkeit* erfahrbar macht.

Sexualität zwischen Wunsch und Wirklichkeit

Gefühlloser Erziehungsalltag

Wir leben in einer Zeit, in der täglich über die Schrecken der Sexualität berichtet wird. Da ist die Rede von Frauen, die vergewaltigt werden. Da schlafen Therapeuten mit ihren Patientinnen.[1] Da lesen wir von Kindern, die von ihren Eltern für pornographische Filme ausgeliehen werden. Da sieht die Mutter mit dem 16jährigen Sohn gemeinsam Pornofilme an. Eine andere wiederum läßt ihren Vierjährigen den Beischlaf an sich versuchen, um ihm dann liebevoll zu erklären, er habe jetzt selbst gesehen, daß er dazu noch zu klein sei. Andere wiederum schwärmen davon, daß Sexualität mit Kindern unschädlich sei, solange sie nur gewaltfrei verlaufe. Vieles spricht für die Vermutung, daß auch die ideal phantasierten Beziehungen zwischen Frauen und ihren Söhnen von unangemessenen Einstellungen verzerrt werden.[2]

Aber Männer und Frauen gestalten die elterlichen Beziehungen zu ihren Kindern in jeweils besonderer Art. Alles deutet darauf hin, daß sie sich nicht nur im Berufsleben, im Umgang mit Kindern, in den Formen des sexuellen Begehrens und in der Verteilung von Aktivität und Passivität unterscheiden, sondern auch in der Art und Weise, wie sie *unangemessene Beziehungen* zu ihren Kindern eingehen.

Das Leiden der Mädchen und Knaben an den Eltern verläuft geschlechtsspezifisch entlang jener Fronten, die der moderne Geschlechterkampf gezogen hat. Die Knaben leiden bislang noch eher sprachlos, heldenhaft im Detail und an die gesellschaftlichen Erwartungen von Männlichkeit angepaßt. Sie leiden in Formen, die sie später einmal zu Helden am Arbeitsplatz erheben werden oder zu symbolischen Helden in Pferdesätteln, die sich in den Canyons von Colorado stoisch-heroisch bewähren. Das Leiden der Männer ist eine anerkannte gesellschaftliche Tugend und kommt deshalb nicht zur Sprache, weil viele Männer es gar nicht so empfinden, sondern vielmehr als Ziel erfolgreicher Männlichkeit verfolgen. Im Gegensatz dazu machen Mädchen ihr Leiden immer häufiger öffentlich, denn sie kennen – in vieler Hinsicht – keine gesellschaftliche Anerkennung. Sie taugen nur zum Erdulden, und immer mehr Frauen ist das zu wenig.

Als vor mehr als 25 Jahren der Kampf gegen die sexuelle Unterdrückung in Schule und Elternhaus wie deren Niederschläge im einzelnen selbst seinen Anfang nahm, waren Studenten und Schüler die Protagonisten. Es war eine sexualpolitische Bewegung gegen verhaltenserstarrte Eltern, gegen ihre traditionelle Lustfeindlichkeit, gegen ihr Unvermögen, sich selbst zu genießen, und gegen die Asymmetrie der Geschlechterbeziehung, in der sie verharrten. Ganz im Wilhelm Reichschen[3] Sinne – so hoffte man – könnte die Orgasmusfähigkeit die Welt von allem Übel befreien!

Von den sexualpolitischen Perspektiven der 68er Bewegung sind bedeutsame Impulse für die Kindererziehung in Familie und Kindergärten wie für die partnerschaftliche Sexualität ausgegangen. Aber die sexuelle Aufklärung hat in der Zwischenzeit ihren Schwung verloren. Die sexuelle Befreiung ist in den pädagogischen Alltag und das Schulbuchwissen ausgewandert. Was einst sexualpolitische Bewegung war, ist heute administrative Routine.

Viele Eltern tun heute keinen Schritt mehr, ohne sich in Handbüchern über die pädagogische Korrektheit ihrer Absichten vergewissert zu haben. Immer weniger Eltern verfügen über intuitive Gewißheit, die sie die sexuellen Gefühle und Äußerungen ihrer Kinder verstehen läßt. Dazu konnte es nur kommen, weil die Eltern ihre Kindheitssexualität verleugnen, statt sie als unerschöpfliche Quelle zum Verständnis der kindlichen wie eigenen Sexualität zu nutzen. Statt dessen lehnen sie sich identifikatorisch bei Autoritäten an, die sie zu Hütern verläßlicher Wahrheiten stilisieren, um sich das Mißtrauen gegen ihre eigene Gefühlswelt bestätigen und letztlich sogar von ihrer elterlichen Verantwortung befreien zu lassen.

Diese feinsinnige Form der gefühlsmäßigen Einsichtsverweigerung prägt auch viele Pädagogen: Die Geschichte ihrer eigenen Kindheitssexualität lassen sie um keinen Preis zur Voraussetzung ihrer beruflichen Arbeit werden. Für Kinder, die eigenen wie die fremden, soll einfach nur alles besser werden und sich ohne die Last der elterlichen Geschichte vollziehen. Das aber ist nicht möglich, weil sexuelle Befreiung immer zugleich eine Auseinandersetzung mit der Vergangenheit der elterlichen Sexualität und ihrer Beziehung zum anderen Geschlecht ist.

So kommt es, daß wir heute in einer höchst eigenartigen Sexualkultur leben, die von unübersehbarer Neigung zur Rückkehr zum »Alten« geprägt wird: Eltern tun das vermeintlich Richtige, von Zeitungen, Zeitschriften und Handbüchern belehrt. Aber elterliche Spontaneität erscheint geächtet wie die Geschichte, der sich diese Spontaneität verdankt. Und gleichzeitig nehmen die Anzeichen dafür überhand, daß Sexualität sich immer offener mit dem Gewalttätigen und vor allem dem Schamlosen, eben der Desavouierung von psychischen Grenzen, mischt. Die Verleugnung der Sexualerfahrung der Erwachsenen während ihrer Kindheit steht den Zielen im Wege, die sie für ihre Kinder verfolgen.

Das hat zur Folge, daß nicht die Erotik siegt, welche die Gefühle der Angst, der Schuld und des Verlassenwerdens für korrigierende Erfahrungen offenhält, sondern daß die Sexualisierung familiärer Beziehungen sich immer mehr ausbreitet. Das zeigt sich beispielhaft an der Zwanghaftigkeit des Lernens von Frauen mit ihren Kindern. Es wird als pädagogische Hilfe dargestellt, was seinem Wesen nach eine minutiöse Kontrolle aller kindlichen Triebäußerungen ist. Verdeckt wird der Zusammenhang dadurch, daß die Schule diese »mütterliche Leistung« erwartet. Die Triebkontrolle trägt heute ganz offensichtlich andere Züge als in der Vergangenheit. Sie kaschiert sich nicht wie früher mit Ordnungs- und Anstandsbegründungen, sondern zum Beispiel mit Leistungsförderung.

Wir stehen heute vor dem gesellschaftlichen Problem, daß an die Stelle der individuierenden Erotik tendenziell eine inzestuös aufgeladene Gemeinschaft mit Kindern tritt. Diese soll diffuse Ängste der Frauen mindern, die ihr Leben der Kindererziehung mehr oder weniger freiwillig verschrieben haben. Die inzestuös aufgeladene Gemeinschaft mit Kindern kann das aber nur zustande bringen, indem sie den Unterschied zwischen den Generationen schleift, wie weiland die mittelalterlichen Besatzer die Gemäuer eroberter Burgen.

Sexualisierende Unlustvermeidung

Können wir nach diesem eher ängstigenden Szenario nur noch feststellen, daß die Bewegung für die sexuelle Befreiung aus den 60er Jahren beim Gang durch die schulischen Institutionen und die Professionalisierung der Erziehungsarbeit ein schlimmes Ende genommen hat?

Ist der Kampf gegen die repressive Sexualmoral der Eltern an einem größenwahnsinnigen Anspruch namens »sexuelle Revolution«, einem Zirkus biederer, jedoch höchst gefährlicher Entsublimierungen gestrandet? Feiert die repressive Entsublimierung, von der Herbert Marcuse[4] bereits 1964 sprach, Urstände in der Sexualisierung der Eltern-Kind-Beziehung, d.h. in der meist penetrativ-gewalttätigen Form der Männer und der meist verschlingend-gewalttätigen Form der Frauen?

Sollten wir geirrt und das Falsche gepredigt haben? Endet die Utopie der sexuellen Befreiung in einem Meer gewaltsamer Penetrationen und schamloser Verschlingungen, für die niemand mehr die Verantwortung übernehmen will, weil nichts davon in den Büchern steht und die Wissenschaft darüber noch nichts publiziert hat?

Ist es höchste Zeit, das Gefährt herumzureißen, um den Klippen vermeintlich ungeregelter Triebhaftigkeit zu entkommen, die sich als Sexualisierung ungehemmt mit aggressiven Impulsen mischt?

Nach der Urteilsverkündung im Göttinger Pornographie-Prozeß, in dem es darum ging, daß Eltern ihre Töchter zum Inzest verführten und zum Mißbrauch verkauften, hat mich ein Journalist gefragt, ob nicht all das die logische Konsequenz jener Liberalität sei, die nun einmal, wie er meinte, laute, daß es Kindern nicht schade, wenn sie den elterlichen Sexualverkehr beobachten würden oder wenn ein Mädchen am erigierten väterlichen Penis spielerisch sich betätige.

Es kann kein Zweifel daran bestehen, daß die Sexualerziehung in den Institutionen und in den Familien in einer Krise steckt; sowohl Eltern wie Pädagogen merken das täglich. Woran mag das liegen? Ich vermute, daß Eltern und Erzieher sich im Alltag immer mehr außerstande sehen, zwischen *Liberalisierung* und *Grenzenlosigkeit*[5] eine Unterscheidung zu treffen. Da die hohe Fähigkeit, »nein« sagen zu können, nur zu häufig mit traditioneller Rigidität verwechselt wird, muß es fast unabwendbar zu sexuellen Grenzüberschreitungen zwischen der Sexualität der Erwachsenen und ihrer Kinder kommen. Was die Generationengrenze getrennt halten sollte, fließt immer öfter ineinander.

An den Folgen dieser Tendenz hat sich der politische Konservativismus bereits entzündet. Er fürchtet aufgrund seiner generellen Sexualangst die zunehmende Sexualisierung der Eltern-Kind-Beziehung, und ich würde sagen, daß er damit etwas Wahres erfaßt, denn Triebentmischung – und darum geht es im Augenblick – hat nichts mit Fortschritt in der Aufklärung zu tun. Aber zu dieser Einsicht muß erst recht das liberale Lager kommen, damit nicht nach neuen, sondern nach weiterführenden Wegen gesucht werden kann, um die wesentlichen Erfolge der vergangenen Jahre zu bewahren und zugleich eine Diskussion über die damit ebenso notwendig neu auftauchenden Probleme zu beginnen.

Eine der dringenden Fragen, die erörtert werden müssen, lautet: Was bedeutet überhaupt Sexualisierung von Eltern-Kind-Beziehungen im Gegensatz zur Sexualität der jeweiligen Generation?

Ich will versuchen, das zu skizzieren und im weiteren anhand der Befragungsergebnisse zu belegen, weil viele Eltern und Erzieher die Wirkungsweise ihrer Übergriffe gar nicht »merken«, sondern sie, wie gesagt, mit liberaler Erziehung verwechseln. Ich sage, daß die Sexualisierung der Eltern-Kind-Beziehung sich darin zeigt, daß das Sexuelle am falschen *Ort*, zur falschen *Zeit* und an der falschen *Person* infolge eines nicht bewußten Wunsches, von Trauer, Verzicht oder deren Vermeidung in Beziehungen einfließt. Anlaß für die Sexualisierung des Eltern-Kind-Verhältnisses ist in den meisten Fällen, daß Erwachsene sich eine Möglichkeit verschaffen, unliebsame Gefühle wie Trauer, Haß, Enttäuschung und Unzufriedenheit durch Verschiebung und Umkehrung erträglich zu machen. Sie wollen den unangenehmen Affekt nicht erleben.[6] Zu dieser Form der Unlustvermeidung werden die eigenen Kinder »eingespannt«. Dieser psychische Mechanismus wird offensichtlich von Eltern immer häufiger angewandt, so daß die Sexualisierung des Eltern-Kind-Verhältnisses Ausmaße erreicht, die beängstigend sind und große Teile der heranwachsenden Generation gefährden.

Die Zerschlagung der »autoritären Kleinfamilie«, die sich die 68er Bewegung zum Ziel gesetzt hat, um die »Quellen der Neurosen ein für allemal zu verstopfen«, ist mittlerweile einer von hermetischer Elternsorge für das Kind getragenen, hoch intensiven Klebrigkeit der gefühlsmäßigen Bindungen gewichen – eben der Sexualisierung.

So kann zum Beispiel die psychische Entlastung von einer unbewußten Sexualisierung des Verhältnisses zum Kind für eine Frau darin bestehen, daß sie die sexuellen Grenzen zwischen sich und den eigenen Kindern »verwischt«, um so ihr eigenes Leiden an dieser Welt besser ertragen zu können. Das wird besonders für jene Frauen zutreffen, die mit der Professionalisierung der Erziehungsarbeit im familiären Bereich Kompensation für die als beschämend und kränkend erlebte Ausschließung von beruflichen Befriedigungsformen suchen, in einem Bereich also, in dem sie – dank der männlichen Außenorientierung – konkurrenzlos mächtig sind.

Solche Frauen gehen *unangemessene* Beziehungen zum Kinde in vordergründig fürsorglicher Absicht ein. Für den Sohn oder die Tochter handelt es sich jedoch um eine schwer abwehrbare, unbewußt symbolisch-verschlingende Einmischung. Die Sexualisierung ist auf der Erscheinungsebene das mehr oder weniger beständige Verschlingen des

Kindes durch den jeweiligen Elternteil unter dem Vorwand der Förderung. An drei Beispielen möchte ich das skizzieren.

Das erste Beispiel: Am Telefon einer Beratungsstelle berichtet eine Mutter über 15 Minuten darüber, daß sie über die anatomische Beschaffenheit des Penis ihres Sohnes besorgt sei, und nach subtilsten Beschreibungen verband sie letztlich die Frage damit, ob dieser Penis denn noch normal sei? Auffallend dabei war, daß der Sohn 15 Jahre alt war und selber keinen Leidensdruck spürte.

Das zweite Beispiel: In der AA-Kommune in Österreich wurden mehr als 15 Jahre lang Kinder und Jugendliche von Otto Mühl und seiner Lebensgefährtin unter dem wohlwollenden Blick von Künstlern, Politikern und Intellektuellen als Demonstration einer alternativen Sexualerziehung für die eigene Sexualbefriedigung mißbraucht. Otto Mühl wie seine Lebensgefährtin wurden zwischenzeitlich zu hohen Zuchthausstrafen verurteilt.

Das dritte Beispiel: In den USA gibt es Kindergärtnerinnen, die den Knaben die Hose vor der Toilette nicht mehr herunterstreifen, weil sie, von Strafprozessen eingeschüchtert, befürchten, des strafbaren unangemessenen Verhaltens bezichtigt zu werden.

Die beiden ersten Beispiele stehen für die sexualisierende Änderung der modernen Elternsorge, die, als sachliche Sorge ausgegeben, die Schamgrenze überschreitet, Inzest begeht, ohne den Affekt des Verbotenen und des Destruktiven überhaupt noch zu spüren. Wo Sexualisierung herrscht, kann keine Zärtlichkeit entstehen. In der Pädophilie-Debatte wird diese Verwechslung zur pädagogischen Tugend erhoben.

Ironischerweise hat sich diese Entwicklung vorwiegend in lernpsychologischer Gewandung vollzogen, weil diese psychologische Lehre die Gefühlsaspekte menschlicher Beziehungen systematisch vernachlässigt. Diese sind aber die Träger der Angst in sexuellen Beziehungen. Nur so konnte die Sexualdebatte der vergangenen zweieinhalb Jahrzehnte von der Revolutionsrhetorik zu Fragen von der Art verkommen, ob Eltern ihr Kind heute schon gestreichelt haben, ob sie die Erektion ihres Sohnes gesehen und die Hand zwischen den Schenkeln ihrer Tochter als Indiz eines vermeidbaren Penisneides beobachtet haben!

Eines ist sicher: Sexualität wird niemals häuslich, harmlos und aggressionslos wie ein Schoßhund sein. Sexualität läßt sich auch nicht in einem revolutionären Akt »ein für allemal befreien«, wie sich das die 68er Bewegung in Anlehnung an den frühen kapitalismuskritischen und die New-Age-Bewegung in Anlehnung an den »orgonisch strahlenden« späten Wilhelm Reich vorgestellt haben.

Die Frage ist deshalb nicht unberechtigt, ob wir uns demnächst jener Polarisierung in der Sexualerziehung wieder nähern, die uns abermals die Rückkehr zum Alten, wenn nicht Idealen, so doch weniger Bedrohlichen empfiehlt, weil das Alte mit dem Geheimgehaltenen zusammenfiel und daraus die Abwesenheit von Gewalt in der Sexualität – fälschlicherweise – abgeleitet wurde. Demnächst wird uns Geheimhaltung empfohlen werden, wie sie für inzestuös strukturierte Familien typisch ist. Verschweigen, Verdrängen und Verleugnen werden als identisch mit Konfliktlosigkeit phantasiert. Ein Familiengeheimnis eint und schirmt gegen aufdeckende Fragen ab. Aber wollen wir zu jener Grabesstille der privaten Sexualneurosen zurückkehren, die der Psychoanalytiker therapieren und vom neurotischen Elend ins allgemeine Elend umwandeln kann? Oder wollen wir das nicht und statt dessen eine Weiterführung der Sexualitätsdebatte?

Soll das Öffentliche, das die Sexualität gerade als das Geheimgehaltene immer schon war, wiederum zum Einzugsbereich der Beichtstühle und Therapien werden? Soll sie zum Inbegriff des Bösen, des Verruchten oder des Verrückten werden, dessen wir nur Frau oder Herr werden können, indem wir es als Schicksal hinnehmen und durch Sühnehandlung wiedergutmachen oder als Zwangsneurose therapeutisch angehen?

Die Verläßlichkeit bewußter Gefühle

Es gibt viele Hinweise dafür, daß die moderne Sexualerziehung in Familien und in Institutionen sich auf einem falschen Weg befindet. Ich stelle das fest, ohne die Vergangenheit zu entwerten, wie das im Gefolge der untergegangenen realsozialistischen Gesellschaften nur allzu gern mit allen reformerischen Bewegungen der vergangenen Jahrzehnte geschieht. Ganz im Gegenteil: Die Sexualitätsdebatte, die ihren Ausgang in den 60er Jahren nahm, hat eine überragende Bedeutung für die Beziehung der Geschlechter zueinander, und ohne sie wäre eine weiterführende Diskussion gar nicht vorstellbar.

So sind die anfangs geschilderten Gewaltsymptome überhaupt nur gesellschaftlich und individuell wahrnehmbar, weil Veränderungen stattgefunden haben und an die Stelle der Verleugnung die Bereitschaft getreten ist, Verschwiegenes zumindest teilweise zu verstehen. Dadurch wurde jener Blick auf die fremde Sexualität möglich, der im Fremden die eigene Sexualität erkennt und anerkennt. Wie schwer das fällt, sehen wir besonders in der Debatte über Aids. Der Mut zur Angst, für den auch H. E. Richter[7] plädiert, kann das destruktive Potential eigenen sexuellen Begehrens gerade in den Varianten von »Schmusesex und Kuschelideologie« sichtbar machen, ein Potential, das gegenüber Kindern zu Inzest führen kann.

Ich glaube schon, daß die Zahl der Vergewaltigungen steigt wie auch die Häufigkeit des Inzests. Aber ich glaube doch, daß die meisten unangemessenen Beziehungen zu Kindern sich unter dem Schleier moderner Elternsorge als Zugriff auf deren Intimität vollziehen – und zwar nicht als gewalttätige Zugriffe. Der gebannte Blick auf das Gewaltsame verstellt uns den Blick auf den gewaltlosen Seelenmord[8] an Kindern.

Was wir heute sehen, ist nichts sonderlich Neues. Wir sehen allenfalls das Alte erstmals oder anders. Dabei läßt uns »Mut zur Angst« Abschied von den persönlichen Verleugnungen nehmen, mit denen wir gesellschaftliche Verhältnisse gedeckt oder als naturwüchsig hingenommen haben. Aber ohne Angst gelingt der Abschied von Verleugnung und affektiven Abspaltungen nicht. Eltern, die heute die Masturbation ihrer Kinder nicht mehr mit dem Verdikt heraufdämmernden Wahnsinns belegen, haben ihr Erziehungsverhalten humanisiert; selbst dann noch, wenn sie mit ihren eigenen widerspruchsvollen Gefühlen kämpfen und mehr dem Rat der Bücher als ihrer eigenen Gefühlswelt trauen. Ich möchte das anhand eines Briefes darstellen, den eine Frau dem Fragebogen »*Wie sehen Mütter ihre Söhne?*« beifügte.

»Ich habe wirklich jede Menge Probleme, gerade mit der Andersgeschlechtlichkeit meines Sohnes, alte Rollenvorstellungen dürfen nicht mehr gelten. Aber was sind die neuen? Der Kindesvater hat in meinen Augen sehr mackerhafte Züge, mein Sohn eifert ihm im Augenblick sehr nach und idealisiert ihn stark. Meine Schmerzen liegen darin, wie gehe ich damit um, ohne die gefürchtete Muttermacht zu gebrauchen? Was macht das Männliche eigentlich aus? Ich verspüre ständig große Unsicherheit gerade in unserer Zweierbeziehung. Ich empfinde vieles als ständige Gratwanderung. Gebe ich ihm zum Beispiel genug Zärtlichkeit oder mißbrauche ich ihn für meine Bedürfnisse nach Nähe, die ich zweifellos habe – oder fühlt er sich verpflichtet, mir Partnerersatz zu bieten?
Anschließend möchte ich noch erwähnen, daß ich es satt habe, gerade

in der Literatur darüber zu hören, was und wie Erziehung falsch gemacht wird. Meine Unsicherheiten habe ich sowieso schon. Was fehlt, ist echte Unterstützung für Eltern, den Beziehungsweg mit Kindern bewußt unter Einbeziehung von eigenem Gelernten und in Idealvorstellungen gehen zu lernen. Wo kann man denn lernen, seinen Gefühlen zu trauen und damit auch die Gefühle des Kindes ernst zu nehmen?«

In diesem sensiblen Brief wird das Verhältnis von »Liberalisierung, Grenzenlosigkeit und Rigidität« thematisiert. Der entscheidende Satz handelt von den eigenen Gefühlen, denen man trauen darf und die zugleich die Gefühle des Kindes wahrnehmen oder sie vielleicht doch schon verletzen. Das berührt das Kernproblem der modernen Sexualaufklärung, die davon ausgeht, daß die guten Absichten der Eltern ausreichen, um Kinder »gut und gewaltfrei« zu erziehen. Das ist der grundlegende Irrtum moderner Sexualaufklärung. Es geht nicht um richtige Information aus Büchern, sondern um veränderte Beziehungen zwischen Eltern und ihren Kindern. Und die können allein über die veränderte elterliche Gefühlswelt vermittelt werden. So gesehen ist die Rede über die Masturbation der Kinder eine Rede über die Gefühle der Eltern über die Masturbation während der eigenen Kindheit und wie sie heute dazu »stehen« können und darüber, wie sie die Masturbation als Erwachsene erleben. Es geht nicht darum, was in Büchern steht, auch wenn das den Eltern so erscheinen mag.

Sexualaufklärung hat natürlich auch mit Informationen, Beschreibungen und Fakten zu tun. Aber diese sind ohne Ausnahme in widersprüchliche Gefühle eingebettet, die selbst Ausdruck der Geschichte des Überbringers sind. Eine gute Nachricht kommt schlecht an, wenn Eltern die Bedenkenlosigkeit der Masturbation ihren Kindern mit angstverengtem, quasi-asthmatischem Herzen, am Erröten und an aufbrausenden Schamgefühlen entlangschlitternd, übermitteln. Kinder werden bei der Aufnahme einer Botschaft den Gefühlsäußerungen immer den Vorrang vor dem gesprochenen Wort geben, denn die Gefühle sind die erste Sprache, denen die Kinder zu vertrauen gelernt haben. So wirkt eine bejahende Information über Sexuelles verbietend oder beunruhigend, wenn die elterlichen Gefühle, die sie begleiten, im Widerspruch zum gesprochenen Wort stehen. So gesehen geben viele Eltern, Lehrer und Sozialpädagogen richtige Informationen in der traditionellen sexualfeindlichen Weise weiter. Der Zwang zum Guten und zur Freiheit verhunzt eben das Ziel, weil der Weg im Widerspruch zum Ziel steht. Freiheit läßt sich nicht durch Unfreiheit erzwingen, schon gar nicht im Medium der Angst, die von innerer Unfreiheit zeugt.

Neben die unbearbeitete elterliche Sexualangst tritt die Schamlosigkeit als Folge einer gefühlsverleugnenden Fortschrittlichkeit. Das gewaltsame Überspringen des Unbearbeiteten schafft weitere Beziehungsverzerrungen. Weiter kommentiert die Briefautorin unsere Frage (D 11):

> *»Ein Mann erinnert sich im Alter von 45 Jahren voller Peinlichkeit, daß seine Mutter ihm als 8jährigem die Hose heruntergestreift hat, um mit einer Nachbarin zu prüfen, ob sich die Hoden gesenkt haben. Wie würden Sie das Verhalten der Mutter beschreiben?«*

Sie schreibt:

> *»Keine Frau glaubt, ihrem Sohn wirklich etwas Gutes zu tun, wenn sie der Nachbarin seinen Penis zeigt, selbst wenn es um dessen richtige Entwicklung geht. Auf der anderen Seite wird Offenheit gefordert – gerade im Bereich der Sexualität.«*

Der Widerstreit besteht also zwischen Sorge für den Sohn und seiner möglichen Beschämung, eben einem Überschuß an mütterlicher Forschheit. Welche Folgerungen ziehe ich daraus? *Erziehung* ist eine in verletzbare Gefühle eingebettete *Beziehung*, in der die Beteiligten nicht nur als Informationssender oder -empfänger auftreten. Sie stehen der Aufnahme der Mitteilung mit angstvermeidenden oder angstfördernden Gefühlen gegenüber. Wenige sind angstfrei.

Es gibt den psychischen Widerstand gegen Veränderung, obwohl sie innigst gewünscht wird. Diese Dimension zu vernachlässigen, was mehr oder weniger die Pädagogik der sexuellen Aufklärung prägt, kommt einer Zerstörung der pädagogischen Ziele mit eigener Hand gleich. Das Reden über Sexualität kann nur sinnvoll sein, wenn Eltern sich einer wie immer gearteten Erfahrung mit ihrer eigenen Beziehungswelt aussetzen. Was nutzt sachliches Wissen, wenn die Gefühle eine sexualfeindliche oder beängstigte Botschaft senden, die den Empfänger unbewußt dazu auffordert, so zu werden, wie der Überbringer ist: ängstlich gegenüber den verdrängten Anteilen der Sexualität und rücksichtsvoll gegenüber den Überbringern, die von Schamgefühlen, sexueller Scheu oder Angst getrieben werden. Das gilt für die Schule wie das Elternhaus, die Jugendgruppe wie den Kindergarten. Es gilt überall, wo Erwachsene mit der nachfolgenden Generation über Sexualität, eben Beziehungen zwischen den Geschlechtern, reden.

Wenn diese Gefühlswelt vernachlässigt wird, ist die Gefahr groß, daß es zur Sexualisierung zwischen Eltern und ihren Kindern kommt. Die sinnvolle beschützende Grenze zwischen den Generationen wird dann eingerissen. Jede Abgrenzung und jedes Nein dünken ihnen dann als Rückfall in die Vorgeschichte der Erziehung, als rigid, als repressiv, als Wiederholung eigener ungeliebter Kindheitserfahrungen.

Eltern, die das selbstbewußte Nein gegenüber den Kindern nicht zustande bringen, sind durch Verführung und inzestuöse Beziehungen bedroht. In einer Familie, in der die Tochter die Vorhaut ihres Vaters manipulieren darf, ist jene Grenze überschritten, welche die Sexualität der Eltern von der Sexualneugierde und dem ödipalen Begehren des Mädchens in kultursichernder Weise trennt. Möglicherweise entstehen nicht wenige inzestuöse Verstrickungen heute vor dem Hintergrund einer *mißverständlichen* Freiheitsideologie, die glaubt, ohne Verantwortung auskommen zu können.

Wir leben in einer Zeit, in der die hohle Betroffenheitsrhetorik regiert und jeder exhibitionistisch seine Gefühle in Talkshows preisgibt, aber immer weniger Menschen sich auf die Gefühle verlassen, die ihnen signalisieren, ob die Bedürfnisse ihrer Kinder sie überfordern, weil sie Verlegenheit, Peinlichkeit, Aggressivität, Scham oder inzestuöse Phantasien auslösen.

Es war ein großer gesellschaftlicher Fortschritt, daß zum Schutz gegen die materielle Ausbeutung der Kinder während der letzten Jahrhunderte Schritt für Schritt eine abgesicherte Kindheitsphase erkämpft wurde. Heute habe ich in vieler Hinsicht den Eindruck, als würde diese Errungenschaft dazu verwendet, zu den Kindern Näheverhältnisse im Namen der Kinderfreundlichkeit einzugehen, die eine psychische Ausbeutung sondergleichen etablieren.

Ein Zwang scheint den anderen zu ersetzen. Der heutige Zwang besteht darin, daß die Eltern nicht mehr wagen, »Nein« zur Begrenzung zu sagen, während sie früher nicht »Ja« zur Freiheit sagen konnten. Die neue Grenzenlosigkeit verwirrt. Sie macht orientierungslos und überschreitet Grenzen, die immer Verführung darstellen. Diese ist sexualisierend und führt zur inzestuösen Aufladung der Eltern-Kind-Beziehung, zu Gewalt und Aggressivität, die blind wirken, weil sie nicht in kultivierende Auseinandersetzungen eingebunden sind. Die sogenannte Wohlstandsverwahrlosung ist auf der psychischen Seite diese Grenzenlosigkeit.

Frauen und ihre Söhne

Die Bedeutung der Mutter

Die Ergebnisse dieser Studie werden unsere Sicht vom Verhältnis zwischen Frauen und ihren Söhnen grundsätzlich verändern. Was uns lieb, eingängig und vertraut war, wird nur noch begrenzte Geltung haben. Wir müssen die Beziehungen zwischen Frauen und ihren Söhnen neu denken. Und Männer, die ihre Lebensgeschichte verstehen wollen, müssen ihre Beziehung zur Mutter rekonstruieren. Die Vergangenheit mit der wichtigsten Person im Leben eines Mannes hält für ihn Erkenntnisse bereit, die Schlüssel zu seinem Selbstverständnis werden können.

Über unangemessene Beziehungen von Männern zu ihren Töchtern wird seit mehr als 15 Jahren diskutiert. Die Rede ist von sexueller Gewalt, von Nötigung zum Verschweigen und von Erpressung mit kleinen und großen Geschenken. Nicht immer, aber häufig münden Publikationen in den Vorstellungen, daß der Penis die »Wurzel allen Übels«[1] sei, das Böse schlechthin. Aber trügt das nicht?

Versuche, das stillschweigende wie unbewußte Mitwirken von Frauen an der Beziehung zwischen ihrem Partner und der Tochter[2] zur Sprache zu bringen, haben unwirsche Kommentare ausgelöst. Therapieansätze, die sich darauf beziehen, werden diskreditiert.[3] Die Debatte über unangemessene Beziehungen von Männern hat zur Verteufelung der Väter geführt und zum Aufblühen »lilienweißer Mütter«.[4] Übersehen wird dabei völlig, daß es unangemessene Beziehungsformen auch zwischen Frauen und ihren Söhnen gibt. Unsere Wahrnehmung von den vielfältigen Phänomenen elterlicher Unangemessenheiten ist von Wünschen verzerrt. Ein starker Wunsch ist es wohl auch, daß Frauen in ihrer mütterlichen Beziehung zum Sohn nicht genau das oder Ähnliches tun, was Männer als Väter ihrer Töchter tun. Wenn Wunschvorstellungen mit der Realität konfrontiert werden, kommt es zu Desillusionierungen, die Ärger, Zorn und Enttäuschung auslösen. So wird es sich nicht verhindern lassen, daß meine Forschung neben dem Versuch, die Realität der Frau-Sohn-Beziehung zu verstehen und zu verändern, auch zu Kränkungen und zur nachhaltigen Bestätigung zerstörter Illusionen führen wird.

Zweierlei ist absehbar. Der Vorwurf wird sein, daß ich die Beziehungen der Frauen zu ihren Söhnen untersucht habe, um vom »Seelenmord«[5] der Väter an den Töchtern abzulenken. Dieser Vorwurf ist beliebig, denn er enthält ein Denkverbot. Er läßt sich – genaugenommen – nicht widerlegen, weil die Begründung nicht im Gegenstand, sondern in der Person oder den Gruppen liegt, die den Vorwurf erheben. Ich verzichte also wohlweislich auf den Versuch einer Widerlegung. Glaubwürdigkeit kann sich nicht einstellen, weil die Thematisierung unangemessener Beziehungen von Frauen zu ihren Söhnen dem Wunsch nach Verleugnung entgegensteht, der unbewußt die Gewaltdebatte über die Männer beherrscht und ihr einen gewissen Kreuzzugcharakter verliehen hat.

Andererseits sind die Forschungsergebnisse ebensowenig gegen Vereinnahmungen jener immun, die sich ermutigt fühlen, die »Gewaltdebatte zum Familienmilieu« als grandiose hysterische Inszenierung der »feministischen Kinderschützerinnen« abzutun. Hysterische Züge sind der Debatte keineswegs fremd, aber ihr Inhalt ist nicht die Hysterie. Dieser Vereinnahmung entspräche dann der Hinweis, daß beide Geschlechter sich gegenseitig nichts vorzuwerfen hätten, weil in der Logik der »Balance of Parental Power« bestenfalls herauskommen könne, daß sowohl Frauen wie Männer »Dreck am elterlichen Stecken« haben.

Weder will ich die Frauen »vorführen«, um von den Männern abzulenken, noch das Leid der Töchter leugnen, noch will ich die in Vergessenheit geratene Allerweltsweisheit bestätigen, daß Frauen als Mütter »auch keine Engel« sind. Ich will ebensowenig die Familie trotz aller Widrigkeiten als einen Hort ungebrochener Wohnlichkeit verteidigen. Es gibt den Kampf der Geschlechter, und eine der Kampfstätten ist die Familie. Und in diesem Kampf werden die Kinder zum Ersatz für versagende Elternteile oder sie werden als Waffe im Kampf gegen den anderen eingesetzt. Wenn die Freisprechung der Väter mich sowenig interessiert wie die ideologische Pflege zählebiger Familienidyllen und Mütterlichkeitsidealisierungen, was ist es dann, was meine Neugierde an der Beziehung zwischen Frauen und ihren Söhnen geweckt hat?

Ich will auf jeden Fall nicht zu jener wenig ergiebigen Debatte über den »Mißbrauchsbegriff« beitragen, indem ich ihn auf die Frauen »zuschneide«.[6] Noch will ich einen Begriff der »sexuellen Gewalt« küren, der anatomisch abgeleitet ist, daß nämlich mit dem Penis anders als mit der Vagina unangemessene Beziehungen praktiziert werden. Solche Erörterungen, über deren unleugbaren Wahrheitsgehalt es nicht zu streiten lohnt, sind bloß Varianten des Geschlechterkampfes darüber, welches Geschlecht das bessere sei.

Was mich hingegen interessiert, sind die Verführungen zwischen Eltern und Kindern im allgemeinen. Hier sind es die zwischen Frauen und Söhnen, die als alltägliche Verstrickung subtilster Art in kontinuierlichen Beziehungen auftreten, sich in diesen allmählich entwickeln und denen meist auf beiden Seiten das Bewußtsein des Verbotenen, des Grenzüberschreitenden und Seelenmordenden[7] fehlt. Die detaillierte Analyse der gegenseitigen Verführungen, die ich zu entfalten versuche, führt weder zu Häufigkeitsziffern über »mißhandelte Knaben«, noch zu Vergleichszahlen von verführten Jugendlichen und Hochrechnungsrekorden im allgemeinen, noch zu kriminalpolitisch nutzbaren Erkenntnissen, mit denen Gesetzesänderungen sich begründen lassen.

Was mich beschäftigt, sind Erkenntnisse, die Frauen zu Einsichten in ihre Beziehung zum Sohn befähigen – und selbstverständlich auch umgekehrt. Die Lektüre dieses Buches wird nicht den üblichen Rezepturen folgen, welche die »Umstellung« der Beziehung zum Sohn zum einmaligen Erlebnis erhebt. Die Veränderung von Beziehungen ist ein langwieriger Prozeß.

Die Mitteilung meiner Forschungsergebnisse wird nicht von Taten, weder von guten noch von bösen, sondern von *den Dynamiken der Beziehungen* berichten, die zwischen Frauen und ihren Söhnen sich ereignen. Beziehungen, die teilweise bewundernswert offen als problematisch beschrieben oder teilweise unter dem Eindruck von Schamgefühlen nur vorsichtig angedeutet wurden.

Der gebrochene Blick

Bevor wir uns der alltäglichen Beziehungsrealität von Frauen und ihren Söhnen zuwenden, sollten wir uns zuerst einmal vergewissern, ob Mütter ihre Söhne überhaupt getrennt von sich erleben. Oder ob dabei mit *»strukturellen Sichtbehinderungen«* zu rechnen ist. Auch müssen wir uns fragen, ob es eine gesellschaftliche Gewohnheit geworden ist, das Verhältnis beider als besonders harmonisch zu sehen. Möglicherweise ist das bereits eine nicht unerhebliche Sichtbehinderung, die sich selbst noch in den subtilsten Beziehungen von Frauen zu ihren Söhnen niederschlägt.

Ich beginne daher mit der äußerst trivial anmutenden Frage, ob wir wissen, wie Mütter ihre Söhne sehen? Ist das überhaupt eine Frage, die es wert ist, daß ihr nachgegangen wird? Oder dürfen wir in vertrauensvoller Unbekümmertheit davon ausgehen, daß der Blick der Frau auf ihren Sohn so selbstverständlich von Zuneigung getragen ist, daß die Frage nach dem *»Wie«* nur Mißtöne und unziemliche Vermutungen anklingen läßt, gegen die wir uns verwahren sollten? Vermutungen, für die es in unserer Kultur weder ein *»sehendes Auge«* noch ein *»offenes Ohr«* gibt!

Wer hat sich schon Gedanken darüber gemacht, *wie* Frauen ihre Söhne sehen? Die empirisch arbeitende Wissenschaft hat bis heute auf dieses Verhältnis keine aufwendigen Gedanken verschwendet. So manche Besonderheit dieses Verhältnisses entgeht ihr nicht. Aber ein nennenswertes Konfliktpotential, das möglicherweise das Gedeihen der Söhne und den kollektiven Charakter von Männlichkeit in unserer Zivilisation bestimmt, sieht sie in dieser Beziehung nicht angelegt.

Möglicherweise schweigt die Wissenschaft nur deshalb, weil sie von der Ahnung getrieben wird, auf »böse Überraschungen« zu stoßen und mit Entdeckungen nur »böses Blut zu machen«. Nicht allen Konfliktsituationen sind Wissenschaftler gleichermaßen zugetan. Was sie selbst stören könnte, entlockt ihnen nicht gerade Wissensbegierde, und was sich gesellschaftlich harmonisch darstellt, wollen sie nicht um jeden Preis in peinliches Licht tauchen. Denn kritische Einsicht macht nicht selten bissige Feinde. Aber Erkenntnisse scheinen den Wissenschaftlern zur Sicht der Frau auf ihren Sohn durchaus möglich. Die individuellen Erschütterungen jedoch, die der Forschungsprozeß[8] in jedem einzelnen auslösen könnte, stehen möglicherweise in keinem befriedigenden Verhältnis zur Anerkennung ihrer Anstrengungen. Deshalb unterlassen sie es, ihren psychischen Widerstand zu verstehen, der sie davon abhält, mütterliche Sichtweisen nachzuempfinden.[9] So bleibt es bei Ahnungen. Wer am meisten zu ahnen scheint, sind die Frauen selber.

Wissenschaft kann höchst unbequem sein, denn sie zwingt Intimstes in das grelle Licht der öffentlichen Erörterung. Das löst Schamgefühle und Bestürzung aus. Mitunter aber auch nur Verleugnung, die zu bösartigen Angriffen führt. Die Wissenschaft vom Menschen und von seinen Beziehungen kann aggressiv und schamlos sein. Und die Wahrscheinlichkeit ist um so größer, je sensibler und schutzbedürftiger die Beziehungsgefüge sind, denen sie ihr Interesse zuwendet. Deshalb kann es niemanden verwundern, daß Wissenschaftler schweigen, wenn ihre Beziehung zur eigenen Mutter im Forschungsprozeß auftaucht. Sie schweigen nicht aus Rücksicht, sondern aus offener oder unbewußter Angst.[10]

Auch Wissenschaftler wissen, daß *»der Blick der Mutter«* auf dem Sohne ruht und daß dieser den Blick wahrnimmt. Sie wissen auch, daß der mütterliche Blick dem Sohn antwortet und daß der antwortende Blick seiner sprechenden Augen gleichsam zum verschränkten Bestandteil dieser gemeinsamen »Augen-Blicke« wird. Die Kontinuität des mütterlichen Blicks ist ohne den Sohn nicht möglich. *Wie* Mütter ihre Söhne sehen, ist deshalb Ausdruck der phantasierten Beziehung beider wie der Realität, in der sie leben. Blicke kreuzen sich nicht nur, sie haften aneinander, sie sehen sich gegenseitig und verschmelzen, oder sie weisen sich in Schranken oder sogar zurück.

Mit dem »unerforschten mütterlichen Augen-Blick« leben wir alle. Deshalb wird die Ängstlichkeit der Wissenschaftler und Wissenschaftlerinnen vor den Wahrheiten dieses Blickes sich nicht wesentlich von den Ängsten anderer unterscheiden. Als Söhne haben männliche Wissenschaftler Angst vor dem, wovor sich die Frau fürchtet: dem Augen-Blick, der zur einsichtsfähigen Sprache, dem Besprechen von vagen Ungereimtheiten, von Schamgefühlen und Ohnmachtszuständen führt. Deshalb haben bislang auch die Wissenschaftlerinnen zu diesem Problem geschwiegen.

Es bleibt die Frage, was wir über die Beziehung von Frauen zu ihren Söhnen wissen. Wir können uns natürlich fragen, warum wir vieles nicht genau wissen und warum wir uns eher mit Ahnungen zufriedengeben. Traditionell ist unsere Neugierde begrenzt, weil die Frage nach dieser Sichtweise uns eine Art des Sehens aufzwingt, die unseren Blick in Richtungen lenkt, die wir zu meiden gelernt haben. Frauen *»neu«* zu sehen ist in unserer Kultur verpönt. Den idealisierenden Blick auf die Frau hat der Feminismus in den vergangenen Jahren zur Bastion kulturpolitischer Unberührtheit erklärt. Die feministische Beredsamkeit über die Tugendhaftigkeit der Frauen hat die Männer schweigsam gemacht.

Aber ebensowenig machen Frauen sich Gedanken darüber, wie sie ihren Sohn sehen; wie sie ihn *übersehen*, nicht sehen *wollen* und nicht sehen *können*, und wie sie seinen Blick *nicht ertragen*. Welche Frau schlägt sich schon mit den Begrenztheiten ihres eigenen Blick-Unvermögens herum? Würde sie dabei nicht auf Motive stoßen, die der Beziehung zum Sohn die Aura des Selbstverständlichen nehmen?

Die Ergebnisse der Befragung zeigen, daß Frauen mehr ahnen, sehen und aussprechen, als öffentlich zur Kenntnis genommen wird. Die vage Ahnung, daß allein die Blicke auf den Sohn und die Tochter sich grundsätzlich voneinander unterscheiden, berührt viele unangenehm. Daß sie von Gefühlen unterschiedlicher Vertrautheit wie von der Faszination der Andersartigkeit des Sohnes geprägt sind, ist vielen Grund genug, dieser Unterscheidung auszuweichen. Wie jede Frau ihren Sohn sieht, ist zwar »ihre Sache«, aber zugleich ist es eine öffentliche Angelegenheit, weil sowohl von Teilen der Frauenbewegung wie den Kirchen politisch betrieben wird, daß darüber nicht nachgedacht wird.

Auch die Söhne unterdrücken ihre Neugierde daran, wie der mütterliche Blick sie *»trifft und fürs Leben zurichtet«*. Ob er sie mehr einschränkt, als ihnen lieb sein sollte, oder ob er ihnen hinderlich und deformierend zugleich erscheint. In verdeckter Weise wird darüber gesprochen, wie Frauen ihre Söhne sehen und wie Söhne gerne hätten, daß ihre Mütter sie sehen. Aber diese Sichtweise ist ungenau, ja, im Grunde genommen ist sie sogar lieblos. Sie nimmt nämlich weder den Sohn noch die jeweilige Frau mit all ihren Facetten wahr, sondern führt nur ein Abziehbild jenes verdinglichten Wunsches vor, wie beide sich am liebsten sehen möchten.

Diese Tendenz ist bei Schriftstellern wie Volker Elis Pilgrim[11] ausführlich zum Ausdruck gekommen. Bei Klaus Theweleit[12] ist sie raffiniert in intelligenten Überlegungen vergraben. Das eingefrorene, fast eisig zu nennende Bild, das diese Beziehung vor Tauwetter bewahren soll, vereint Frau und Sohn als dezente Opfer einer »sozialen Störung«. So sind andere – vor allem die Väter und eigenen Männer – daran schuld, daß beide nicht die ideale Beziehung führen können, die sie sich wünschen. Kritisches zum mütterlichen Blick und dessen Verschränkungen mit dem Sohn wird »Fremden« zugeschrieben. Diese Sicht macht es möglich, an idyllischen Zweisamkeitszuständen in einer halluzinierten Friedenswelt festzuhalten. Diese Sicht vereitelt vor allem, die inneren Unvereinbarkeiten zu erkennen, die zwischen beiden bestehen, die nur durch die Ablösung des Sohnes von seiner Mutter in einem *»finalen Abschied«* sich bewerkstelligen läßt.

Das unscharfe Bild, das Frau und Sohn von ihren verquickten Blicken haben, schützt beide nicht nur vor Enttäuschungen, sondern vor der Einsicht, *wie* Erotik und Sexualität sich in ihrer Beziehung durchsetzen. Wie Erotik im Blick der Frau enthalten ist, beschreiben Frauen in unserer Untersuchung unverblümt oder in verstellter Form, die von hoch ambivalenten Gefühlen gezeichnet ist. Die Mütter ahnen es nicht nur, sie wissen es auch. Aber sie wähnen sich in Situationen, denen sie nur schwer entkommen können und von denen sie glauben, sie dürften über sie nicht reden.

Es gibt ein Sehen, das nur die Oberfläche streift. Aber dieses Sehen nimmt nie den Charakter eines zugreifenden Blicks an – ja, fast möchte man sagen: des penetrierenden Blicks, der sich durch seine Eindeutigkeit, seine Un-Verschämtheit und seinen Willen zur Ein-Sicht auszeichnet. Eine Sicht, die etwas ans Licht fördern will, was auf der Oberfläche sich nicht zu erkennen gibt. Der zugreifende Blick, der sich einen Zustand des anderen ein Stück weit einverleiben kann, ist unabdingbar für das Verstehen. Aber das ist – aus welchen Gründen auch immer – keine ausgeprägte Eigenschaft von Frauen. Wenn wir uns also fragen, wie Frauen ihre Söhne sehen, dann setzt das eine Fähigkeit voraus, die zwischen den Geschlechtern ungleich ausgeprägt ist.

Vorab wäre deshalb zu klären, ob Frauen überhaupt ihren Sohn sehen können. Natürlich nicht in einem physikalischen Sinn, sondern in einem psychologisch verstehenden und be-greifenden Sinn. Oder ob sie im Sohn teilweise nur sich selbst sehen können? Es ist ein verbreitetes Phänomen, daß die menschliche Wahrnehmung von Wünschen und Motivationen geprägt und daher immer subjektiv ist. Die Welt wird deshalb so gesehen, wie sie jemand haben möchte. Der »fehlerhafte Blick« mißachtet den anderen, weil er ihn nicht sieht, wie er ist, sondern nur so sieht, wie er als *»Augen-Blick«* gewünscht wird.

Sehen Mütter möglicherweise im Sohn wirklich nur einen Teil von sich? Sie haben den Sohn geboren. Er ist zweifellos von ihrem »Fleisch« und nicht nur im Sinne der Genetik von ihrem »Blut«. Je näher das Verhältnis zwischen den beiden Ungleichen gerät, um so nichtssagender, ja blinder muß der Blick werden. Wenn es keine Abgrenzung zwischen den beiden gibt, blicken sie nur nach außen und nicht mehr aufeinander. Der Sohn wird wie die Mutter. Seine Männlichkeit geht verloren.

Eine andere Sichterschwernis ist ebenfalls vorstellbar. Wie die Frau jenseits der oberflächlich abtastenden Wahrnehmungen sehen kann, könnte durch eine *kulturell bedingte* »Sichtbehinderung« beeinflußt werden. Frauen wollen nämlich eher gesehen werden, als daß sie sehen oder zusehen möchten. Unsere Kultur liefert uns jeden Augen-Blick seit Jahrhunderten Hinweise auf diese besondere Sichtweise von Frauen, die offenkundig die aktive Wahrnehmung einschränkt. Die weibliche Mode und Modebegeisterung sind dafür eher noch triviale Beispiele.

Ist es nicht eine gängige Praxis, daß die Frau sich *»herrichtet«*, damit sie den Blick des Mannes *»fängt«*? Sie verführt ihn zum Zu-Sehen und Be-Schauen, auch wenn es ihr gelegentlich dann zuviel wird. Sie gibt sich auffällig, ihr An-Blick soll auf den Mann fallen. Sie gibt sich modern und präsentiert sich modisch, um den männlichen Blick zu dirigieren. Zumindest teilweise wird sie dadurch für sich selbst erst sichtbar, wenn sie vom Mann nämlich »erkannt« wird. Indem sie sich in seinem erkennenden Blick spiegelt, fühlt sie sich wohl. Ihrem Selbstwertgefühl wird geschmeichelt.

Obwohl der physikalische Spiegel das weibliche Bild exakt physiologisch spiegelt, nämlich so, wie sie aussieht, so legt sie doch den höchsten Wert darauf, daß ihre Spiegelung durch den *»zugreifenden«* und Anerkennung spendenden Blick des Mannes psychisch bestätigt wird. Erst dadurch wird sie trotz des Spiegels ihrer selbst an-sichtig, erst dadurch entsteht die Beziehung. Das von der Spiegelung abhängige Selbstbewußtsein kennt nicht nur die Anerkennung. Es ist verletzbar gegenüber dem prüfenden, abschätzenden, dem eindringlichen, begehrlichen und bohrenden Blick. Nur wer aufdeckend sieht und zu-sieht, kann verletzen, beleidigen und anstarrend eine Aggression begehen. Mit Blicken kann er sogar töten, wenn er verschmähenden Auges den Selbstwert des anderen zerstört. Wer sich gänzlich nur »sehen und beschauen« läßt, begibt sich nicht nur der Chance, selbst mit Blicken anzuerkennen oder zu mißbilligen, sondern mit dem eigenen Blick die äußere Wahrheit, etwa die des Sohnes, erkennen zu können. Ist das eine *»Sehschwäche«*, die von den befragten Frauen bestätigt wird?

Die Kulturgeschichte der Frau hat ihren Blick, seine Schärfe, seinen Tiefgang wie seine Verführungskunst festgelegt.[13] Davon wird maßgeblich geleitet, wie Frauen ihre Söhne sehen. Es ist ein historischer Blick, der als individueller Blick das Schicksal der Geschlechterbeziehung in der modernen Zivilisation in sich birgt. So sehr das Verhältnis einer Frau zu ihrem Sohn einmalig ist, so ist die Art und Weise, wie sie ihn sieht, nicht frei von mächtigen *»Vor-Sichten«*.

Der Glanz im Auge der Mutter

Was ist das Besondere im Blick der Frau auf ihren Sohn? Ist es jener unwiederbringliche Glanz, der in weltentrückter Weise in den seligen Bildern der »Frau Maria mit ihrem Sohn Jesus«[14] nicht nur die Maler seit Jahrhunderten, sondern ebenso die Betrachter fasziniert hat? Neben den vielen Jesus- und Maria-Bildern ist es nicht nur die stille Seligkeit der Frau mit ihrem Sohn und dessen tiefes Ahnen ihrer inneren Zufriedenheit mit ihm. Darüber hinaus ist es der Blick der Frau, der selig und glücklich auf ihm ruht, nicht selten von einer zaghaft geöffneten Rose begleitet. Dies ist ein einmaliger Blick, der keine Tochter je treffen wird.

In diesem unwiederbringlichen Glanz trifft mehreres zusammen. Es ist die einzigartige Gelegenheit für die Frau, sich nicht nur in männlicher Gestalt zu sehen, sondern zugleich zu wissen, daß sie diesen kleinen Mann hervorgebracht hat und daß alles an ihm in ihrer Hand liegt und ihr noch gehört. In ihrer Phantasie vervollständigt sie ihr Sohn und macht sie unabhängig von Männern. Für kurze Zeit kann sie sich der Phantasie der Bisexualität hingeben. Die Männer sind überflüssig. Mit ihrem Sohn hat sie alles, was sie braucht. Je länger die Phantasien die Beziehung zwischen beiden beherrschen, um so schlimmer wird das Erwachen daraus. Die Angst des Mannes vor der verschlingenden Frau hat hier ihre Wurzel.

In einer Diskussion äußerte eine Studentin, daß keine Frau erzählen könne, daß ihr Blick auf das Genital ihres Sohnes nichts Besonderes sei. Jede Frau empfinde diesen Blick in einmaliger Weise. Phantasien und tagträumende Wünsche brächten sich darin zum Ausdruck. Die Besonderheit zu leugnen wirkt begreiflicherweise wie ein Schutz vor Phantasien. Es deutet auf das Verbotene und die Scham hin, die mit der Klärung ihrer Sichtweise verbunden ist.

Vielleicht haben die großen Maler der *»heilen Maria mit dem Sohn«* diesen glänzend-verklärten Blick deshalb so naiv eingefangen, weil sie im Schutz der geheiligten Mütterlichkeit ihren unbewußten Phantasien nach endloser Dauer dieses paradiesischen Zustandes Ausdruck verleihen konnten. Zwischen dem erotischen Wunsch der »heilen Jesusfrau« und dem, wozu sie praktisch entschlossen sein könnte, wähnten sie eine Grenze, von der sie überzeugt waren, daß sie nie übersprungen würde.

Der Feminismus, der den begehrenden Blick der Maria – der Frauen schlechthin – auf das Genital der Söhne verleugnet, tut das möglicherweise aus Angst, Frauen könnten die kulturellen Hemmungen mit Füßen treten, um sich den Blick auf das Genital des Sohnes nicht verstellen zu lassen. Heiligkeit hat immer Kritikverbot eingeschlossen. Die Heiliggesprochene oder heilig sich Wähnende kennt deshalb kein Blickverbot. Ihr Blick zeichnet aus und erhöht, niemals erniedrigt er. Immerhin inszeniert unsere Gesellschaft im Schutz moralischer Empörungen, daß die Mauer zwischen Eltern und Kindern, die den Blick vom Zugriff messerscharf scheidet, leicht übersprungen werden kann[15] – sei es in der Phantasie oder der Realität. Und beides nicht folgenlos!

Daß der allzu forsch konkrete und nicht minder der phantasierte Zugriff der Frau auf das Genital ihres Sohnes diesen dazu treibt, sich selbst bestrafend und verzweifelnd zu verstümmeln, führt uns Martin Walser[16] in seinem Roman »Verteidigung der Kindheit« vor. Die tragische Heldenfigur des Alfred Dorn kann beim Betrachten der »Sixtinischen Madonna« des Raffael und der »Madonna des heiligen Georg« des Correggio das Genital des Jesus nicht mehr erkennen.[17] Das Genital des Jesus scheint ihm wie »Krabbencocktail« – bewegungsuntauglich, deformiert und breiig, ja kastriert –, eben nicht wiederzuerkennen. Alfred Dorn ist lebenslang ein unglücklicher und beziehungsunfähiger Mensch. In seinem »Jesuskrabbencocktail«-Genital geraten der zerstörerische Blick seiner Mutter und sein Wunsch nach genitaler Unversehrtheit in ein eigentümliches Gemenge.

Es kreuzt sich hier jener feministische Blick, der die Mütter aller Sexualität entkleidet, um ihre Heiligkeit als Frau zu retten, mit jenem männlichen Blick, der das Begehren der Mütter lieber als Selbstverschuldetes auf sich nimmt denn als die Wahrnehmung gemeinsamer verleugneter Geschichte.

So verwechselt Klaus Theweleit in seinem Buch »Männerphantasien« unglücklicherweise leidvolle Zwangsvorstellungen mit befreienden Phantasien.[18] Und abermals ist das kein Zufall, sondern die Rettung der »nur guten« Frau, indem die Zwangsvorstellungen der Söhne, die aus der gemeinsamen Geschichte mit ihr hervorgehen, abgekoppelt werden. Geschichte wird ungeschehen gemacht und erzwingt so keine schmerzhaften Ein-Sichten mehr. Zwanghaftes wird in den Status der befreienden Phantasie erhoben, eben zum Selbstschutz.

Die ungezählten Söhne vom Typ des Alfred Dorn, wie er uns von Martin Walser vorgestellt wird, ziehen es alle vor, neben die Tragik der genitalen Zerstörung nicht obendrein noch die Enttäuschung über den »mütterlichen Blick« treten zu lassen. Lieber nehmen sie alles auf die eigene Kappe, statt, von der Frau scheidend, den Wunsch, von ihr verführt zu werden, als ihren selbstverschuldeten Fluch zu erkennen.

Eltern trennen die Generationen

»... Müttern ist mehr erlaubt als Vätern!«

Die Debatte über unangemessene Beziehungen von Eltern zu ihren Kindern hat in den vergangenen 15 Jahren nicht nur einen bemerkenswerten Aufschwung erlebt, sondern eine auffällige Fokussierung auf die Väter vollzogen. Wo immer über unangemessene Beziehungen gesprochen wird, besteht zwar Übereinstimmung darüber, daß es auch Frauen gibt, die sich ihren Kindern gegenüber unangemessen verhalten, daß aber das eigentliche Problem bei den Vätern liege. Problematische Frauenbeziehungen zu Söhnen werden nicht verleugnet, aber sie führen ein Schattendasein. Vor allem auch in der Forschung.[1]

Der Fokussierung auf die Väter liegt die Behauptung der Frauenbewegung zugrunde, daß Frauen als »Täterinnen« unangemessener Beziehungen zu Söhnen nicht in Frage kommen. Dies sei eine Folge ihrer Distanz zu gesellschaftlichen Gewaltmitteln und »ihres Frauseins«.[2] Ausnahmen seien allerdings nicht ausgeschlossen. Zum anderen zehrt die Männer-Fokussierung von einem Gewaltbegriff, der mit physischer Macht, mit Waffeneinsatz und Penetration in Verbindung gebracht wird.

Die Vorstellung von weiblicher Gewaltlosigkeit wird wegen ihres illusionären Charakters zwischenzeitlich zwar kritisiert, aber wesentliche Veränderungen an dieser Vorstellung haben sich weder in der Frauenbewegung noch in der wissenschaftlichen Diskussion durchsetzen können. Die Frage, ob es geschlechterspezifische Machtformen und -praktiken gibt, gehört zum Schlachtfeld der Geschlechter und zur Frage, ob sich das Gute und das Schlechte entlang der Grenze Mann-Frau ziehen läßt und wer welche Position besetzt hält.

Forschung über unangemessene Beziehungen von Eltern ist bis zum heutigen Tag Forschung über Väter, Stiefväter oder andere männliche Personen in der unmittelbaren Lebenswelt von Töchtern geblieben. In dieser Einseitigkeit kommen nicht nur Vorlieben der Frauenbewegung und Forscher beiderlei Geschlechts, sondern ebenso gesellschaftliche Wünsche nach Schutz für Frauen vor neugierigen Fragern zum Ausdruck. Darüber nämlich, ob ihre als *ideal* phantasierten Beziehungen zu Kindern der Wirklichkeit entsprechen. Nicht zuletzt ist für Männer die harmonisch vorgestellte Mutter-Kind-Beziehung eine Voraussetzung dafür, es bei der gesellschaftlichen Arbeitsteilung guten Gewissens zu lassen, daß sie sich nach *außen* orientieren, weil *zu Hause* alles seine Ordnung hat. Würde sich die Beziehung der Partnerin zum Sohn als bedrängend und für die Frau als überfordernd darstellen, so müßten Männer ihre Abwesenheit im Erziehungsalltag eigentlich überdenken. Sie müßten durch männliche Präsenz die Frau in ihrer Beziehung zum Sohn entlasten und diesen vor der überforderten Mutter schützen.

Es bedarf deshalb zuerst einmal der Klärung, ob Frauen selbst es für angebracht halten, daß sie von Frauenpolitik und Wissenschaft aus der Diskussion über *unangemessene Beziehungen zu Kindern* wie selbstverständlich ausgegrenzt werden. Und es muß geklärt werden, ob sie möglicherweise eine selbstkritischere Wahrnehmung von ihrer Beziehung zum Sohn haben, als ihnen unterstellt wird.

Um das herauszufinden, haben wir den Frauen die Frage (G 11) gestellt:

> *»Über sexuellen Mißbrauch von Müttern an Söhnen wird nur selten gesprochen. Woran könnte das Ihrer Meinung nach liegen?«*

Wir wollten herausfinden, wie groß der Anteil der Frauen ist, der der neu entstandenen »lilienweißen Mütterlichkeitsidylle«[3] folgt, wieviel Geltung Frauen dem *penetrativ gewaltsamen Beziehungsmodell* auch für die Söhne zumessen. Und letztlich wollten wir wissen, ob es Frauen gibt, die sich weniger um den quantitativen Teil der *unangemessenen* Beziehungen sorgen, als vielmehr darum, daß Frauen *»es anders machen«*.

Die Ergebnisse der Befragung zeigen eine starke Polarisierung unter den Frauen im allgemeinen und besonders zwischen denen in neuen und alten Bundesländern. Das erstaunliche und allen gängigen Weiblichkeitsideologien widersprechende Ergebnis ist, daß nur 4,1 % der Frauen der Ansicht sind, daß *»Mütter ihre Söhne nicht mißbrauchen«*. Im Westen beträgt der Anteil sogar nur 2,0 %, im Osten hingegen 6,1 %. *»Daß Mütter es viel seltener tun (als Väter)«* ist die Meinung von 64,5 % aller Frauen. Wobei auch hier der Anteil im Osten etwas höher liegt. *»Mütter machen es anders«* ist die Meinung von 41 % der Frauen in den westlichen und 28,1 % in den östlichen Bundesländern (siehe Tabelle G 11). Was das bedeutet, werden wir im folgenden darstellen. Wir können davon ausgehen, daß Frauen selbst der Ansicht sind, daß ihre Beziehungen zu ihren Söhnen ebenfalls *unangemessene* Anteile enthalten, daß diese Beziehungen aber anders als die väterlichen zu den Töchtern verlaufen.

Bemerkenswert dabei ist, daß Frauen aus den östlichen Bundesländern zu anderen Einschätzungen kommen als Frauen aus den westlichen. Die Deutung dieser Differenzen legt große Sorgfalt nahe, weil die östliche Geschichte der Kindererziehung aufgrund der Teilung in BRD und DDR weitgehend an meiner wissenschaftlichen Arbeit vorbeigegangen ist. Die einfachste Erklärung für die Unterschiede zwischen den Frauen im Osten und Westen ist zweifellos der Hinweis auf das Fehlen einer *sozialpsychologischen*[4] Kritik der »bürgerlichen Familie«, wie wir sie im Westen seit der 68er Bewegung in der Sozialisationsforschung, der Frauenbewegung und den Ansätzen der Männerbewegung kennen. Der Nachteil dieser Argumentation besteht darin, daß die in Frauenbewegung und Wissenschaft eingebettete westliche Sozialisationsgeschichte den Erfahrungen in der aufgelösten DDR als überlegen gilt. Die Logik, die sich hier anbietet, geht von der Überlegenheit des Westlichen als dem Wesentlichen aus. Der Vorzug demokratischer Gesellschaftsstrukturen besteht ohne Zweifel zu einem erheblichen Teil darin, daß die Sphäre des Privaten vor Eingriffen des Staats und seiner Organe geschützt ist und auch sozial-strukturell getrennt ist.[5] Allerdings lassen die Antworten der Frauen aus den östlichen Bundesländern vermuten, daß die real-sozialistischen Eingriffe des autoritären Staates in das familiäre Geschehen zu eigentümlichen Abschottungen geführt haben. Ob die Kleinfamilie so etwas wie eine »feste Burg« war oder nicht und ob der bevormundende Staat an diesem Abwehrmechanismus teilweise an seine Grenzen stieß, steht noch zur Klärung aus. Das kann jedoch nur das Ergebnis einer rezipierten Geschichte der Erziehung in der untergegangenen DDR sein. Die Unterschiede sind mit der Einigung nicht automatisch in Gutes und Schlechtes aufgeteilt. Sie stehen somit der Erforschung noch offen.

Es muß Gründe geben, warum Frauen in den östlichen Bundesländern die Beziehungen zwischen Vätern und Töchtern nicht so gewaltdurchsetzt sehen, wie das die Frauenbewegung im Westen tut. Die Gründe selbst sind noch zu verstehen und nicht nur im üblichen Rahmen als Abweichungen, Anomalien oder »Überzuleitendes« zu etikettieren. Neben diesem historischen Aspekt gibt es den empirischen, der es nahelegt, die *Fatalisierung der Beziehung zwischen Männern und ihren Töchtern* im Westen als Ausdruck einer kontraphobischen Reaktionsbildung zu sehen. Deren Wesen ist die Verdunklung der Realität und nicht die Präsentation der Wirklichkeit. Psychisch gesehen handelt es sich bei der Fatalisierung wohl um Abwehrmechanismen, die sich zu versteinerten Denk- und Erklärungsmustern bei vielen Frauen und ihren Organisationen verselbständigt haben.

Ich werde im folgenden der Frage nachgehen, ob die Verleugnungen der Mutter-Sohn-Beziehung durch Frauenpolitik und Wissenschaft von den interviewten Frauen geteilt werden.[6]

Bemerkenswert ist, daß unser Fragebogen bewirkt hat, daß latente Vorstellungen der Frauen zur psychosexuellen Beziehung zum Sohn in manifeste Äußerungen umgewandelt wurden. Erkennbar ist das am psychischen Widerstreit, das Problem einerseits anzuerkennen und gleichzeitig der Neigung nach einer maßvollen Verleugnung wiederum Raum zu geben. Diese Position wird von der immer wiederkehrenden Formulierung zur Unangemessenheit weiblicher Beziehungen zum Sohn beherrscht:

- *Ich kann es mir einfach nicht vorstellen, daß es so etwas gibt;*
- *in diese Situation kann ich mich nicht versetzen;*
- *das ist mir fast unvorstellbar;*
- *im Film habe ich so etwas schon einmal gesehen, aber in der Realität habe ich davon noch nie gehört.*

Der innere Wunsch nach einer teilweisen Verleugnung wird dabei mit mangelnden Informationen begründet:

- *Das ist in der Öffentlichkeit ein Tabuthema, aber es gibt das Problem wohl;*
- *darüber habe ich mir bisher weniger Gedanken gemacht;*
- *kann ich nicht beurteilen;*
- *es fehlen Erkenntnisse;*
- *es wird sich erst einmal auf die Väter konzentriert, bei den Jungs ist noch viel zu tun;*
- *mir ist darüber nichts bekannt;*
- *für eine normale Mutter ist dieses Thema ohne Bedeutung;*
- *dazu habe ich keine Meinung, vielleicht machen Mütter es heimlich;*
- *ich kann mir das nicht vorstellen, obwohl es das geben wird;*
- *von solchen Müttern habe ich nie gehört.*

Zugleich aber räumen die Frauen ein, daß es, im Gegensatz zu Widerständen in ihnen selbst, nicht minder wirksame gesellschaftliche Widerstände dagegen gibt, dieses Problem öffentlich zu erörtern. So kommentieren sie:

- *Der Mißbrauch wird in der Öffentlichkeit verschwiegen;*
- *sexueller Mißbrauch an Söhnen ist noch immer ein Tabuthema;*
- *die Dunkelziffer ist wohl zu hoch;*
- *es wird erst allmählich thematisiert;*
- *von Müttern will man es nicht wahrhaben;*
- *es paßt nicht zur modischen Ideologie, daß auch Frauen Macht ausüben, deswegen ist das Thema eher tabu;*
- *das ist ein Tabuthema, das unter anderem auch nicht in die Frauenbewegung paßt;*
- *Müttern traut man es weniger zu, denn es paßt nicht zum gängigen Bild;*
- *vielleicht ist die Prozentzahl geringer, und die Medien kümmern sich deshalb um den Mißbrauch der Mädchen mehr.*

Aber die Gegentendenz wird ebenfalls gesehen: Es fordert von den Frauen couragierte Selbstkritik, sich den unangemessenen Beziehungsaspekten zu ihren Söhnen zu stellen.

- *Die Frauen trauen sich jetzt, das Thema öffentlich zu machen;*
- *es war vorher noch nicht der richtige Zeitpunkt;*
- *es gab einfach zu wenig öffentliche Diskussionen.*

In dieser Äußerung wird nicht die moralische Bewertung der Beziehung zum Sohn in den Vordergrund gerückt, sondern die Möglichkeit, trotz einer öffentlichen, kirchlichen und frauenbewegten Idealisierung von Frauen in eine Diskussion einzutreten, die bislang nicht möglich war. Deren Folge war ja, daß sie über Unangemessenes zum Sohn nicht reden konnten. Eine öffentliche Diskussion würde demnach als Erleichterung empfunden, obwohl sie tabuierte und somit kulturell verbotene Beziehungen an den Tag brächte. Befreiung von »Gewissensbissen«, Schuldgefühlen und die Möglichkeit, sich zu verändern, werden demnach höher geschätzt, als befürchteten moralischen Vorhaltungen zu entgehen. Neben der zaghaften Tendenz, innere und äußere Widerstände gegen die Angst vor Beziehungsklärungen ins Feld zu führen, geben die meisten Frauen einen *Kommentar* (G 11) für die unterbliebene Erörterung ab.

Aufschlußreich ist, daß Frauen zu höchst subtilen Erklärungen, Vermutungen und Phantasien gelangen. Bislang gibt es nämlich nur wenige Analysen über die Besonderheiten der Beziehung von Frauen zu ihren Söhnen. Sie haben den großen Nachteil, daß sie meist fremdsprachlich abgefaßt sind und in der Erziehungsliteratur wie den Erziehungsratgebern kaum Beachtung gefunden haben.[7]

Was sind dann die Quellen, aus denen Frauen ihre Kenntnisse schöpfen, wenn ihr Wissen nicht auf dem Studium einschlägiger Literatur beruht? Vielerlei Erklärungen sind möglich und sollten in Betracht gezogen werden. Zum einen können sie ihre Kenntnisse aus Beobachtungen oder Gesprächen mit anderen Frauen gewonnen haben, die sie zu kritischen Urteilen veranlassen. Das wäre eine Alltagsquelle der Kenntnis. Denkbar ist ebenso ein weitverbreitetes geheimes »Mutterwissen«, das subkulturell auf Spielplätzen, in Kinderarztpraxen oder Schwangerschaftsgruppen kommuniziert wird. Als nicht öffentliches Wissen setzt es ebenfalls Standards und bildet Beurteilungskriterien für unangemessene Beziehungen heraus. Unsere Umfrage könnte, wie das oft bei Befragungen zu brisanten Themen der Fall ist,[8] latentes Wissen in kritische Beurteilungen umgewandelt haben, das dann ausgesprochen werden kann.

Daß Frauen zu diesen Kenntnissen über unangemessene Beziehungen gelangen, hat eine unabdingbare Voraussetzung. Sie müssen sich untereinander austauschen. Erst dadurch sind sie mit ihrer eigenen Gefühlswelt zum Sohn befaßt, d.h., wie sie ihn selbst in der Wirklichkeit oder der Phantasie berühren, wie sie ihn lieben, wie sie ihn ablehnen, sexuell begehren und welche Ängste, welche sexuelle Erregung und Schuld- oder Glücksgefühle das bei ihnen auslöst. Indem sie Ansichten über andere Frauen und deren Beziehungen gewinnen, geben sie eigene Gefühle, Handlungen, Ansichten und Phantasien preis. Wichtig ist, daß sie sich diese Gefühle selbst eröffnen, indem sie darüber sprechen. Was Frauen in den Fragebögen kommentierten, ist demnach nicht nur fremdes Wissen, das sie gehört haben oder das ihnen zugetragen wurde. Es sind Äußerungen, Wiedergaben und Interpretationen ihrer eigenen Beziehung zum Sohn. Sie bringen deshalb Selbsterfahrungen zum Ausdruck.

Aber das berechtigt nicht, vorschnell zu schließen, daß sie selber *unangemessen* gehandelt haben. Zuerst wird es um innerpsychische Standards gehen, die als Verbotsschwelle wirksam sind und mit deren Hilfe die Frauen Vergangenes und Aktuelles bewerten und es erinnern, um es zu begreifen. Viele Äußerungen deuten auf schambesetzte Phantasien hin, ebenso auf Zwangsvorstellungen[9] oder Ängste, Falsches tun zu können oder bereits getan zu haben. Wir werden im folgenden aus den reichhaltigen Kommentierungen jene auswählen, die ausschlaggebend dafür sein dürften, daß in der Vergangenheit über unangemessene Beziehungen *und* Phantasien über Söhne nicht geredet wurde. Dabei handelt es sich um folgende Problemkreise:

Sexuelles Begehren und Mütterlichkeit

Viele Kommentierungen deuten an, daß Frauen die unangemessenen Momente ihrer Beziehungen zum Sohn deutlich sehen. Sie scheinen darin jedoch weniger Unvorhergesehenes oder triebhaft Durchbrechendes zu sehen, etwas, das sie überwältigt. Es geht vielmehr um problematische Beziehungsformen, die über Jahre bestehen und deren Unangemessenheit bis zu inzestuösen Handlungen reicht. Es besteht das – allerdings unausgesprochene – Einverständnis, daß Unangemessenheit nicht nur auf den Sexualakt begrenzt ist – im Sinne einer »genitalen Handlung«. Weil das Unangemessene in die alltägliche Beziehung eingebunden ist, besteht eine große Breite für »Unangemessenheiten« in Fürsorglichkeit, Reinlichkeitserziehung sowie Spiel- und Schmuseanlässen. Ob die Verführung durch die Mutter sich deshalb schon von der väterlichen wesentlich unterscheidet, sei noch dahingestellt. Fest steht jedoch, daß der Mann in aller Regel durch die Arbeitsteilung nicht über jene Einflechtungsmöglichkeiten verfügt, die das Leben der Frau mit den Kindern nun einmal Minute für Minute und Tag für Tag bietet. Dem Mütterlichen der Frauen mangelt es nicht an *»Penetrationsmöglichkeiten«* gegenüber dem Leben der Söhne, an Möglichkeiten, die in zeitlich begrenzten Situationen vom Väterlichen der Männer zu den Töchtern erst herbeigeführt werden müssen. Die Körperberührung der Kinder durch die Mutter ist eine kulturelle Selbstverständlichkeit. Die weibliche ist allgegenwärtig und eine grundsätzliche Beziehungsmodalität für alle Kinder in unserer Kultur. Das männliche Verführen ist in diesem Sinne stärker an eine synthetische Situation gebunden, die organisiert werden muß.

Ich gehe davon aus, ohne das hier auszuführen, daß die elterlichen Verführungen sich unterscheiden. Sie sind anders in ihren Zielen, Erwartungen und Phantasien, und sie verlaufen vor allem anders. Statt des eher finalen genitalen Primats der männlichen Verführung scheinen bei der weiblichen eher prägenitale Triebregungen in verschiedenen Abwehrmechanismen auf. Frauen beschreiben den Unterschied folgendermaßen:

- *Der Mißbrauch ist subtiler, latenter;*
- *zärtlicher und verführerischer;*
- *weniger spektakulär und für die Söhne schwer zu deuten, aber um so schädlicher;*
- *vielleicht unauffälliger;*
- *es bleibt eher verborgen;*
- *es findet mehr indirekter Mißbrauch statt – Psychoterror.*

Zur Besonderheit weiblicher Verführung wird beispielhaft angemerkt:

- *Sie binden die Söhne mit Überbehütung bis zur totalen Abhängigkeit an sich, weniger körperlich als durch seelische Abhängigkeit bis zur Lebensunfähigkeit, nämlich fesselnde Zärtlichkeit;*
- *starke Gefühlsebene, keine offene Gewalt, Abhängigkeit wird ausgenutzt, der Sohn darf dann nicht erwachsen werden;*
- *der Sohn wird zum Partner gemacht durch Entmündigung, Grenzüberschreitung der Körperpflege, die Frau verführt den Sohn, um Bestätigung zu bekommen;*
- *sie bringen ihre Söhne eher in seelische Abhängigkeit, wenn sie frustriert sind, partnerschaftlich sozusagen;*
- *es geschieht über starke emotionale Bindungen, das heißt, die Mutter plädiert an die moralische Verpflichtung des Sohnes ihr gegenüber;*
- *indem sie im Kind den Partner sehen und dem Jungen mehr Freiraum lassen;*
- *Liebkosen am Penis;*
- *Herumfummeln am Pimmel wegen Vorhautverengung.*

Die ausgewählten Kommentierungen werfen ein anderes Licht auf unangemessene mütterliche Beziehungen, als wir es aus der Diskussion über die väterlichen kennen. Das Gewaltsame ist eindeutig weniger genital zentriert. Vor allem wird die Zärtlichkeit und Fürsorge selbstkritisch als eine mögliche Situation der Gewaltsamkeit vorgeführt. Ausführlich wird das noch im Kapitel über die mütterliche Sorge um den Penis dargestellt.

Im weiblichen Verständnis von unangemessenen Beziehungen herrscht die zärtliche Komponente vor, die wenig spektakulär sein muß, um in unangemessenen Körperkontakt überzugehen. Alles erscheint alltäglich und selbstverständlich. Und zu Recht weist eine befragte Frau darauf hin, daß der Sohn sogar Schwierigkeiten haben könnte, die Mutter unangemessener Sexualbefriedigung zu zeihen. Wir wollen außer acht lassen, daß der Sohn an den mütterlichen Grenzüberschreitungen durchaus ein lustvolles Interesse haben kann und gewiß nicht ihr »Opfer« ist. Hier geht es aber darum, die Unauffälligkeit des Übergriffs durch die Einbettung in alltägliche Frau-Sohn-Routinen zu bestätigen, die erklären, warum es zu »unauffälligen« und »verborgenen« Unangemessenheiten kommen kann. Eine Frau formulierte: *»In ihren Gedanken tun es Mütter, ohne daß die Außenwelt an Handlungen etwas entnehmen kann.«* Nicht nur in allgemeinen gesellschaftlichen Widerständen sehen Frauen ein Hindernis, das der Erörterung ihrer Erfahrungen entgegenstand. Sie gehen auch von einer besonderen, offenbar äußerst komplizierten psychischen Mitwirkung der Söhne an der Geheimhaltung aus. Folgende Kommentierungen legen das nahe:

- *Sich einzugestehen, daß man mißbraucht wurde, rüttelt am Bild vom starken Mann;*
- *Söhne trauen sich nicht, darüber zu sprechen, da das noch kein öffentliches Thema war;*
- *versteckter, mit weniger Gewalt, außerdem glaube ich, daß Männer sich später schwerer tun, über den Mißbrauch zu sprechen, als Frauen;*
- *Mißbrauch gibt es von Müttern und Vätern, man sollte darüber berichten und Konsequenzen ziehen;*
- *sie haben ja oftmals die Erziehung alleine in der Hand, so können sie die Jungen oft noch mehr unter Druck setzen als die Mädchen, besonders sexuell, außerdem lernen die Jungen immer noch, nicht über ihre Gefühle zu sprechen.*

In den Kommentierungen herrscht die Tendenz vor, daß Männer die Erfahrung, verführt worden zu sein, mit ihrem Selbstwertgefühl nicht in Übereinstimmung bringen können und daß sie deshalb lieber schweigen. Demnach tragen die »Opfer« Schuld daran, daß ihnen nicht geholfen werden kann. Diese These deutet auf Schuldgefühle von Frauen über vollzogene oder phantasierte Unangemessenheiten hin. Das Schweigen der Söhne soll, das ist eine Deutungsmöglichkeit, dem Verschweigenden Schuld aufbürden. Andererseits können die Kommentare ebenso aus beschützender Identifizierung mit den Söhnen erfolgen und von großem Einfühlungsvermögen für ihre Inzesterfahrungen zeugen. Sie können jedoch auch die Funktion haben, Schuld für unangemessene Handlungen zu mindern, indem die Mitwirkung des Kindes beschworen wird. Diese Psycho-Logik der Schuldentlastung ist aus der Debatte über inzestuöse Männerbeziehungen mit Töchtern hinlänglich bekannt. Obwohl solche Schuldentlastungen immer wieder versucht werden, sind sie unangebracht, da die Verantwortung für unangemessene Handlungen immer beim Elternteil liegt und nicht beim Kind. Und sei das Kind noch so verführerisch und darauf aus, verführt zu werden. Kinder wollen verführt werden: sexuell, intellektuell, musisch, ästhetisch oder wie immer.[10] Und es ist nichts leichter, als Kinder zu verführen. An welchen Verführungen die Eltern mitwirken und an welchen nicht, markiert ihre Kulturfähigkeit, das Inzesttabu einzuhalten und ihre Kinder zu fördern.

Was besagt also der Hinweis, daß Söhne bei der Verheimlichung mitwirken? Steht das Eingeständnis, verführt worden zu sein, wirklich im Widerspruch zur männlichen Aktivitätsideologie, die demnach bereits im frühen Alter im Knaben verankert wurde? Zwingt diese Ideologie ihn dazu, alles Passive – wie verführt worden zu sein – zu verleugnen? Nach den Kommentierungen zu urteilen, würde der Knabe das Verschweigen vorziehen, weil das Öffentlichwerden eine noch größere narzißtische Kränkung darstellt als die »Niederlage«, verführt worden zu sein. Zweifellos erleben viele Männer Passivität als bedrohlich. Sie versuchen, sie durch zwanghafte Aktivitäten zu kompensieren. Ruhelose Aktivitäten, wie sie sich im Bild des steten Brotverdieners kristallisieren, haben häufig etwas Zwanghaftes, dem Männer sich nicht entziehen können, selbst wenn sie es wollten – oder es dürften oder sogar dazu aufgefordert würden!

Wie kommt also das »Bild vom starken Mann« in den zarten Knaben, das ihm das Erinnern so schwer oder sogar unmöglich macht? Dieses Bild ist kein von außen kommendes gesellschaftliches Mannsbild. Das Bild vom starken Mann *im Sohn* weist auf die Beziehung zur Mutter hin. Es basiert auf der individuellen Verarbeitung von unangemessenen Erlebnissen mit ihr. Was der Knabe als Kleinheit erlebt hat, ist die Überforderung, die jede unangemessene Beziehung in sich birgt. Je heftiger und dauerhafter die mütterlichen Wünsche, Phantasien sowie kaschierten und offenen Handlungen den Sohn überfordern, um so mehr erfährt er sich als unzureichend. Und zwar im Vergleich zum Vater oder dem Lebensgefährten der Frau oder nur angesichts ihrer *Forderungen*. Er ist für die mütterlichen Wünsche immer zu klein und nicht nur, wenn er sich mit dem Vater/Partner der Mutter mißt. Er wird beständig gekränkt.

Die Verleugnung dieser Erfahrungen ist keine *»männlich-chauvini-*

stische Attitüde« der kleinen Söhne, welche die Männerkultur früh an sie vermittelt. Es handelt sich vielmehr um Erwartungen ihrer Mütter, die unangemessen sind, nämlich vom Sohn in dieser oder jener Form befriedigt zu werden. Der Knabe stößt bei seinen untauglichen Versuchen schmerzhaft an die Grenzen seiner psychischen und körperlichen Fähigkeiten, wenn er versucht, diesen Wünschen zu entsprechen. Vor allem wird er von der Grenzenlosigkeit des weiblichen sexuellen Begehrens überschwemmt, ohne dafür Mechanismen der Reizabwehr oder der Reizabfuhr zur Verfügung zu haben. Es sei denn, er spaltet diese Gefühle ab, wie das für traumatische Erlebnisse typisch ist.

Die unvermeidbaren Niederlagen auf der Handlungsebene wie die traumatisierenden Reizüberflutungen erfüllen ihn mit grenzenloser Scham über seine Kleinheit. Wenn der Sohn schon in die ödipale Phase eingetreten ist, werden die Gefühle der Unangemessenheit für die grenzenlos erlebten Wünsche und Phantasien der Mutter um die Konkurrenz mit den erwachsenen Männern kreisen, die das können, was er noch nicht kann, aber können soll. Aber was er sich so dringend wünscht, daß doch auch er es können möge!

Es handelt sich um Erwartungen, die der Sohn überhaupt nicht oder nur unter unsäglichen Verzichten erfüllen kann. Und im Hinblick auf das Leben vieler Männer können wir sagen, daß der Versuch, den mütterlichen Erwartungen zu entsprechen, mit weitreichendem Verlust von Beziehungsfähigkeit, Frühreife, verkürzter Kindheitsphase und Charakterdeformationen bezahlt werden muß. Wenn Männern das Erinnern schwerfällt oder ihnen gänzlich unmöglich ist, dann geschieht das aus Schamgefühlen, die Grenzen überschreitende Frauen in ihnen auslösten. Dadurch wird ihnen die Erinnerungsarbeit so schwer. Das Erinnern ist schmerzhaft, weil es ohne das Erinnern der grenzenlosen Beschämung nicht möglich ist.

In diesem Sinne ist der Sohn kein starker Mann, und er wird es auch nie werden. Wenn seine Beschämung grenzenlos war, wird er später vielleicht ein glühender Anhänger der Ideologie vom immer aktiven Mann und wird nur bestimmte Zigarettenmarken rauchen, die seinem Selbstbild unter die Arme greifen. Aber davon wird er nicht stark, er wehrt damit bestenfalls die tiefen Kränkungen seiner Kindheit ein Leben lang ab. Es trifft zu, daß hinter den größten Männlichkeitsgesten und überbordenden Machismusgebärden sich die tiefsten Abgründe unbewußter Angst auftun. Jene Angst, welche die Frau mit ihren grenzenauflösenden Erwartungen in ihrem kleinen Sohn auslöste. Sie sollen mit Gesten zugedeckt und für die Erinnerung unerreichbar bleiben.[11]

Es gibt Frauen in unserer Befragung, die diesen zerstörerischen Hintergrund ahnen. Sie kommentieren:

- *Vielleicht sind Söhne tiefgehender geschädigt, weil die Gewalt eher fehlt, und können deshalb nicht darüber sprechen;*
- *das mütterliche Verhalten wird von Söhnen nicht als Mißbrauch empfunden;*
- *ich denke, daß der Sohn sich des Mißbrauchs nicht so schnell bewußt wird.*

Wenn Frauen den Unterschied von väterlichen und mütterlichen Grenzüberschreitungen beschreiben, weisen sie der Gewalt und dem Schmerz große Bedeutung zu. Denn Frauen scheinen eine klare Vorstellung davon zu haben, daß sie ihre Söhne anders verführen, als der Mann seine Tochter verführt. Als Unterschied heben sie die Gewaltlosigkeit ihrer Verführungen hervor. Sie seien:

- *geschickter;*
- *zärtlicher und verführerischer;*
- *weil sie vielleicht keine Gewalt anwenden und es zarter machen;*
- *gewaltloser;*
- *auf subtilere Art, eher sanft, verführend mit weniger Genitalberührung;*
- *spielerischer.*

Die Mütter weisen darauf hin, daß es ihnen durch die Nähe, die zwischen ihnen und Kindern im allgemeinen besteht, möglich ist, im besonderen zu ihrem Sohn ihre Sexualbedürfnisse als mütterlich pflegende Handlung zu kaschieren. Und sie geben zugleich an, wie sich das abspielt.

- *Bemäntelt als Fürsorge und getarnt als Kinderpflege;*
- *unauffälliger, weil sie allgemein mehr schmusen;*
- *sie nutzen ihre Fürsorgerolle subtil aus, zum Beispiel Waschen des Sohnes;*
- *im Rahmen des Duschens zum Beispiel als vorgebliche Fürsorge;*
- *da die Mutter sich mehr um das Waschen und die Sauberkeitserziehung kümmert, ist es nicht so auffällig;*

- *vielleicht sind sie schlauer und begehen Mißbrauch nur, wenn sie völlig sicher sind, daß ihre Söhne ihnen völlig hörig sind und somit nichts an die Öffentlichkeit dringen kann.*

Aber es gibt Frauen, die nicht davor zurückschrecken, unangemessene Beziehungen in den Kategorien zu beschreiben, die Beziehungen von Männern zu ihren Töchtern kennzeichnen. Sie sehen es:

- *Analog wie die Vergewaltigungen von Mädchen;*
- *vielleicht nicht ganz so hemmungslos;*
- *subtiler und deshalb für die Mutter leichter entschuldbar;*
- *nicht so gezielt auf das Genital gerichtet;*
- *nicht körperlich brutal und deshalb unauffälliger;*
- *mit weniger Gewalt, alles versteckter, außerdem glaube ich, daß Männer sich später schwerer tun, über den Mißbrauch zu sprechen als Frauen;*
- *Frauen wird es nicht so grausam zugetraut;*
- *Frauen gehen lange nicht so gewalttätig vor wie Männer;*
- *subtiler, mit weniger Schmerzen für das Kind verbunden;*
- *weil vermutlich weniger körperliche Gewalt im Spiel ist;*
- *ohne körperliche Verletzungen, Mutter-und-Kind-Bindungen sind eng, das Ausgeliefertsein größer, das Schweigen auch.*

Unter den vielen Fragen, die die Kommentierungen aufwerfen, fällt auf, daß der körperlichen Verletzung und der Gewaltförmigkeit besondere Bedeutung beigemessen wird. Demnach würden Mädchen die unangemessene Verführung eher als Vergewaltigung erleben und der Knabe eher *nur* als Verführung. Das würde zweierlei nahelegen: einmal eine Erlebnisweise der Kinder, die von ihrem anatomischen Geschlecht abhängig ist, und zum anderen eine geschlechterspezifische Verführung der Eltern. Oder anders formuliert: Die Väter tun es gewalttätig, die Mütter *ohne Gewalt*. Die Frauen schließen daraus, daß der Inzest für Söhne zwar nicht schadlos, zumindest doch weniger schädlich sei, eben weil keine sichtbaren Schäden auftreten. Entsprechende Kommentierungen lauten:

- *Es ist ja nicht sichtbar wie bei Mädchen, wo das Jungfernhäutchen durchlöchert wird;*
- *Mißbrauch setzt Erektion voraus, also Einverständnis. Es ist dann keine Körperverletzung wie zum Beispiel Reißen des Hymen. Auch sind keine sadistischen Neigungen bei Müttern üblich, glaube ich;*

- *es ist ja nicht sichtbar wie bei Mädchen das Jungfernhäutchen;*
- *eventuell nicht mit Brutalität, Deckmantel Mutterliebe;*
- *sie tun ihrem Kind nicht körperlich weh;*
- *es geht weniger mit Schmerzen einher;*
- *die körperlichen Symptome sind anders, zum Beispiel keine Verletzung wie bei den Mädchen an der Scheide.*

Daß Frauen nicht penetrieren können, wird – unter Außerachtlassung einiger anderer Besonderheiten männlicher Gewalt – mit der Vorstellung zusammengedacht, daß ihre Verführung gewaltlos und nicht körperlich schädigend sei. Pointiert läuft der latente Versuch, den Frauen im Gegensatz zu den Männern eine gewaltfreie Verführungspraxis zuzuschreiben, auf zweierlei hinaus.

Zum einen wird mit der körperlichen Gewalt, die mit dem penetrierenden Vater und dem Reißen des Hymen zusammengebracht wird, eine Verführung vorgestellt, die schädlich ist, weil sie körperlichen Schmerz auslöst. Nach diesem begrenzten Verständnis ermangelt der sexuellen Verführung das *psychisch* Zerstörerische und Traumatisierende, das von der sexuellen Fesselung durch den stimulierenden und sich befriedigenden Elternteil ausgeht. Diesem Verständnis fehlt die Einsicht in die emotionalen Wirkungen der sexuellen Stimulierung des Kindes, das damit nicht fertig werden kann. Hier wird kurioserweise nahegelegt, ohne daß es ausgesprochen wird, daß eine gewaltfreie väterliche Verführung ebenfalls nichts allzu Schädigendes sei. Verwerflich sei vielmehr nur der brutale Mann, der sich hemmungslos über die Tochter wirft, ihr Schmerzen zufügt und sie rücksichtslos behandelt. Da Frauen durch die beständige Nähe zum Sohn die Verführung in die alltäglichen Gemeinsamkeiten einflechten können, kommt es zu keinem gewalttätigen Übergriff, der dem väterlichen vergleichbar wäre. Nach dieser unausgesprochenen Logik wäre ihre Verführung dann unschädlich oder zumindest weniger schädlich. Die Gewaltfreiheit der verführenden Frau böte sich als Rechtfertigung der Verführung an.

Möglicherweise ist der Hinweis auf die weibliche Gewaltfreiheit und die anatomische Unfähigkeit, den Sohn durch Penetration zu verletzen, da »er kein Hymen hat«, nur in Verbindung mit dem zweiten Argument zu sehen. Wenn die Männer als die Penetrationsfähigen nicht nur wegen des Vorhandenseins des Hymens verletzen können, sondern vor allem wegen ihrer Brutalität und Hemmungslosigkeit, dann unterstellt das, daß die Töchter selbst nicht den Vater begehren und ihn nicht *so* besitzen wollen, wie ihn die Mutter besitzen kann. Da die Töchter nicht mit den Müttern konkurrieren und sie bei ihrem Mann nicht verdrängen wollen, so die innere Logik des Arguments, *muß* der Vater sie zur Sexualität zwingen. Die Gewalt des Vaters gilt als Indiz dafür, daß der Tochter sein Wunsch widerstrebt. Diese Wunschvorstellung würde begründen, warum er als gewalttätiger Verführer vorgestellt wird, denn nur durch Gewalt gelingt es ihm, in die von Rivalitäten frei phantasierte Mutter-Tochter-Beziehung einzubrechen. Erfahrungsgemäß sind die männlichen Inzesthandlungen aber keineswegs nur auf Gewalt, selbst nicht einmal auf Drohung aufgebaut.[12] Es sind nicht selten Liebesbeziehungen, zärtlich und verspielt, denen Erwachsener vergleichbar und im strikten Widerspruch zu Beschreibungen der öffentlichen Diskussion. Das zwanghafte Leugnen des gegenseitigen Begehrens zwischen Vater und Tochter und die Beschwörung des Gewaltsamen als der einzig möglichen Beziehungsmodalität zwischen beiden[13] bestätigen diese Vermutung.

Frauen, die sich den Zugang des Partners zur Tochter nur gewaltsam vorstellen können, verleugnen damit wahrscheinlich, daß beide die inzestuöse Liebesbeziehung wünschen. Für die Illusion der Mutter von einer möglichst harmonischen, nämlich von Rivalität freien Beziehung zur Tochter mag diese Wunschvorstellung recht nützlich sein. Sie verkennt aber die gewaltfreie Verstrickung ihrer Tochter mit ihrem Lebenspartner.

Bedeutsamer ist hingegen, daß mit der Unterscheidung von gewaltsamen und gewaltfreien Verführungen in *eher annehmbare* und *eher unannehmbare* die inzestuösen Grenzübertretungen zum eigenen Sohn von gravierenden Auswirkungen freigesprochen werden können. Wie weit Frauen, die sich dieser Sichtweise bedienen, sich der Konsequenzen bewußt sind, ist schwer zu sagen. Die Unterscheidung hat darüber hinaus noch andere Vorteile. Sie beruhigt nicht nur das mahnende Gewissen, sondern sie rettet den Wunsch, daß der Sohn sie aktiv begehren möge. Denn wenn er will, was auch sie will, muß sie nicht gewalttätig werden. So kann sie phantasieren, daß sie den Sohn – wohlgemerkt körperlich – weder verletzt noch ihm Pein zufügt. Sie kann sich in der Vorstellung wiegen, daß der Sohn sie begehre und daß das gleichbedeutend mit »Folgenlosigkeit« sei. Die Gewaltfreiheit rückt in ihrer Phantasie zum Beweis für das gegenseitige Begehren auf. Sie muß ihn nicht bedrohen, um ihn zum Ziel ihrer Wünsche zu bringen, noch muß sie ihn nachträglich zum Schweigen nötigen.

Die innerliche Rechtfertigung vor dem mahnenden Gewissen bewertet die Verführung nicht direkt. Sie wird spiegelbildlich in der Art und Weise vorgenommen, wie sie sich vom Vater-Tochter-Inzest unterscheidet. Die Argumente, mit denen sie die Väter verurteilen, bringen die eigene Freisprechung von Schuld mit sich. Sie verleihen ihrer Grenzüberschreitung den Charakter des »Mütterlichen«, indem sie sich von den Gewaltaspekten der männlichen Verführung absetzen. Psychisch gesprochen handelt es sich hier um eine Rationalisierung, die Unsinniges als Sinnvolles und Schuldhaftes als Schuldfreies erscheinen lassen soll. Die Frauen sagen beispielsweise:

- *Es ist ihnen vielleicht weniger bewußt;*
- *Vergleich von Jungen und Mädchen, Jungen wehren sich eher;*
- *unterschiedliche Bewertung von körperlichen und psychischen Schäden;*
- *Söhne wehren sich eher;*
- *meist sind nur schwere psychische Folgen, die (noch) niemand ernst nimmt, kaum physische Folgen nachweisbar;*
- *der Junge leidet nicht physisch, man »sieht nichts«;*
- *Mutter-Vater-Vergleich;*
- *Frauen brauchen das Gefühl der Macht im sexuellen Mißbrauch nicht;*
- *vielleicht haben sie mehr Gelegenheit, es in die Gewohnheiten des Alltags einzubauen;*
- *der Mißbrauch geschieht unter dem Deckmantel der »Aufklärung«;*
- *indirekter, eben kein Verkehr;*
- *kein Herrschaftsanspruch, Demütigung, Unterwerfung, Macht ist nicht unbedingt das Motiv, statt dessen tatsächlich Lust und Sinnlichkeit;*
- *Frauen haben andere Mißbrauchsmotive.*

Was ist es aber, was sie am Sohn dann begehren? Ist es das Verschmelzen, ihn nicht abzugeben, ihn zurückzuholen und ihn im Bauch letztlich wieder aufgehen zu lassen?

- *Frauen brauchen das Gefühl der Macht im sexuellen Mißbrauch nicht;*
- *subtiler geschieht es. Es wird wohl häufig kein direkter Mißbrauch sein, sondern eher seelischer Mißbrauch, aber auch der ist schädlich.*

Sohnes Scham und Mutters Beschämungen

»... mit 12 Jahren möchten sie es selbst nicht mehr!«

Jeder kennt das brennende Gefühl der Scham. Es löst Zustände der Hilflosigkeit, der Pein und des Unwertes aus. Der Wunsch, vor lauter Scham im Erdboden zu versinken, ist ein begreiflicher, aber vergeblicher Versuch, sich vor den quälenden und erniedrigenden Gefühlen angesichts der als böse und eindringend wahrgenommenen Zuschauer der eigenen Katastrophe zu schützen.

Auf der Erlebnisebene haben Schamgefühle viel damit zu tun, daß eine Person sich dem Blick der anderen entziehen möchte, weil das Gesehenwerden unerträgliche Nichtigkeitsgefühle auslöst. Die Überflutung mit Schamgefühlen führt deshalb kurzfristig zum Verlust aller Beziehungen nach außen und zur inneren Chaotisierung. Wer sich schämt, wähnt sich klein, völlig verlassen und bedeutungslos.[1]

Schamgefühle, die plötzlich wie Anfälle und scheinbar völlig grundlos auftreten, nehmen sehr unterschiedliche Formen und Grade von Intensität an. Bei Kleinkindern im Alter von fünf bis acht Monaten treten im Fremdeln Zeichen der Scham auf. Die Kinder wollen sich zeigen, zugleich wollen sie aber nicht gesehen werden. Sie verstecken den Kopf und zugleich spähen sie heimlich nach »außen«.

Zum Wesen der Schamgefühle gehört es, daß der Wunsch, sich zu zeigen, um gesehen zu werden, in sich zusammenbricht, weil tiefe Gefühle der Wertlosigkeit den Blick der anderen unerträglich machen. Das Erröten, das zur Scham gehört wie das Erblassen und die Gesichtszüge auflösende Verlegenheit, sind so die sichtbare körperliche Reaktion auf das Scheitern einer selbstbewußten Selbstdarstellung.

Das Rotwerden oder Blaßwerden, eben das sichtbare Überflutetwerden mit einem unkontrollierbaren Vergänglichkeitsgefühl ist typisch für den Schamanfall. Schamgefühle gelten als typisch weibliche Form, den Blick der Außenwelt auf die phantasierte Minderwertigkeit nicht ertragen zu können. Schamgefühle sind demnach eine Reaktionsform auf reale oder phantasierte Erlebnisse.

Natürlich haben auch Männer Schamgefühle. Uns interessiert jedoch etwas anderes, nämlich wie sie auf Beschämungen reagieren, die von außen an sie herantreten. Im Mittelpunkt unserer Überlegungen stehen deshalb Handlungen, die von den Söhnen als tiefreichende Beschämungen erlebt werden. Der Anlaß jedoch liegt in diesen Fällen nicht *in* ihnen, sondern im Verhalten Außenstehender – hier der Mutter.

Die Neigung, das Verhältnis von Frauen und Söhnen als weitgehend ideal zu betrachten, veranlaßt uns erst einmal zu behaupten, daß Frauen ihre Söhne beschämen. Angesichts der Verleugnung solcher Handlungen unterstellen wir, daß sich das Beschämende in subtiler Weise seinen Weg sucht. Es hat nichts gemein mit gängigen Vorstellungen von Gewalttätigkeit. Das wenig Auffällige ereignet sich »naturwüchsig«. Es läßt sich nicht glaubhaft behaupten, daß Frauen Beschämungen wissentlich verheimlichen. Man wird vielmehr davon ausgehen müssen, daß sie das Beschämende ohne Willen und Kenntnis tun. Möglicherweise sogar im Bewußtsein, dem Sohn etwas Gutes zu tun. So gesehen können sie das Beschämende nicht einmal erkennen.

Der Beschämung, die von einer äußeren Handlung, einem Blick, einem falschen Ton oder einer Geste ausgelöst werden kann, steht die Scham gegenüber. Sie stellt die individuelle Form dar, damit »fertigzuwerden«. Die Beschämung ist ein allgegenwärtiger Teil der Lebenswelt, mit der auch das männliche Kind sich auseinandersetzen muß. Die unmittelbare Nähe zu seiner Mutter ist Teil dieser Lebenswelt. Die mütterlichen Beschämungen, die Art, wie sie auftreten, wie sie wahrgenommen, übersehen, verniedlicht oder ironisch überspielt werden, stehen im Mittelpunkt dieser Abhandlung.

Schamgefühle haben alle Kinder – Mädchen wie Jungen. Sie sind Teil ihrer *inneren* Auseinandersetzung mit sich selbst und werden allein von ihren Vorstellungen und Phantasien ausgelöst.[2] In diesem Bereich sind die Schamgefühle so selbstverständlich, eigenständig und individuell, ja, fast möchte ich sagen, von den konstitutionellen Fähigkeiten des Kindes abhängig, daß das elterliche Verhalten darauf keinen Einfluß hat. Diese Dimension von Schamgefühlen, die unabhängig vom Verhalten der Mutter, des Vaters und der übrigen Umwelt des Kindes auftreten, spielt in der Befragung der Frauen keine Rolle. Es gibt die kindliche Vorstellungswelt als eine separate Quelle zerstörerischer Impulse von Beschämung.

Uns interessiert vielmehr, wie Frauen die Kleinheit des Sohnes und seine Versuche, größer zu sein, als ihm möglich ist, seine Abhängigkeit und Unterlegenheit wahrnehmen und wie sie das Wahrgenommene bewußt oder unbewußt in die Beziehung zu ihm einbetten.

Viele Möglichkeiten sind denkbar. Ob sie zum Beispiel seine Verletzbarkeit wahrnehmen, ob sie sie übergehen oder ob sie Öl ins Feuer gießen? Ist die Mutter mitfühlend oder verweigert sie ihm Schutz angesichts von Schamgefühlen? Ist sie gleichgültig oder sogar sadistisch im Umgang mit seiner Verletzbarkeit? Berauscht sie sich vielleicht an seiner Kleinheit, um die eigene nicht wahrnehmen zu müssen? Aber wir dürfen aus unserer Erforschung der Mutter-Sohn-Beziehung ebensowenig ausschließen, daß Frauen die Schamgefühle nicht nur »falsch«, sondern überhaupt nicht wahrnehmen.

Ich betone noch einmal die bedeutsame Unterscheidung zwischen den Schamgefühlen, welche die Erlebnisseite des Kindes ausdrücken, und andererseits Beschämungshandlungen, die von außen auf das Kind treffen.

Um die Situationen zu verstehen, werde ich über den Kontext der von uns gestellten Fragen hinaus die Situationen zuerst in ihren Facetten skizzieren. In einem zweiten Schritt werde ich anhand der ausgewerteten Fragebögen sowie von Zusammenhängen mit anderen Fragen ausführlich darstellen, in welchem Ausmaß Söhne bestimmte beschämende Erfahrungen machen.

Bevor ich diese Schritte vollziehe, möchte ich sagen, daß viele Frauen »es« tun, ohne zu merken, was sie eigentlich tun. Sie sind sich der beschämenden Dimension ihres Handelns nicht bewußt. Vieles deutet darauf hin, daß es in den Frauen eine ihnen unbekannte Hemmung gibt, die sie an einem tiefreichenden Verständnis der Gefühlswelt ihres Sohnes hindert. Nicht minder schwer fällt ihnen eine kritische Selbstbetrachtung, die allein Quelle von Veränderungen sein kann.

Was ist nun das Wesentliche am Beschämenden des mütterlichen Verhaltens, und was bedeutet das für den Sohn? Eigentlich ist es zweierlei. Einmal, daß die Mutter die Fähigkeiten des Sohnes zu gering ansetzt und sie nicht richtig sieht. So wird sie ihm Fähigkeiten nicht zutrauen, die er bereits hat, und sie wird seinem Wunsch nach Selbständigkeit übersehen. Den Sohn beschämt dann, daß die Mutter ihn kleiner macht, als er sich fühlt. Sie treibt seine Selbsteinschätzung zurück in Entwicklungsphasen, die er bereits durchschritten hat.

Zum anderen besteht das Beschämende darin, daß die Mutter dem Sohn zuviel zutraut, ihm Erwartungen aufbürdet und Wünsche an ihn heranträgt, die er ihr gern erfüllen würde, die ihn aber überfordern. Wenn die Mutter sich dann noch mit ihren Gefühlen als abhängig vom Sohn darstellt, wird die Überforderung für ihn zum Erlebnis einer ständigen Enttäuschung – eben beständiger Beschämung darüber, den Wünschen dieser Frau nicht entsprechen zu können. Er wird sich zu klein fühlen, »es« der Frau recht machen zu können.

Dieser Überlegung liegt eine wichtige Annahme zugrunde. Ich gehe davon aus, daß entgegen allen Annahmen das Verhältnis der Frau zu ihrem Sohn nicht durchgängig von Überlegenheit und Erwachsenheit geprägt ist. Neben der Überlegenheit in praktischen Alltagsdingen gibt es weibliche Erwartungen, die von Abhängigkeit und unerfüllten Wünschen zeugen. Dem Sohn kann nun die Aufgabe zufallen, der Frau, die seine Mutter ist, bei der Befriedigung dieser Wünsche zur Seite zu stehen.[3] Dieser Vorgang, der die Beziehung zum Sohn bereits im Säuglingsalter bestimmen kann, läuft unbewußt ab. Er widerspricht dem Selbstbild, das die meisten Frauen von sich haben, und wird deshalb auf Skepsis stoßen.

Vor dem Hintergrund einer Mutter, die stillschweigend nach emotionaler Befriedigung heischt, wird verständlich, warum Über- und Unterschätzung des Sohnes wechselweise zu ständigen Anlässen der Beschämung werden.

Die Beziehung einer Frau zu ihrem Sohn, die sensibler Einfühlung in seine Fähigkeiten entbehrt, wird die Erkenntnis nicht zulassen können, daß mit dem Heranwachsen des Sohnes die Beschämungen von Tag zu Tag immer tiefer und unzeitgemäßer werden. Und daß die Kluft zwischen ihren Erwartungen und den Selbständigkeitsstrebungen des Sohnes immer größer wird.

Eine Schamäußerung zu übersehen ist für den Sohn eine höchst schmerzliche Erfahrung. Er erlebt sie als Ohnmacht und Unfähigkeit, sich von der Mutter als getrennt zu erleben. Das kann phasenweise, über längere Zeiten oder sogar beständig sein. Die Abwehrmechanismen,[4] die Söhne zu ihrem kurzfristigen Schutz gegen eine beschämende Mutter entwickeln, quasi um eine kreative Anpassung zu vollziehen, sind unterschiedlich. Sie können ihr Überleben sichern. Sie können aber genausogut schwere psychische Störungen auslösen, die ihre Lebens- und Glücksfähigkeit einschränken.

Was eine Frau dazu treibt, ihre Söhne zu beschämen, wird von ihren Wünschen diktiert. In aller Regel sind es unbewußte Wünsche, die sie nicht mit jener Selbstverständlichkeit überprüfen kann wie beispielsweise den Wunsch nach einer Tasche oder einem Stück Torte. Was beschämend für den Sohn ist, schafft ihr Nähe, die sie selber festsetzen kann. Die Nähe zum Sohn, die sie für entwicklungsgemäß hält, ist es für ihn nicht mehr oder sie ist noch nicht altersgemäß.[5] Das Dilemma endet in Pseudonähe. Die lebendigen Äußerungen des Sohnes gehen bei der mütterlichen Fürsorglichkeit unter. Indem die Frau die Scham des Sohnes leugnet, gestattet sie sich alle Formen der wohlmeinenden Versorgung. Sie schafft sich die Möglichkeit, sexuelle Übergriffe »schamlos« zu praktizieren. Sie kann ihre eigenen Bedürfnisse im Gewande der Fürsorglichkeit und Versorgung durchsetzen, ohne sich des sexualisierten Gehalts bewußt zu werden.

In der Literatur über weibliche »Befreiung zur Lust«[6] wird an einem Beispiel die Auflösung dieser Grenzen dokumentiert. Das Beispiel handelt von einer zwanghaften Vorstellung, die eine Mutter annehmen läßt, daß sie ihrem Sohn das »Vögeln« beibringen könne, so wie sie ihn mit »Milch« versorgte. Die Verschmelzung, die der Vorstellung vorausgeht, versetzt die Frau in die Lage, eigene genital-sexuelle Befriedigung als Fürsorglichkeit zu erleben. Sie »füttert« den Sohn und schützt sich durch die Kindlichkeit, in der sie ihn hält, davor, ihn zu verlieren!

So extrem dieses Beispiel ist, so wird doch gleichsam an ihm das Grundsätzliche in den weniger ausgeprägten Fällen sichtbar. Es geht um Aufrechterhaltung von Einfluß und Macht über den Sohn. Es geht darum, ihn nicht aus der heißbegehrten körperlichen und psychischen Nähe zu entlassen. Die Frau möchte ihren Sohn nicht verlieren; sie möchte ihn nicht abgeben an andere Frauen, die er sich früher oder später suchen wird. Sie macht sich zu seiner Geliebten.

Was immer der Sohn im geschilderten mütterlichen Zwang erlebt, ihm das »Vögeln« wie das »Stillen« beizubringen, kann nur eine Fallstudie klären. Seine Situation gleicht einem Gefängnis, aus dem seine Seele keinen leichten Ausweg mehr findet.

Nach diesen allgemeinen Vorüberlegungen möchte ich anhand der Befragungsergebnisse klären, wie häufig es geschieht, daß Frauen Schamäußerungen übersehen. Hierzu bieten sich drei Möglichkeiten. Zwei Möglichkeiten zur Beurteilung des Ausmaßes von Beschämungshandlungen sind im Rahmen der Frauenbefragung bereits erkennbar. Eine dritte wird zur Verfügung stehen, wenn die Ergebnisse der Männerbefragung[7] vorliegen und wir vergleichen können, wie Frauen im Gegensatz zu Söhnen identische Schamfragen beantwortet haben.

Eine Möglichkeit, Beschämungshäufigkeiten direkt zu beurteilen, bietet die Frage (H6) in unserem Fragebogen: *»Wenn Ihr Sohn sich schämt, übersehen Sie das?«*

Die Frage unterstellt, daß Söhne sich schämen und daß es darum geht, ob die befragten Frauen es für möglich halten, daß sie eindeutige Äußerungen übersehen. Auf die Frage (H6) gaben 119 von 867 Frauen an: *»Daran habe ich noch nie gedacht.«*

Es sind 13,7 % aller Frauen, die ihr Verhältnis zu ihren Söhnen demnach so konfliktfrei, beinahe möchte man sagen so ideal und innig-selig erleben, daß sie an Beschämungen noch nicht einmal denken. Die Frage löst in ihnen möglicherweise die ängstliche Vermutung aus, daß seine Reaktionen auf beschämende Situationen so subtil sind, daß sie sie nicht erkennen oder daß sie sie »übersehen«. Andererseits sind 60,2 % der Frauen sich ihrer empathischen Fähigkeiten gegenüber dem Sohn so sicher, daß sie die Frage mit *»Nein, ich übersehe das nicht«* beantworteten (siehe Tabelle H6).

Eher gering ist der Anteil der Frauen, die sich der eigenen Grenzen einfühlsamer und identifikatorischer Wahrnehmung bewußt sind. Diese 26,1 % räumen Grenzen ihrer Einfühlungsfähigkeit ein und gestehen sich zu, daß sie ihren Sohn durchaus gelegentlich beschämen könnten. Interessanterweise haben nur zwei Frauen einen Kurzkommentar zu dieser Frage verfaßt. Sie markieren zugleich die gesamte Bandbreite, die in der Schamwahrnehmung bedeutsam ist. Der eine Pol wurde von einer Mutter so formuliert:

> *»Daran habe ich noch nie gedacht, und mir ist bisher auch nichts aufgefallen, daß er sich überhaupt schämt.«*

Hier liegt die Vorstellung zugrunde, daß nichts an seinen Regungen ihr unentdeckt bleibt und daß sie ihn als gefühlsmäßige Verdopplung ihres Selbst spürt. Der Sohn ist dann nicht nur eine Verlängerung des mütterlichen Selbst, sondern er wird als körperlicher Teil von ihr phantasiert.

Der andere Pol hingegen drückt große und geradezu rührende Einfühlungsfähigkeit für den Sohn aus. Die Frau merkte an:

> *»Ich biete ihm Schutz, wenn er sich verstecken möchte.«*

Das Wesen der Scham wird hier in seiner ganzen Tiefe verstanden. Der Frau selbst kann dieses Gefühl nicht fremd sein. Sie kennt die Schmerzen und die Pein, die es begleiten. Sie kann sie selbst ertragen. Und sie bietet ihrem Sohn die Chance, sich zu verstecken, denn das Selbst-sich-ungesehen-Machen dünkt dem Beschämten oft als der beste Schutz.

Aber sie bietet ihm das Versteck nur, wenn sie ihm als der angemessene Ort des Trostes und des Versteckens erscheint, eben wenn er das möchte. Sie bietet es ihm nicht an, weil sie es für heilsam hält und weil sie glaubt, ihm diese Hilfe geben zu müssen, weil es die einzig hilfreiche sei. Sie schließt nicht aus, daß er einen eigenen Weg finden kann, mit der Beschämung fertigzuwerden, und daß sie selbst als Beschützende überflüssig ist.

Zusammenfassend läßt sich auf die Antworten sagen, daß weit über die Hälfte aller Frauen von sich behaupten, daß ihre Einfühlsamkeit gegenüber dem Sohn so groß ist, daß Zeichen der Scham von ihnen nicht übersehen werden. Wir werden im folgenden zu überprüfen haben, ob die Antworten auf die Schamfragen die Selbsteinschätzung der Frauen bestätigen.

Die Frage nach dem *Übersehen* fragt in sehr allgemeiner Form nach den einfühlsamen Fähigkeiten der Frauen. Die Frage (15) hingegen:

»Können Sie sich vorstellen, daß Ihr Sohn später einmal als Verführung auffaßt, was Sie nur gut gemeint haben?«

ist sehr viel problemträchtiger. Sie stellt zwischen einer gut gemeinten Handlung und der späteren Sicht des Sohnes eine Verbindung her. Sie unterstellt, daß der Sohn später als verführend und möglicherweise als beschämend erlebt, was sie gut gemeint hat.

Diese Frage versucht zwei Aspekte der mütterlichen Beziehungen zum Sohn zu erforschen. Einmal, ob Frauen es für möglich halten, daß ihre gutgemeinten Absichten vom Sohn als Verführung wahrgenommen werden, und zum anderen, daß der Sohn sich selbst erst in einer späteren Phase seines Lebens als Jugendlicher oder Erwachsener der Unangemessenheit ihres Handelns bewußt werden könnte. Hegen Frauen Zweifel an ihrem »Erziehungsverhalten« und fürchten sie, daß der Sohn sie eines Tages mit seiner Sicht der Erlebnisse konfrontiert, die mit dem Gutgemeinten nicht zusammenfällt?

Die Antworten nach der Aktualität des Risikos unangemessener Handlungen, von denen keine Beziehung ausgenommen ist, sind bemerkenswert. Nur 14,5 % der Frauen haben die Frage mit *»Ja«* beantwortet. 85,5 % der Frauen schließen es demnach aus, daß Gutgemeintes vom Sohn nachträglich als Verführung »gesehen« wird. Die überwältigende Mehrheit der Frauen glaubt, daß es trotz des Geschlechts- und Generationsunterschieds zwischen Frau und Sohn zu keinem Mißverständnis darüber kommt, was verführerisch ist und was nicht. Daß nämlich der Sohn sich zu etwas verführt wähnt, das die Frau so nicht gemeint hat. Sie glaubt demnach, daß allein ihre Absichten und Gefühle die Beziehung definieren. Sie raubt dem Sohn damit teilweise die Selbständigkeit und Eigenarten, die er nun einmal hat, wenn er Beziehungserfahrungen mit ihr verarbeitet.

Es ist gerade der Unterschied und der Konflikt zwischen den Generationen und den Geschlechtern, der schmerzhafte Verletzungen auslöst. Die Mutter ist eben auch Frau und Geliebte, Alleinstehende, Selbständige oder Glückliche – oder nicht. Diese Seiten sind, soweit sie den Sohn als *verschleiertes mütterliches Verlangen* betreffen, reale Konfrontationen mit der mütterlichen Welt als Frau. Jede Überschreitung der Generationengrenze, die den Sohn in die Welt des weiblichen Begehrens hineinzieht, wird ihm dann Anlaß sein, im Rückblick als Verführungen zu sehen, was er als Kind nicht sehen durfte – oder wollte. Offenbar werden von vielen Frauen die erotischen und erst recht die sexualisierten Seiten ihrer Beziehung zum Sohn verleugnet. Diese Aspekte sind für sie im übrigen nicht weniger verführerisch als für ihren Sohn. Im Verständnis der Beziehung werden diese Seiten dem Erleben entzogen. Das wäre nicht weiter schlimm, wenn sie nicht als unerkannte Seiten ihre Energie auf den Sohn richten würden.

Wenn die Frage nach *dem Übersehen der Schamäußerungen* und *den rückblickenden Wertungen des Sohnes* (H6 und I5) miteinander verglichen werden, dann fällt auf, daß 26,1 % der Frauen sich die allgemein gehaltene Frage nach dem Übersehen von Schamäußerungen durchaus noch vorstellen können. Wird hingegen diese Frage mit späteren »Verurteilungen« ihres Verhaltens während der Kindheit in Verbindung gebracht, dann schrumpft der einsichtsbereite Teil der Frauen auf 14,5 %. Die Vermutung liegt hier nicht fern, daß es eben die Angst vor solcher Sohneskritik und die Nennung erinnerungsfähiger Vorfälle sind, die Frauen zur Leugnung treibt. Diese Selbsttäuschung hat eine wichtige Voraussetzung. Frauen idealisieren ihre Beziehung zum Sohn, um sich vor der Kritik ihrer Erziehungsgeschichte zu schützen. Das Gegenteil wäre die Fähigkeit, dieser Möglichkeit ins Auge zu sehen und sich damit abzufinden, daß es keine konfliktfreien Beziehungen zwischen Frauen und Söhnen gibt. Dann wäre es nur eine Frage der Zeit, daß der Sohn seine Mutter mit erinnerungsfähigen Erlebnissen der Kindheit konfrontiert und über seine Beschämungen spricht. Die große Gefährdung der Söhne besteht deshalb darin, daß sie mit dem Erwachsenwerden keine Fähigkeit zur Auseinandersetzung über ihre Kindheit erlangen, sondern in die Idealisierung der Mutter einstimmen. Kritik würde die Mutter ja kränken. Und die Söhne haben Angst davor, daß die Mutter für Kritik Vergeltung an ihnen üben könnte. So ziehen es die meisten vor, mit der Mutter gemeinsam in der Idealisierung zu verharren, von deren Großartigkeit vielleicht etwas auf sie fällt.

Die Genitalwaschung oder zweierlei Maß

Wie lange Eltern das Genital ihrer Kinder waschen, kann eigentlich nur vom Schamgefühl und dem elterlichen Respekt vor der Intimität der Kinder vorgegeben werden. Solange die Schamgefühle noch nicht ausgebildet sind, werden der Respekt und das Bewußtsein für die kindliche Verführbarkeit allein den Eltern obliegen. Eine Frage dabei ist, wann Mütter und Väter damit aufhören sollten, das Genital vor allem des gegengeschlechtlichen Kindes zu waschen. Hierbei fällt auf, daß viele Frauen sich als Mütter mit einer *Schamunempfindlichkeit* ausstatten, die sie dem Mann als Vater nicht zugestehen. So antwortete eine Frau auf die Frage, ob der Vater das Genital der Tochter waschen solle:

> *»Das kommt auf den Wunsch des Kindes an, aber durch die gesellschaftlichen Bedingungen müssen Väter viel sensibler sein.«*

– wohl im Vergleich zu den Müttern, für die keine »gesellschaftlichen Bedingungen« zu bestehen scheinen, die Sensibilität erforderlich machen. Interessanterweise wird in diesem »Kinderschutzargument« nicht die Sicht des Kindes in den Vordergrund gestellt, sondern eine gesellschaftliche Situation, die auf Männer ein wachsames Auge wirft. Die Entwicklung der Kinder zum »Allein-Können« wendet den Blick von den elterlichen Bedürfnissen ab und empfiehlt den Kindern die Flucht als angemessenen Weg aus der Sexualisierung:

> *»Da Mißbrauch möglich ist, sollten es die Kinder früh allein können.«*

Eine Frau schreibt, daß sie bei der Genitalwaschung der Tochter durch den Vater: *»ganz normale Gefühle habe, aber mit erhöhter Aufmerksamkeit gegenwärtig (bin)«* und die väterlichen Genitalwaschungen verfolge. Andere beschränken des Vaters Tätigkeit auf das Kleinkindalter und empfehlen, *»einige Väter sollten es nie tun«*, oder sie dürfen es *»wie die Mutter tun, wenn der Vater ebensoviel für alle anderen Bedingungen im Leben des Kindes da ist«*.

Der Zugang zum Genital nimmt hierbei den eigentümlichen Charakter einer Belohnung an. Ansonsten handelt es sich um Einschränkungen, die Frauen sich gegenüber den Söhnen nicht auferlegen. Aber andererseits gibt es auch Frauen, die den Vätern das Recht der Genitalwaschung bei der Tochter ebensolange gestatten wie sich selbst – nämlich bis zum 12. Lebensjahr!

Das Schamgefühl ist offensichtlich kein durchgängiger Maßstab, an dem die Eltern ihre Zurückhaltung gegenüber dem kindlichen Genital orientieren. Wenn Eltern davon sprechen, daß das Kind »es entscheidet« oder daß »es altersbedingt« sei, wann die Genitalwaschung aufhöre, so kann daraus nicht geschlossen werden, daß die Frau das Schamgefühl des Kindes achtsam wahrnimmt. Das Altersgemäße wird nämlich mit höchst unterschiedlichen Lebensaltern zusammengebracht. Es reicht vom 3. Lebensjahr über das 7. und 8. Lebensjahr und endet beim 12. Lebensjahr.

Der Respekt kennt vielerlei Ausprägungen. Der früh einsetzende Respekt nennt als Anlaß *»so früh wie möglich«* oder *»wenn keine Windel mehr getragen wird«*. Der später einsetzende Respekt nennt den Eintritt in die Schule oder das Verreisen im Klassenverband. Andere Frauen hingegen nennen überhaupt keinen entwicklungspsychologisch bedeutsamen Zeitraum, sondern sehen die Genitalwaschung lediglich als Reinlichkeitserziehung, die nichts mit Schamgefühlen zu tun hat. Können die Kinder den Reinlichkeitsanforderungen entsprechen, wenn z.B. *»das Bewußtsein der Kinder für Sauberkeit vorhanden ist«*, so wird das der Zeitpunkt sein, an dem erstmals die lange übersehene Scham beiläufig Respekt findet. Neben dem allgemeinen Sauberkeitsanspruch gibt es ein auf die Entwicklung des Penis bezogenes Kriterium. Die Genitalwaschung hört auf, *»wenn der Sohn sich die Vorhaut selbst zurückstreifen kann«*, oder *»wenn er seine Vorhaut selber waschen kann«*.

Der noch später einsetzende Respekt zeigt eine weite Streuung von Begründungen:

> *»Mit ca. 10 Jahren sollten sie sich schon eher alleine waschen, aber ich würde es nicht abstoßend finden, wenn es länger ginge.«*

Oder:

> *»Erziehung zur Selbständigkeit hat meines Erachtens nicht nur mit Sauberkeit zu tun, es sollte keine Altersgrenze im engen Sinne geben, normal wäre das 7. Lebensjahr.«*

Manche Frauen halten den Zeitpunkt mit *»dem Wachsen der Schamhaare und dem Einsetzen der Pubertät«* für gekommen oder *»mit 11, dann wollen sie es selber nicht mehr«*.

Sicher äußern Kinder ihre Schamgefühle innerhalb einer gewissen Zeitspanne, die auch vom familiären Milieu getragen wird. Aber es hat den Anschein, daß viele Frauen die Schamgefühle vornehmlich nach eigenem Gutdünken wahrnehmen. Sie übersehen sie genauso wie die Erektionen (F4, F5), die von 5,3% der Frauen *erstmals* im Alter zwischen zehn und 14 Jahren bemerkt werden.

Die zeitlich weit auseinanderliegenden Schamwahrnehmungen der Mütter weisen auf »scham-lose«-Zeiten in der Beziehung zum Sohn hin. So fällt auf, daß nur wenige Frauen ausdrücklich von der Schamentwicklung oder von Schamgefühlen reden. Ihre Kriterien sind hingegen an Fähigkeiten der Kinder orientiert, am Nicht-mehr-Wollen der Kinder oder an der Sauberkeitsentwicklung.

Der Sohn, der mit dem Einsetzen der Pubertät die Mutter durch renitente Schamäußerungen von der Genitalwäsche abhalten will, und zwar so, daß sie es nicht mehr übersehen kann, hat dann allerdings die frühe Kindheit in einer sexualisierenden Atmosphäre bereits durchschritten.

Wenn in den Kommentaren Frauen die mütterliche Waschung mit der väterlichen vergleichen, fällt ein doppelter Standard auf. Die mütterliche Waschung ist mit der Betonung des Wohlbefindens des Sohnes, mit dem Hinweis auf wohlige und angenehme Gefühle verbunden. Die väterliche Waschung des töchterlichen Genitals hingegen nennt als Voraussetzung, daß die *»Beziehung zwischen Vater und Tochter stimmen muß«*.

Eine Bedingung, die im Hinblick auf den Sohn nicht genannt wird. Die Frauen nehmen für die Waschung des Sohnes, wenn die Gefahr der Beschämung nicht auszuschließen ist, in Anspruch, *»daß geschehen muß, was eben sein muß«*, oder *»Das läßt sich eben nicht vermeiden«*.

Der Penis als frühes Objekt endloser Sorge

»... ein bißchen anders schon als Nasenputzen!«[1]

Das mütterliche Interesse gilt der gesamten Entwicklung ihres Sohnes. Sie möchte, daß er in körperlicher wie psychischer Hinsicht gedeiht. Ihr Augenmerk wird deshalb allen Quellen möglicher Krankheiten und Verstörtheiten gelten. Der Sohn wird ihr durch sein Verhalten den Zustand seines Befindens als angenehm oder gestört signalisieren. Das mütterliche Einfühlungsvermögen nimmt darüber hinaus in aller Regel sehr viel mehr wahr als der Blick des sensiblen Kinderarztes. Aber die Mutter ist nicht nur Beobachtende und eindringlich Mitfühlende. Sie ist nicht nur einem komplizierten Radar vergleichbar, das Ungewohntes aufnimmt und meldet. Sie ist mit ihren Gefühlen der Besorgtheit, des Mitleids, mit Phantasien über ihre Weiblichkeit und ihren unbewußten Kindheitserfahrungen am Leben ihres Sohnes beteiligt, ja verwoben. Sie wird versuchen, ihn so zu sehen, wie er ist, aber sie richtet auch Erwartungen an ihn. Sie wird ihn so sehen wollen, wie »es« ihr gefällt und wie es ihren Wünschen entspricht. Sie wird deshalb manches übersehen oder manches besonders aufmerksam wahrnehmen. Das ursprüngliche Interesse am Wohlergehen des ganzen Sohnes kann dann unversehens in eindimensionale Befangenheit umschlagen, der vieles andere untergeordnet wird. Was kann es sein, was eine Frau am Sohne dermaßen in Bann schlägt, daß sie anderes vernachlässigt, das für ihren Sohn bedeutsam ist?[2]

Es sind die Ergebnisse unserer Befragung, die uns hier den Weg weisen. So erstaunlich, wie es dünken mag, so ist das magische Ziel vieler Frauen der Penis ihres Sohnes. Ihr eindringlicher Blick führt sie immer wieder dorthin. Die Sorge zentriert diesen Blick und läßt die ganzheitliche Sorge zur auffälligen Penissorge über viele Jahre geraten. Auf unsere Frage (C 16):

> *»Es kommt sehr häufig vor, daß Mütter sich Sorgen machen, daß das Genital ihres Sohnes sich nicht richtig entwickeln könnte. Kennen Sie diese Sorge auch?«*

haben 31,5 % der befragten Frauen mit *»Ja«* geantwortet. Nicht wenige Frauen begleitet diese Sorge von der Geburt ihres Sohnes an bis in die Pubertät hinein. Sie lassen weder den Blick noch ihre Hände vom Objekt der Sorge. Seine genitale Entwicklung beschäftigt sie und löst regelmäßige Beobachtungen aus. Sowohl Frauen mit Söhnen wie Kinderärzte haben ihr besonderes Augenmerk darauf gerichtet. Mit welcher Intensität oder Routine, Ängstlichkeit oder Unbefangenheit das geschieht, läßt sich nur nach genaueren Untersuchungen bestimmen.

Es fällt aber auf, daß die Aufmerksamkeit, die auf seinen Penis gerichtet wird, in den letzten Jahren intensiver wurde. Die Frage nach den Ursachen weist in viele Richtungen. So mögen unter anderem die Erziehungsdebatten der vergangenen Jahrzehnte das mütterliche Schamgefühl und das notorische Wegsehen der Vergangenheit durchaus gelockert und an seine Stelle das Gegenteil, nämlich die zwanghafte Befassung, gesetzt haben. Die Penisneid-Debatte in Frauenzirkeln und in der psychoanalytischen Theoriediskussion mögen ihren Teil zu einer *»unverschämten Eroberung«* des lange geneideten Organs geleistet haben. Eigentlich ist das nicht verwunderlich, denn der Penis des Sohnes nimmt im Leben jeder Frau eine außergewöhnliche Stellung ein. Es ist der *einzige* Penis in ihrem Leben, über den sie uneingeschränkt und, wie es vielfach scheint, sogar schamlos verfügen kann. Alle Phantasien, die sie damit beim erwachsenen Mann verbindet, können beim Sohn außer Kraft gesetzt werden, denn er gehört ihr ganz allein. Es kommt dann eben nicht nur zur *»Aneignung«* seines Penis in der Phantasie, sondern in nicht wenigen Fällen, wie wir zeigen werden, zur konkreten physiologischen Verfügung über ihn.[3]

Die mütterliche Sorge um den Zustand und die Entwicklung des Penis gehört zur verbürgten Erfahrung vieler erwachsener Männer. Wie diese Sorge sich gestaltet, wollen wir darlegen, denn sie nimmt vielfältige Formen der gefühlsmäßigen Ausprägung an. In zahlreichen Fällen ist sie von aggressiv-passiven Zügen durchsetzt, in nicht wenigen von affektverleugnender Gleichgültigkeit, in anderen Fällen wiederum von sublimiert zärtlichen Bewunderungen und angemessen schützenden Gesten geprägt.

Der unverblümte mütterliche Stolz, der spätestens seit dem 16. Jahrhundert in der Tendenz zum phallisch ungeniert sich darstellenden *»Jesus mit dem Penis«* zum Ausdruck kommt, scheint jedoch selten geblieben zu sein. Wie die *»Jungfrau Maria«* mit unverhohlenem Stolz und konzentrierter Neugierde den Penis ihres Jesus in *Peruginos »Madonna* *und Kind«* betrachtet – und nicht nur dort –, scheint eine Ausnahme geblieben zu sein.[4] Die Formen der Penis-Behandlung, auf die wir in unserer Befragung gestoßen sind, deuten vielmehr auf Scham und schuldbesetzte Reaktionen hin, die den Stolz, die Bewunderung und in einigen Fällen die Faszination nur in abgewehrter Weise genießen können.

Falsch wäre allerdings die Vermutung, daß die säkulare Aufmerksamkeit mit der Liberalisierung der Sexualmoral zusammenfiele, wie sie als Folge der 68er Bewegung in den alten Bundesländern einsetzte. Die Zentrierung auf den kindlichen Penis in der medizinischen und mütterlichen Sorge könnte vielmehr Ausdruck des Gegenteils sein, nämlich ein indirektes Zeichen für eine repressive Sexualmoral, die den Penis in der Gewandung einer gesundheitsfördernden Motivation abermals unter strenge Kontrolle bringen möchte. Die Penis-Sorge wäre dann eher eine Antwort auf die Unfähigkeit, mit der Liberalisierung der Sexualmoral kritisch umzugehen. Die weibliche und ärztliche Aufmerksamkeit wäre dann nicht ein Indiz ambivalenzfähiger Aufmerksamkeit, die sich auf das Sexualorgan und seine psychische Repräsentanz bezieht. Die Aufmerksamkeit stünde eher für das Gegenteil. Am Penis des kleinen Sohnes werden Wünsche und Phantasien agiert, die möglicherweise von Angst und Enttäuschung zeugen, die eigentlich in die Welt der Sexualität von Erwachsenen gehören. Da die Frauen sie dort aber nicht zulassen können oder ihnen die Äußerung dieser Gefühle barsch verwehrt wird, verwandeln sie den Penis des Sohnes in eine Projektionsfläche für ihre ungeklärten Wünsche und Gefühle.[5]

Wie stellt sich nun die weibliche Sorge um den Penis der Söhne dar? Sie kreist um Probleme, die sich unmittelbar auf den Sohn beziehen, die aber ebenso von freischwebenden Ängsten und bewußtseinsnahen wie bewußtseinsfernen Phantasien bestimmt werden. Die bewußtseinsnaheste Form der Angst kreist um eine mögliche anatomische Veränderung, die präziser als *Angst* vor einer Verkrüppelung des Penis bezeichnet werden sollte. Damit verbunden ist die Befürchtung, daß sein Penis später nicht *»funktionsfähig«* sein könnte. Sehr trivial: Es handelt sich um höchst diffuse Ängste, die anatomisch an die Sorge einer Vorhautverengung geknüpft sind. Sie sind mit der augenscheinlich gefürchteten Perspektive einer später erforderlich werdenden Beschneidung verbunden. Fast jede dritte Frau, wie bereits gesagt, zählt zu der Gruppe (C 16), die *»sich Sorgen darüber machen, daß das Genital ihres Sohnes sich nicht richtig entwickeln könnte«*. Der Anteil der Frauen im Osten ist dabei erheblich höher als im Westen. Im Westen sind es 23,9 %, im Osten hingegen 39,3 %.[6]

Auf unsere Frage (D2): *»Welche Angst verbinden Sie mit der Entwicklung um das Genital Ihres Sohnes?«* wurden folgende Antworten gegeben: 14,6 % der Mütter verbinden damit die Angst, *»daß er später keine Kinder zeugen kann«*. 2,5 % fürchten, *»daß er Frauen sexuell nicht befriedigen kann«*. 18 % glauben, sie haben *»etwas falsch gemacht«*. 0,9 % nehmen an, er könne *»impotent«*, und 9,9 % nehmen an, er könne *»unglücklich werden«*.

Es fällt schwer, zwischen den angstbesetzten Ahnungen und der möglichen Vorhautverengung ursächliche Zusammenhänge herzustellen, die die Ahnungen bestätigen. Die Befürchtung, daß der Sohn als erwachsener Mann Frauen nicht befriedigen noch Kinder zeugen kann oder gar unglücklich werden wird, können bestenfalls in sehr komplizierter Weise *irgendwie* mit der Vorhautverengung verknüpft sein. Ursächliches, das sich mit Vorbeugung gegen die gefürchteten Auswirkungen beseitigen ließe, gibt es jedoch nicht zu benennen. Es muß weibliche Phantasien geben, die der Entschlüsselung bedürfen, damit die geheimnisvollen Verknüpfungen überhaupt erst erkennbar werden. Am ehesten noch liefert die Angst, *»etwas falsch gemacht zu haben«*, Hinweise von der inneren Beteiligung der Frauen. Es handelt sich um Phantasien, die nichts mit dem Organ des Sohnes, sondern mit den Phantasien der Frau über die symbolischen Bedeutungen des Organs für sie selbst zu tun haben, Bedeutungen, die sie ihm offenbar beimißt. Frauen können in der täglichen Beziehung zum Sohn jedoch nichts falsch machen, was seinen Penis *anatomisch* verändern könnte. Es sei denn, sie würden sich zerstörerisch gegen ihn wenden. Viele jedoch gehen täglich zu ihm *emotionale* Beziehungen ein, die ihn unmittelbar betreffen. Diese Beziehungen können davon geprägt sein, daß sie dem Sohn beispielsweise sein Organ neiden, es verächtlich machen, daß sie davon fasziniert oder eingeschüchtert sind, daß sie zerstörerische Phantasien auf den Penis richten oder ihn sich aneignen möchten oder ihn respektieren als ein Zeichen der unüberwindbaren Differenz zu sich selbst. Die gefühlsmäßigen Besetzungen des Penis sind vielfältig und von widerstreitenden Gefühlen bestimmt. Wir wissen das nicht im Detail. Aber mit Sicherheit enthält die Angst, *»etwas falsch gemacht zu haben«*, noch den direktesten Hinweis darauf, daß sie mit verpönten Phantasien verbunden sind, von denen die Frauen glauben, daß sie zu ihnen nicht stehen dürfen, weil sie den Sohn schädigen.

Die Hinzufügungen in der Form kommentierter Antwort geben den diffusen Ängsten, *»etwas falsch gemacht zu haben«*, und den vielfältigen Phantasien erst einen nachvollziehbaren Sinn. Wir können dann mit einiger Berechtigung sagen, daß die als mütterliche Sorge auftretenden Zugriffe auf den Sohn im Leben erwachsener Männer sich durchaus als eine Störung der männlichen Geschlechtsidentität niederschlagen können. Deren Folgen können im weitesten Sinne Beziehungsunfähigkeit sein, eine invertierte sexuelle Objektwahl und Verfehlungen des Sexualzieles. Und in der Tat ein begründeter Anlaß zu der Frage, ob die Frauen *»etwas falsch gemacht haben«*. Allein die Analyse der Beziehung von beiden wird darauf eine Antwort geben können, nicht jedoch der Blick auf den Penis des Sohnes oder die hier präsentierten statistischen Zahlen. Die Wahrheit liegt in der Fallstudie, die allein der Subjektivität der Beziehung gerecht werden kann.

57,8 % der Frauen haben jedoch keine der vorgegebenen, oben bereits genannten Antwortmöglichkeiten gewählt, sondern es vorgezogen, einen Kommentar einzufügen. 68,2 % der Frauen aus dem Westen und 50,8 % der Frauen aus dem Osten wollten sich auf die Antwortmöglichkeiten *nicht festlegen* lassen. In 105 von 189 (D2) Kommentaren, also 55,5 %, war die vorherrschende Angst, daß der Sohn eine *»Vorhautverengung«* erleiden könne (siehe Tabelle D2).

Die an anatomischen Deformationsängsten orientierten Antworten vermeiden es, Gefühle offen zum Ausdruck zu bringen. Sie lassen uns somit im unklaren, warum Frauen an dieser weitverbreiteten Angst leiden und was sie dazu bringt, ihr Augenmerk so nachhaltig wie langfristig auf den Penis zu richten. Allerdings finden wir wichtige Hinweise darauf, daß sie die chirurgische Behebung durch eine Beschneidung mit überwältigenden Gefühlen verbinden. Es scheint Vorstellungen von Schmerz, von Verstümmelung, von früher sexueller Erregbarkeit sowie die Phantasie zu geben, daß der Sohn die wenig geschätzte väterliche Triebhaftigkeit wiederholen könne, die Frauen alle mit Vorhautverengungen in Verbindung bringen. In den folgenden Äußerungen werden diese Gefühle genannt. Die Frauen sagen:

- *Durch den operativen Eingriff wird sein Penis immer anders aussehen, das könnte zur psychischen Belastung werden;*
- *daß er sich vielleicht minderwertig fühlt;*
- *er wird zu früh und zu starke Bedürfnisse haben;*
- *er wird Schmerzen oder Schwierigkeiten bei der Erektion haben und beim ersten sexuellen Kontakt oder überhaupt beim Geschlechtsverkehr;*

- *seine Sexualität ist beeinträchtigt, sein Kommentar nach der Operation war: Mama, du hast mich falsch geboren;*
- *er wird durch die Schmerzen den Penis als unangenehmes Organ empfinden;*
- *mach mir nur Sorgen, daß meine Söhne homosexuell und damit geächtet werden können;*
- *Schwierigkeiten in der Pubertät;*
- *daß er so peniszentriert wird wie sein Vater;*
- *werde ich meinem Kind noch ein gutes Selbstwertgefühl geben können;*
- *daß sein Penis krank ist, und ich ihm helfen muß;*
- *durch die Operation ist er kein schöner Anblick mehr;*
- *er bewältigt Probleme nicht, die mit der Adoption zu tun haben.*

Es ist nicht zu übersehen, daß sich hinter der Angst, der Sohn sei anatomisch *»ungenügend«* und müsse deshalb operiert werden, Hinweise auf das emotionale Verhältnis der Frau zu seinem Penis und zu ihrer Wunschvorstellung von seiner zukünftigen Sexualität verbergen. Unverkennbar ist die Neigung, aus der Beschaffenheit seines Penis und dem, was ihm während der Kindheit durch die Mutter oder den Arzt *»angetan«* wurde, einen schnellen, nämlich anatomisch begründeten Schluß auf sein Verhalten zu Frauen, ja seine psychosexuelle Besonderheit zu ziehen.

In einem Fall möchte sie ihn von der sexuellen Triebhaftigkeit ihres Partners fernhalten, die sie als störend empfindet und ihn vielleicht sogar verachten läßt. Im anderen Fall identifiziert sie sich mit dem ersten Sexualakt und seinen vorgestellten Schmerzen. Ohne zu wissen, daß die Vorhautverengung, falls sie wirklich vorliegt, dem Sohn bereits bei der Masturbation Schwierigkeiten bereiten wird und daß der erste Sexualakt des Sohnes sein konkreter Schritt weg von der Mutter ist, den sie durch Sorge um seinen Penis zu ihrem Sexualakt mit heimlichem Anwesenheitsrecht gestaltet. Im dritten Fall wird angenommen, daß der Verlust der Eltern und die Anpassungsprobleme an die Adoptiveltern zu Identitätsproblemen führen, die sich an seinem Genital *»festmachen«*. Die Verbindung von Organdefizit und psychischer Bewältigung der Adoptionssituation ist kaum noch herstellbar, so daß wir fast schon von einer *schwerwiegenden* Verschiebung von Konflikten reden müssen. Während wir die anderen eher als leichte Verschiebungen bezeichnen können.

Auf welche partnerschaftlichen Beziehungskonflikte und eigentümlichen Bearbeitungen oder Verdrängungen die einzelnen Beispiele hindeuten, vermögen wir nicht zu sagen. Aber sie lassen doch erkennen, daß die Frauen die Probleme der psychosexuellen Identität recht *anatomisch* am Penis, einem *Körperorgan*, festmachen. Das Psychische erscheint als das Organ. Fast erinnert man sich des Ausspruchs der Frauenbewegung der siebziger und achtziger Jahre, die von der »Schwanzfixiertheit« recht abwertend zu sprechen pflegte, weil sie die dahinter verborgene Angst um die Unversehrtheit des Genitals nicht erkennen konnte. Nur daß sie die Männer meinte, während wir hier diese Wahrnehmungseigenschaft als eine Besonderheit der Frauen erkennen können. Es ist eine Besonderheit, hinter der sich Angst um den Penis des Sohnes wie auch Aggressivität gegen seinen Penis verbirgt.

Die mütterlichen Angstzustände sind insofern bemerkenswert, als sie nicht zum Anlaß genommen werden, den Vater zur Klärung ihrer eigenen Ungewißheiten heranzuziehen (D 3). Das tun nur 20,3 % der Frauen. Obwohl der Partner über anatomische Erfahrungen und emotionale Gewißheiten verfügt, die ihr die Angst nehmen und das Leben leichter machen könnten. Wir dürfen daraus schließen, daß es den Frauen in dieser oder jener Form dabei nicht so sehr um die gemeinsame Erziehung des Sohnes geht, sondern um ihre Wunschwelt vom zukünftigen Schicksal seines Penis und ihrer möglichst exklusiven Beschäftigung damit.

Die Verhütung der Beschneidung

Eine Vorhautverengung, falls sie wirklich einmal als einer der extrem wenigen Fälle vorliegt, stellt kein gesundheitliches Problem dar. Sie ist durch eine Beschneidung behebbar. In manchen Kulturen und Religionen ist sie eine rituelle Handlung, der sich alle Männer unterziehen müssen.[7] In den USA werden bei einer leicht rückläufigen Tendenz und mäßigen Problematisierung des Eingriffs etwa 61 % der Knaben routinemäßig nach der Geburt in vorsorgender Absicht beschnitten.[8] In modernen Gesellschaften handelt es sich zumindest dem Anspruch nach um einen medizinischen Eingriff, der frei sein soll von kulturellen und unbewußten Anlässen. Wie weit sich eine medizinisch begründete Beschneidungskultur in einer Gesellschaft durchsetzt, wird von vielen Einflüssen bestimmt. Wir wollen uns dabei auf den nicht unerheblichen

Einfluß der Frau in ihrer Mutterrolle und die Art ihrer Mitwirkung beschränken.

Wenn wir zweierlei in den alten und neuen Bundesländern vergleichen, nämlich das Ausmaß der Vorbeugung und die Beschneidungshäufigkeit, so stoßen wir auf bemerkenswerte Unterschiede. So haben in den neuen Bundesländern die Frauen nicht nur sehr viel häufiger Angst um das Schicksal des Penis ihres Sohnes. Die Angst findet unmittelbar ihren Ausdruck auch darin, was sie mit dem Penis *»machen«* und wie lange sie es tun. Beides, so muß angenommen werden, scheint weibliche Penis-Ängste zu beschwichtigen. Die größere Sorge im Osten führt konsequenterweise zu länger andauernder Vorbeugung gegen die gefürchtete *»Vorhautverengung«* und die Beschneidung als deren gefürchtete Heilung. Wir haben den Frauen die Frage (D5) gestellt: *»Haben Sie erst einmal vorbeugend etwas gegen die Vorhautverengung gemacht?«* 45 % aller Mütter machen *»erst einmal etwas vorbeugend gegen Vorhautverengungen«*. Sie *»streifen die Vorhaut zurück«*. In den alten Bundesländern sind es 29,4 %, die diese Art Vorbeugung betreiben, in den neuen Bundesländern 60,7 %. Der Unterschied ist signifikant und setzt sich durchgängig fort (siehe Tabelle D5). So wird der Penis in 5,8 % im Westen und 17,4 % im Osten *»zur Vorbeugung gewaschen«*. Auch mütterliche *»Untersuchungen«* des Penis sind im Osten mit 7,1 % fast doppelt so hoch wie im Westen. 60,5 % der Frauen im Westen machen überhaupt *»keine Vorbeugung«*, während es im Osten nur 24,7 % sind.

Für die Ernsthaftigkeit mütterlicher Fürsorge mag die Dauer ein wichtiger Hinweis sein. Für die Erlebnis- und Phantasiewelt des Sohnes hingegen ist es nicht unerheblich, wie lange und wie oft seine Mutter vorbeugende Maßnahmen praktiziert. Die Frauen haben uns darüber genaue Auskunft gegeben. Die Dauer ist sowohl im Osten wie im Westen erstaunlich hoch. In den alten Bundesländern wird das Zurückstreifen der Vorhaut im Durchschnitt 2 Jahre und 9 Monate von den Frauen praktiziert, während es im Osten im Durchschnitt 3 Jahre und 8 Monate sind. Was wir nicht erfragt haben, ist die Häufigkeit der Vorbeugung, ob sie täglich, wöchentlich oder monatlich geschieht.[9]

Allerdings wissen wir folgendes: 21,9 % der Frauen praktizieren die Vorbeugung nicht länger als 1 Jahr. 17,7 % betreiben sie 1 bis 2 Jahre lang, 2 bis 3 Jahre lang machen es 18,7 % der Frauen, 4 bis 5 Jahre 14 % und länger als 5 Jahre 9,5 %. Selbst wenn die Söhne bereits älter als 5 Jahre sind, praktizieren noch immer 18,7 % der Frauen die Vorbeugung gegen die Vorhautverengung. Die letzten vier Frauen haben mit der Vorbeugung aufgehört, als ihre Söhne 12 Jahre alt waren, das heißt, als die Söhne sich bereits in der Pubertät befanden.

Sicher ist es aus der Sicht der kindlichen Erlebniswelt etwas anderes, ob die Mutter die Vorbeugungen im Säuglingsalter, Kleinkindalter oder zum Zeitpunkt der einsetzenden Pubertät bzw. der ausgehenden Latenzperiode vornimmt. Aus der Sicht des Kindes ergeben sich mit den unterschiedlichen körperlichen wie seelischen Reifestufen andere Möglichkeiten, die damit verbundenen Reizüberflutungen zu bewältigen. In jedem Fall bleiben es aber schwerwiegende Eingriffe in seine Psyche und Körperlichkeit: Es bleibt Inzest oder inzestuöses Handeln.[10]

Die Unangemessenheit der mütterlichen Handlung ergibt sich aus ihren Motiven, nämlich ihren Wünschen und Phantasien, die sie auf den Sohn richtet. Es liegt deshalb nicht in unserem Sinne, die *»Langzeitvorbeugerinnen«* als krankhafte Grenzfälle zu etikettieren, denen eine normale Gruppe von *»Vorbeugerinnen«* gegenübersteht. Die Langzeitvorbeugerinnen dienen uns vielmehr als Beispiel dafür, wie in weniger langen Vorbeugungen die gleichen Tendenzen des Nicht-Sorgerischen sich niederschlagen. Was als Sorge erscheint, ist seinem Wesen nach eine unangemessene Beziehung, die zur Sexualisierung der Beziehung zwischen der Frau und ihrem Sohn in kleinen, schwer merkbaren Schritten führt. Die Extreme dienen als Hinweis darauf, daß die Normalität sich mit den gleichen, wenig förderlichen Folgen für den Sohn vermischt. Das Inzestuöse kann demnach schleichend in die Beziehung der Frau zu ihrem Sohn Einzug halten. Es gibt keine Linie, an der ein und dieselbe Handlung sprunghaft in eine andere emotionale Qualität umschlägt und das Gute sich vom Schlechten scheidet. Es gibt aber in jeder Beziehung bemerkenswerte Ereignisse oder Vorfälle, an denen sich im Rückblick feststellen läßt, daß dies der Anfang gewesen ist, der *»auffällig«* und ungewöhnlich war.

Wenn wir die Vorbeugung als einen Versuch sehen, eine härtere medizinische Maßnahme wie die Beschneidung von Expertenhand durch eine sanfte von Laienhand zu ersetzen, so muß es verwundern, wenn die Vorbeugung ihr Ziel offenbar gar nicht erreicht. Es erstaunt deshalb, daß mehr Beschneidungen in den neuen Bundesländern als in den alten vorgenommen werden, obwohl das Ausmaß der Vorsorge jenes im Westen weit überschreitet. Die Zahl der Knaben (D 5), die der Vorbeugung unterzogen werden, ist größer und ebenso die Dauer (D 6 und D 7) der vorbeugenden Maßnahmen. So verwundert es denn, daß trotz der häufiger auftretenden und längerwährenden Vorbeugung 17,1 % der Knaben im Osten, aber nur 10 % im Westen beschnitten werden.

Da sich die Hinweise häufen, daß ein erheblicher Teil der Frauen an der Nähe zum Genital ihres Sohnes ein besonderes, schwer aufdeckbares Interesse hat, sollte zur Entkräftung dieser Vermutung geprüft werden, ob sie die Vorbeugung möglicherweise ausschließlich auf ärztliches Geheiß vornehmen. Das würde die Vermutung zerstreuen, sie könnten aus sexueller Neugierde oder ähnlichen Motiven konkret wie symbolisch sich seinem Genital nähern. Eine ärztliche Anweisung könnte eine objektive Grundlage für die Betätigung abgeben und die persönlich erscheinenden Motive neutralisieren. Aber das kann nur ein grobschlächtiger Hinweis auf ein neutrales Drittinteresse an der weitverbreiteten Vorbeugung in Ost und West sein. Denn wir wissen nur zu genau, daß Ärzte ohne viel Umschweife Empfehlungen aussprechen, die sie nicht von sich aus geben würden, die sie aber äußern, wenn ihnen von Patientenseite ein entsprechender Wunsch signalisiert wird.[11] Zumindest für die etablierte ärztliche Praxis im Westen ist das hinlänglich bekannt. Sollte sich zeigen, daß Kinderärzte mehrheitlich Frauen sind, so wäre hier allerdings eine noch weniger überzeugende Objektivierung der Vorbeugung benannt. Die Entkräftung der Hinweise würde uns dann eher auf die Fährte einer heimlichen Kollusion zwischen Ärztin und Frau führen, welche die Ärztin zu Empfehlungen veranlaßt, die sich die Mutter wünscht, ohne den Wunsch äußern zu müssen. Männliche Kinderärzte sind möglicherweise von dieser Neigung genausowenig ausgenommen, obwohl wir von einer andersgearteten Identifizierung mit dem Knaben ausgehen müssen, die trotzdem zur Vorbeugungsempfehlung führt.

Die Befragung zeigt uns, daß Frauen mit der Penis-Vorsorge in unterschiedlichen Lebensphasen ihrer Söhne beginnen. 50,8 % beginnen damit im ersten Lebensjahr, 18,9 % im 2. Lebensjahr, 14,8 % im 3. Lebensjahr, 5,9 % während des 4. Lebensjahres, 4,8 % während des 5. und 4,8 % danach. Die letzten vier Frauen haben mit der Vorbeugung zwischen 7. und 10. Lebensjahr begonnen.

Wie hoch ist nun der Anteil der ärztlich verordneten oder empfohlenen Vorbeugemaßnahmen? So fällt auf, daß viele Frauen sich Sorgen über die Penisentwicklung ihres Sohnes (C 16) machen. Es sind 31,5 %. Welche teilweise schweren Beeinträchtigungen um das Wohl des Sohnes dabei gefürchtet werden, wird im folgenden noch gezeigt werden. Um so erstaunlicher ist es dann allerdings, daß auf die Frage (D 3.3): *»Haben*

Sie schon einmal mit jemandem darüber gesprochen? Arzt / Ärztin« nur 57,3 % der Frauen, die diese Sorgen sich machen, mit *»Ja«* antworten und ärztliche Konsultationen bestätigen. 42,7 % haben trotz ihrer Sorgen keinen Arzt oder Ärztin zu Rate gezogen. Wir können daraus schließen, daß die Frauen sich über die kulturtypische Besonderheit hinwegsetzen, bei Behandlungen von Krankheiten oder Störungen in jedem Fall ärztlichen Rat einzuholen. Die Frauen werden ohne ärztlichen Rat am Genital ihres Sohnes vorbeugend aktiv. Dieser Widerspruch bedarf einer Klärung.

Statistisch signifikant ist ebenfalls, daß Frauen, die sich Sorgen um die Genitalentwicklung machen, es in ihren Gesprächen mit Ärzten über das Genital des Sohnes in schwer nachzuvollziehender Weise fertigbringen, daß ihre Söhne häufiger beschnitten werden (s. Tabelle D 4; einschließlich der geplanten Beschneidungen), als das zu erwarten wäre. Das heißt, wenn die Frauen sich Sorgen machen, dann finden die Ärzte das Problem, das den Frauen *»vorschwebt«*. Wenn die Frauen meinen, daß die »Vorhautverengung« Anlaß zur Beschneidung gibt, dann kommt es auch zu Beschneidungen. Es setzen sich hier Frauenmotive in einem eigentümlichen Verhandlungsprozeß zwischen den Frauen und Ärzten durch, die von medizinischen Kriterien für eine Beschneidung offensichtlich nicht gedeckt werden. Wir können deshalb sagen, daß in Wirklichkeit die Wünsche der Frauen zu einem signifikanten Teil zur Beschneidung der Söhne führen.

Stimulierung

Die große Häufigkeit der *»Vorhaut zurückstreifenden«* Vorbeugung, ihre zeitliche Dauer, die wenigen ärztlichen Verordnungen, sowie den hohen Anteil von Eigeninitiative nehme ich zum Anlaß, die Vorbeugung einmal aus der Gefühlswelt des Sohnes zu betrachten. Dieser Wechsel der Perspektive macht es erforderlich, die gängige Vorstellung aufzugeben, daß es sich beim Vorhautzurückstreifen *nur* um medizinische Vorbeugung oder mütterliche Sorge handeln könne. Wir müssen vielmehr davon ausgehen, daß die vorbeugende Sorge einen Zugriff auf die sexuell erregbare Genitalzone des Sohnes darstellt und daß die mütterlichen Handlungen ihn erregen und seine Phantasie reizen. Je älter der Sohn ist, um so stärker haben wir uns diese Erregung und Phantasietätigkeit vorzustellen. Es scheint mir deshalb überzeugender und der Beziehung von beiden entsprechender, wenn ich sage, daß die Frauen ihre Söhne durch die Vorbeugung sexuell stimulieren und daß die Söhne das in dieser Weise erleben. Ebensowenig läßt das Frauen ungerührt. Die stimulierende Handlung ist sonst der partnerschaftlichen Sexualität vorbehalten und allein auf der Erscheinungsebene nicht von dieser Erinnerung entkoppelbar. Das dürfte in dieser und jener Weise auch die Gefühle charakterisieren. Die Abspaltung macht das Brisante natürlich nur ungeschehen. Eine Frau formulierte: *»Das faßt sich so warm und weich an, entzückend.«*

Es bedarf keiner Erörterung, daß die Übungen, die zu Erektionen führen, die Frau noch mehr *»begeistern«* als die Wahrnehmung von Wärme und Weichheit beim Waschen. Niemand käme auf den Gedanken zu sagen, daß es die kindliche Onanie ohnehin gäbe und daß es deshalb einerlei sei, wenn Frauen sich aktiv durch Fürsorge darin verwikkeln. Der Penis und die Vagina sind von Anfang an der Inbegriff der kindlichen Intimität – denn das Genital ist zu keiner Zeit nur etwas Anatomisches. Was die Mediziner als Phimose beschreiben und die Frauen als Vorhautverengung antizipieren, ist der normale Zustand, in dem jeder Knabe geboren wird. Der Sohn entdeckt seinen Penis und dessen Fähigkeit, ihm Lust zu bereiten, indem er ihn selbst berührt und indem er die enganliegende Vorhaut als Umschließung der wachsenden Eichel zum Anlaß für Dehnungen nimmt. Was anatomisch gesund ist, bereitet ihm Lust. Der Knabe entdeckt den Penis auf diese Weise als Quelle der Lust. So sehr Frauen bewußt oder unbewußt in den Penis ihres Sohnes verliebt sein mögen, so gibt es keinen sorgerischen Anlaß, ihm den Weg zur Entdeckung seiner sexuellen Lust zu weisen. Obwohl es eine Tendenz unter den befragten Frauen gibt, den Sohn sanft dazu zu bringen, sich *»selbst zu entdecken«*, so dürfte es für die Entwicklung des Sohnes zum Mann nicht unerheblich sein, ob der Penis von der Mutter *»entdeckt«* wurde und er ihre zärtliche Hand als Voraussetzung seiner Lust erfahren hat.[12]

Die Gleichsetzung der mütterlichen Stimulierung mit einer fürsorglichen Handlung wird die Geister weniger in Erregung versetzen, wenn wir uns in Erinnerung rufen, daß allzuoft Gutgemeintes nach Abwägung aller Gefühlsaspekte sich als höchst Ambivalentes herausstellte. Wenn wir den Knaben nicht nur mit dem Penis *organisch* ausgestattet sehen, sondern diesen ebenso als Zone der physiologischen Erregbarkeit und als Symbol höchster psychischer und physiologischer Verletzbarkeit wahrnehmen, dann können die destruktiven Elemente der Gefühlsambivalenz, die von der Frau ausgehen, nicht übersehen werden.

Die Gleichsetzung von Mütterlichkeit mit Sexuellem ist zweifellos irritierend, zumal in unserer Kultur Mütterlichkeit mit gehemmter Sexualität, mit Sexualverzicht und sogar mit Sexualitätslosigkeit verbunden wird. Daß ich eine mütterliche Handlung mit sexueller Stimulierung in Verbindung bringe, wirkt irritierend. Ich werde die Bedeutung des Begriffs deshalb erläutern. Ich verwende den Begriff rein deskriptiv im Sinne einer *»Manipulation am Genital«*. Sexuelles Stimulieren ist nichts *»Schlimmes«*. Was die Frau zur Vorbeugung gegen die gefürchtete Vorhautverengung macht, hat rein äußerlich gesehen jedoch auffällige Ähnlichkeit mit stimulierenden Handlungen. Diese Vorstellung sagt noch nichts über die Motive aus. Das Vorbeugende soll seiner bewußten Absicht nach gewiß nicht mit sexuellen Gefühlen verbunden sein. Welche verdeckten Motive der Frauen bei der Stimulierung eine Rolle spielen, wird ungeklärt bleiben, zumal die meisten Motive unbewußt sind. Ich will dabei aber keineswegs ausschließen, daß die Handlungen mitunter doch in der Absicht vorgenommen werden, sich mit dem Sohn in grenzenloser Verliebtheit zu bewegen und sich dabei selbst zu erregen. Daß dies in der zärtlich verliebten Atmosphäre der exklusiven Beziehung während der Körperpflege sich ereignet, ändert nichts an der Zweckdienlichkeit für die Frau. Jede Verführung hat nun einmal ihr besonderes Milieu.

Worin liegt für den Sohn das Besondere der Stimulierung? Die Vorstellung, daß eine sexuell nicht stimulierende *»Vorbeugung durch die Frau«* möglich sei, steht im Widerspruch zur Erlebnisweise ihres Sohnes – und sei er noch so klein. Selbst wenn die Bewegung der Vorhaut schmerzen sollte, so wird sie doch bis zu dem Punkt, an dem der Schmerz erlebbar wird, eine Reizung im Grenzbereich sein, die sich aus der Spannung der Haut über der Eichel unter den sensiblen Fingern der zärtlichen Frau einstellt. Es handelt sich um den Grenzbereich, in dem der Schmerz als luststeigernd erlebt wird. Es gibt keinen Anlaß, die Stimulierung als *»gefühllos«* zu beschreiben, um sie mit der neutralisierten Vorstellung des *»Vorhautzurückstreifens«* angemessen zu beschreiben. Die Frau erregt ihren Sohn am Genital. Sie kann bei einer rohen und gefühllosen Frau, die ihre Scham- und Schuldgefühle durch forsches Zupacken überspielt, für den Knaben zur schmerzvollen Erfahrung werden. Der lustvolle Schmerz im Grenzbereich verwandelt sich dann in reinen Schmerz. Die Mutter beugt sadistisch vor. So gesehen gibt es hinreichend Anlaß, die *»Vorbeugungen«* von Anfang an als unangemessen zu bezeichnen, gerade auch wenn dem Sohn die Gefühle angenehm sind und Schamgefühle die mütterlichen Handlungen nicht peinlich schmerzhaft machen. Seine Reaktion kann genausogut eine Mischung aus Lust und Pein zugleich sein.

Wir neigen in unserer Kultur dazu, den Anspruch, mütterlich fürsorglich zu handeln, mit Angemessenheit gleichzusetzen. An einem Beispiel möchte ich die kulturell eingeschliffene *Gefühlsverleugnung* zeigen, die damit einhergeht:

Wenn wir uns vorstellen, daß ein Mann aus Vorsorge oder medizinischer Veranlassung jahrelang am Genital seiner Tochter sich betätigen würde, indem er die Schamlippen dehnt,[13] so würde das als ungewöhnlich empfunden. Diese väterliche Betätigung wird in den meisten Menschen sogar tiefverwurzelte Gefühle von Abscheu hervorrufen. Wir haben diese Gefühle als Abwehr gegen sexuelle Phantasien in uns errichtet, die wir auf den gegengeschlechtlichen Elternteil während unserer Kindheit gerichtet haben und die wir verdrängen. Deshalb können wir sie heute nicht mehr erinnern. Was ist davon geblieben? Es sind die Gefühle des Ekels und der Abscheu, die allein an die untergegangenen Wünsche erinnern. Die innerpsychischen Tabuschranken gegen den Inzest treten sowohl als Ekel, Widerwillen, Abscheu, Wut oder Empörung in Kraft, um den verdrängten Verführungswünschen und dem peinigenden Gewissen ob solchen Begehrens zu entrinnen.

Geben wir uns der Vorstellung vom *»vorbeugenden Vater«*, der seine Tochter stimuliert, nur lange genug hin, so erleben wir die abstoßenden Gefühle in uns. Gefühle, die wir bei der Frau, die sich ihrem Sohn nähert, uns offensichtlich »versagen«. Die abstoßenden Gefühle bleiben bei vielen abgespalten. Es kann kein Zweifel daran bestehen, daß Frauen in unserer Kultur einen Bonus für Unbefangenheit und Angemessenheit genießen. Das beraubt uns der Möglichkeit nachzuempfinden, was die Stimulierung für den Sohn bedeutet. Die Folge ist eine weitverbreitete Gefühlstaubheit gegenüber den Genitalstimulierungen durch Frauen.

Wir stellen uns die *»Mutter«* als scham-los vor. Als neutrales Wesen, dessen Blicke, Wünsche und Handlungen von Güte und Fürsorglichkeit allein geprägt sind. Die Mutter dünkt uns asexuell, wie jene Marienhaftigkeit, nach der so viele Frauen streben. Nicht selten hat es den Eindruck, daß wir beim Urteil über Grenzen verletzende Väter jene Schärfe des moralischen Urteils wieder einhalten, während uns bei den Frauen die Inzestscheu nicht als innerer Kompaß dient. Wir machen die Söhne damit nicht gänzlich, aber doch in einem wesentlichen Teil ihrer Entwicklung schutzlos.

Welche Gründe könnte es geben, daß in unserer Kultur die Reaktionen auf elterliche Grenzverletzungen so unterschiedlich ausfallen?

Der feministische Zeitgeist würde uns wahrscheinlich belehren, daß es der männliche Macht- und Herrschaftswille sei, der sich medizinischer Indikationen bediene, um seinen *»sexuellen Machtgelüsten«*[14] zu frönen. Frauen würden so etwas nicht tun, weil sie diese *»Machtlust«* nicht kennen. Daher rühre dann letztlich der Unterschied der kulturellen Reaktionen.

Wer wenig Neigung verspürt, einer säkularisierten Variante des Marienkultes zu folgen, wird die Gültigkeit der Frage nicht verwerfen können. Die totalitarismusverdächtige Logik einiger Feministinnen von einer gespaltenen Welt von guten Frauen und bösen Männern und bösen Vätern und guten Müttern liefert ein Klischee, das mütterliche und väterliche Stimulationen einmal als Mißbrauch und das andere Mal als Geste der *»Arglosigkeit«* erscheinen läßt. Diese Betrachtung führt zu Schuldzuweisungen im modernen Geschlechterkampf und psychischen Spaltungen, deren verheerende Wirkungen wir beispielhaft bei neonazistischen Jugendlichen beobachten können. Es sind Etikettierungen, die Feministinnen vornehmen, die Männer in aller Regel aus Hilflosigkeit mit Arroganz und Interesselosigkeit abwehren. Letztlich ist es ein Streit darüber, wer am besten für die Kinder entscheidet. Diese Sicht ist oft durch den unbewußten Wunsch von Erwachsenen *»geblendet«*, Kinder dazu zu verwenden, sich die eigene Rechtschaffenheit zu bestätigen.[15]

Die Antworten, die uns die Frauen auf unsere Fragen gegeben haben, enthalten Hinweise darauf, daß Frauen mit zweierlei Vorstellungen von Inzestgrenzen fühlen.

Beim Waschen der Genitalien der Kinder haben sie selbst keinerlei Bedenken gegenüber der grenzenlosen Nähe zum Sohn, aber sehr wohl beim Vater. Das kulturelle Desinteresse an den Unangemessenheiten der mütterlichen Handlungen muß für Knaben etwas Lähmendes haben. Jene Lähmung, die wir möglicherweise in der Abweisung jeglicher emotionalen Tiefe auf der Ebene bewußter Handlungen wiedererkennen, die oberflächlich als Unfähigkeit zum Weinen und Äußern von Gefühlen beschrieben wird.

Gefühlsneutralität

Die Vorstellung, daß Frauen nichts Besonderes, geschweige denn erregende Gefühle beim Berühren des Penis ihres Sohnes spüren, dies sozusagen affektneutral erleben, ist ein vielfach determinierter Wunsch. Auf unsere Frage (D 10) *»Es gibt Mütter, die sich schwer tun, den Penis ihres Sohnes zu berühren! Wie ergeht oder erging Ihnen das?«* haben 71,9 % der Frauen geantwortet, *»seinen Penis anzufassen ist gefühlsneutral«*. 4,8 % sagten, *»es hat mich irritiert«*. 0,8 %, *»manchmal ging meine Phantasie mit mir durch«*. 1,4 %, *»es hat mich Überwindung gekostet«* und 8,7 % antworteten, *»es hat mich irgendwie fasziniert«* (siehe Tabelle D 10).

Die Streuung der Antworten zeigt bereits an, daß die unvermeidbaren Penisberührungen keine eindeutig de-sexualisierten Handlungen sein können, sondern daß es von jeder einzelnen Frau abhängt, wie sie die Berührungen *erlebt*. Unverkennbar geht es dabei auch um die Bändigung sexueller Impulse in den Frauen. Wenn wir den Osten und den Westen vergleichen, stoßen wir auf Bedingungen, die es einmal leichter, ein andermal schwerer zu machen scheinen, über ambivalente Gefühle der Penisberührung zu sprechen. So ist der Anteil der Frauen aus dem Westen, der vom Penis *»irgendwie fasziniert ist«*, fast viermal so hoch wie derjenigen aus dem Osten. Da auch der Anteil der *»irgendwie Irritierten«*, eben jener, die im Begriff sind, gefühlsmäßig von der Vorstellung der Gefühlsneutralität abzurücken, im Westen mehrfach höher liegt, kann daraus eine Vermutung abgeleitet werden.

Hierbei fällt auf, daß es Frauen in den westlichen Bundesländern offenbar leichter fällt, Gefühle, die bei der Penisberührung entstehen, auszusprechen. Ich sage absichtsvoll *»aussprechen«*, weil ich glaube, daß diese Gefühle der Faszination oder der Irritation durch das andere Geschlecht sehr naheliegend sind. Aber die Verdrängung, die zugleich eine kulturelle Erwartung ist, verhindert es erfolgreich, diese Gefühle bewußtseinsfähig werden zu lassen. Es sind sozusagen Aufhebungen von kollektiv erzwungenen Verdrängungen, die Frauen zum *»Aussprechen«* befähigen. Diese Fähigkeit ist ohne die Anstöße der Erziehungs- und Sozialisationsdebatten der Nach-68er-Ära nicht vorstellbar.

Deshalb ist es plausibel, daß Frauen im Osten diese Gefühle nicht zulassen können. Die rigide Sexualmoral, die sich in den letzten Jahrhunderten in den kapitalistischen Gesellschaften wie den sozialistischen Bewegungen und später den realsozialistischen Gesellschaften durchsetzte, war wesentlich dadurch bestimmt, daß die Gefühlsambivalenz in *»mütterlich tätigen«* Frauen verleugnet wurde. Möglicherweise war das eine Voraussetzung dafür, daß Frauen die Kindererziehung in der Kleinfamilie ohne viel Kontrolle überlassen werden konnte. Die Verleugnung der kindlichen und weiblichen Sexualität wurde allgemein. Das war eine psycho-hygienische Voraussetzung dafür, daß die Kleinfamilie sich entfalten konnte, ohne übermäßige Inzestangst entstehen zu lassen.

Vielleicht leben wir heute in einer Zeit, in der sich die Verleugnung allmählich erübrigt. In Gesellschaften mit liberalisierter Sexualmoral, wie der alten BRD, sind rigide Verleugnungen aus vielerlei Gründen nicht mehr notwendig und teilweise sogar untauglich für das System.[16] Die allgemeine Triebbefriedigung hat Formen und Ausmaße für beide Geschlechter angenommen, daß die Ambivalenz der Gefühle gegenüber dem Sohn zunehmend offener von Frauen benannt werden kann.

Damit wird es verständlicher, warum im Westen nicht nur der Anteil der Frauen, der die Verleugnung sexueller Gefühle aufgeben kann, höher ist als im Osten, sondern warum der Anteil der Frauen, der *»irgendwie irritiert«* ist, ebenfalls höher liegt. Mehr *»Irritation«* weist darauf hin, daß die Verleugnung schwieriger Gefühle abnimmt und die abgespaltenen Gefühle immer häufiger bewußt erlebt werden. Besonders aufschlußreich sind die Anmerkungen, die sich in Gruppen von offener oder verdeckter Gefühlsverleugnung aufteilen lassen. Auffällig bei den Anmerkungen ist die Tatsache, daß nur wenige Frauen sich ausdrücklich die Frage stellen: *»Was mag er wohl dabei empfinden, wenn ich seinen Penis berühre«* oder: *»Ich frage mich, ob es ihn schon stört, ich bin besorgt, ob es ihm unangenehm ist«*, nämlich in dem Sinne, daß sie in seine Intimsphäre eindringen.

Vom Gegenteil zeugt eher die Kommentierung, daß die Gefühle altersabhängig seien. Wohlgemerkt, von den Altersgrenzen, welche die Mutter zieht. So etwa in der Antwort, daß es gefühlsneutral bis zum 4. Lebensjahr war, denn *»seine Hoden waren noch kleine Troddeln bis dahin«*. Unübersehbar ist in dieser Antwort die Vernachlässigung seiner Intimität und die Abwertung des Genitals im unausgesprochenen Vergleich mit dem großen Sohn oder erwachsenen Mann.

In der Neutralisierung zum Scherzhaften werden die verdrängten Gefühle gerade noch erahnbar. So in der Äußerung

- *Es ist ulkig;*
- *manchmal gefühlsneutral, manchmal reizend, weil er in einem süßen Alter ist;*
- *ein bißchen anders schon als Nasenputzen.*

In der Gruppe, die auf der Normalität der Penisberührung besteht, wird hin und wieder etwas von der Gewaltsamkeit spürbar, welche die Frauen sich und dem Sohn antun, wenn sie ihre Gefühle verleugnen. Manche Äußerungen sind jedoch gegen Gefühlsäußerungen hermetisch abgedichtet.

- *Im Kleinkindalter gehörte das Streicheln des Penis einfach dazu;*
- *»es« ist niedlich, wie Füße, Hände und Ohren;*
- *Ich bin eine ganz normale Mutter mit ganz normalen Gefühlen für ihr Baby;*
- *es ist normal und in mancher Situation notwendig, es ist einfach der Alltag;*
- *es ist angenehm, aber nichts Besonderes, aber ich tue mich doch schwer damit;*
- *es freut mich, weil ich es niedlich finde;*
- *ich hatte noch nie Probleme mit diesem Thema;*
- *als er ein Baby war, war der Penis mit in das zärtliche Berühren eingeschlossen;*
- *ich sehe ihn als mein Kind an.*

In der Formulierung *»durch Phimose ist das etwas ganz Normales«* wird uns etwas von der geheimen Begeisterung für die Vorhautverengungen unwillentlich erschlossen. Die Krankheit oder Störung, wie immer es gesehen wird, ist fast ausschließlich ein eingebildetes Problem. Es läßt aber Handlungen als *ganz normale* zu, die Frauen sonst vor sich nicht rechtfertigen könnten.

Wo widersprüchliche Gefühle als Auferlegtes ausgegeben werden, wird kommentiert:

- *Ich fühle mich verpflichtet dazu wegen der gesunden Entwicklung meines Sohnes;*
- *es muß sein, es gehört zur Hygiene und Gesundheit;*
- *Berührungen, wann immer sie nötig sind, halte ich für gesund, mit unserem Sohn habe ich ein gutes Verhältnis, immerhin kenne ich den kleinen Mann seit seiner Geburt.*

Viele Frauen nehmen die Differenz des Geschlechterunterschiedes wahr und weisen darauf hin, daß es

- *merkwürdig schon ist, weil ganz andere Gefühle auftauchen als bei meiner Tochter;*
- *der Unterschied zu meiner Tochter hat mich schon interessiert.*

Es gibt Frauen, die sehr offen den sinnlich erotischen Charakter während der Wickel- und Badeanlässe aussprechen:

- *ich fand es schön, ihn überall zu berühren;*
- *Bestandteil von ihm, ich möchte alles an ihm berühren;*
- *als er Baby war, war es lustvoll, danach behutsamer;*
- *es hat mir gefallen;*
- *es ist schön, sein Kind anzufassen, also auch den Penis;*
- *z.B. beim Waschen, wenn sein Penis erigiert ist, freue ich mich;*
- *obwohl ich mir bewußt bin, daß es für ihn anders sein könnte, etwa zwischen Scham und Kitzel;*
- *es ist lustig und schön warm;*
- *meist gefühlsneutral, aber irgendwie auch faszinierend.*

Die folgende Kommentierung hingegen zeigt etwas von der intellektualisierenden Angestrengtheit eines Erziehungsstils, der von der Fiktion bestimmt wird, dem Kind niemals die emotionale Zuwendung zu entziehen:

> *»Ich berühre seinen Penis nicht. Als er klein war, berührte ich ihn ohne Irritation oder Faszination, aber auch ohne in dieser Situation die emotionale Zuwendung von ihm abzuwenden.«*

Einige Frauen verbinden ihre mütterlichen Handlungen mit dem Anspruch, die Intimität des Sohnes nicht zu verletzen. Sie sagen:

- *Ich hatte immer Sorge, ich würde ihm zu nahe treten;*
- *ich habe ihn nach der Kleinkindzeit nicht berührt, weil es keinen Grund dazu gab;*
- *ich habe nicht viel zu tun mit dem Penis meines Sohnes;*
- *seit ich merke, daß er stolz auf seinen Penis ist, berühre ich ihn nicht mehr;*
- *ich hatte immer Sorge, ich würde ihm zu nahe treten;*
- *es ist seine Intimsphäre, da habe ich nichts verloren;*
- *Angst, daß ich ihn mißbrauchen könnte;*
- *ich möchte ihm nicht zu nahe kommen;*

- *bin aber sehr vorsichtig, mache nichts, was er nicht will, leite ihn dann an;*
- *ich finde, es ist sein Penis;*
- *ich bin scheu dabei und möchte ihm nicht zu nahe treten;*
- *ich habe eher Angst, ihm weh zu tun, da ich es nicht aus eigener Erfahrung kenne;*
- *es kam schon lange nicht mehr vor, da es nur bei Beschwerden wäre, würde ich es als ganz normal ansehen;*
- *ihn am Penis zu berühren, denke ich, steht mir nicht zu;*
- *beim Waschen ist Berührung gefühlsneutral, in der Badewanne oder beim Kuscheln versuche ich es zu vermeiden;*
- *auch jetzt bin ich dabei manchmal unsicher;*
- *ich habe das nach Möglichkeit vermieden;*
- *ich hatte immer Sorge, ihm zu nahe zu treten, das war bei der Scheide meiner Töchter aber genauso.*

Die vielfältigen Äußerungen, die hier gemacht, aber nur sehr zurückhaltend und sparsam auf ihre verborgenen Sinngehalte gedeutet wurden, bestätigen eines jedoch alle: Frauen erleben den Penis ihres Sohnes als etwas Besonderes, das in ihnen widersprüchliche Gefühle, Bedeutungen, Ängste, Faszinationen etc. auslöst.

Das würde unsere Behauptung noch anschaulicher stützen, daß die Berührung des Penis grundsätzlich nicht gefühlsneutral sein kann und daß es nur eine Frage der Kultur und des eigenen Schicksals der Sexualität ist, wie darüber gesprochen werden kann. Sowohl die Veränderungen im Westen während der vergangenen 25 Jahre wie die Differenz zum Osten zeigen, daß die Verleugnung der Gefühlsambivalenzen zur Penisberührung mit der Liberalisierung der Sexualität schrittweise aufgegeben werden kann.

Wir können davon ausgehen, daß es allmählich zu einer bewußtseinsfähigen Gefühlsambivalenz der Frauen kommt, die sie befähigt, für widersprüchlich, verführerisch oder peinlich erlebte Situationen neue Arrangements zu finden.

Die Vermutung allerdings, daß die Aussage *»Die Berührung seines Penis ist für mich gefühlsneutral«* eine starke Sicherung gegen verführende Handlungen sei, ist abwegig. Die Verleugnung der Gefühlszweischneidigkeit wie die Fiktion, sie zugunsten einer unzweifelhaften Eindeutigkeit – sprich Gefühlsneutralität – auflösen zu können, führt zum gegenteiligen Ergebnis. Diesen Prozeß will ich darstellen.

Die Aufspaltung stellt einen Schutz für die Frau und ihren Sohn dar. Auf der Gefühlsebene ist es ein Agieren von geheimer gemeinsamer Erregung und zugleich äußerer rigider Verleugnung. In gewisser Hinsicht ist das Arrangement zwischen Frau und Sohn dem kindlichen Doktorspielen vergleichbar. Es bedient sich der neutralen Doktorrolle, um die lustvollen Gefühle beim sexuellen Herumdoktern dem eigenen Erleben in einer zulässigen Form zugängig zu machen. Ohne den ärztlichen Schleier wären es lediglich verbotene Gefühle zwischen spielenden Kindern oder in unserem Beispiel zwischen einer Frau und ihrem Sohn. (Allerdings gibt es viele Frauen, deren Hinwendung zum Genital des Sohnes so drängend ist, daß sie sich dazu keiner ärztlichen Konsultation mehr versichern.)

Dieses Arrangement sollte Frauen leicht nachvollziehbar sein, weil es Ähnlichkeiten zur Gynäkologie[17] aufweist. In der Gynäkologie geht es darum, sexuelle Regungen, die zwischen Mann und Frau im Zustand der partiellen Nacktheit oder im Reden über Sexualorgane und Sexualität auftreten, in eine kontrollierbare, nicht peinliche Beziehung zu bringen. Dieser Versuch schlägt nur allzuoft fehl. So gibt es Spaltungsversuche, die zu Arzt-Patientinnen-Beziehungen führen, die von Frauen als bedrückend, erniedrigend, beschämend, desinteressiert oder verletzend erlebt werden. Die ärztliche Entsprechung ist Härte, Ruppigkeit , die Unfähigkeit zuzuhören, Angst, Unsicherheit und Verachtung gegenüber den *»Patientinnen«*. Oder auch das Gefühl, von den Frauen verführt zu werden.

Dem vergleichbar ist die *»mütterliche Vorbeugung«*, die so tut, als handele es sich um eine affektneutrale Routine ohne Schamgefühle und Peinlichkeit. Das besondere Interesse der Frauen am Sohnesgenitale haben wir erfragt (D 8): *»Sollte jede Mutter eigentlich regelmäßig darauf achten, ob der Penis ihres Sohnes sich richtig entwickelt?«* Im Westen haben 58,9 % und im Osten 80,7 % aller Frauen mit *»ja«* geantwortet.

Zur Frage (D 13): *»Wenn Sie die Entwicklung von Mädchen und Knaben vergleichen: Ist die Sorge um die Genitalien auch bei Mädchen berechtigt?«* geben die Frauen eine verblüffende Antwort. Eine vergleichbare Sorge um die Entwicklung des Genitals der Töchter wird in Ost und West von nur 21,8 % der Frauen für angebracht gehalten. Eine Mutter kommentierte: *»Bei meiner Tochter habe ich mir nicht soviel Gedanken gemacht!«*

Andere Mütter meinten:

- *Da die Geschlechtsorgane im Körper liegen, tauchen die Probleme erst in der Pubertät auf;*
- *nicht so viele Problemmöglichkeiten;*
- *weniger Sorge, weil ich kaum Mädchen kenne, deren Genitalien sich nicht richtig entwickeln.*

Sollte sich das Bewußtsein dafür schärfen, daß sowohl in der größeren Sorge um den Penis als um die Vagina wie dessen langzeitliche Stimulierung sich inzestuöse Motive verbergen, so könnten die Frauen sich als Opfer unbedachter ärztlicher Weisungen sehen. Nach unseren Berechnungen wären das 61,0 %. Verbotene Gefühle ließen sich damit leichter vor dem eigenen Gewissen rechtfertigen.

Ich habe bereits darauf hingewiesen, daß ärztliche Weisungen *»entgegenkommend«* sein können und sich als Rationalisierungen verbotener Wünsche anbieten. Es trifft zu, daß Ärzte die Vorhautdehnungen *»verordnen«*. Das sprunghafte Ansteigen der *»Vorhautübungen«* im 12er Rhythmus (nach 12, 24, 36, 48 und 60 Monaten) folgt tatsächlich den Intervallen der Vorsorgeuntersuchungen für Säuglinge und Kleinkinder.

In der BRD streuen die Werte jedoch stärker. Es kann vermutet werden, daß die Ärzte weniger einheitliche Empfehlungen aussprechen oder daß die Frauen sich nicht wie im Osten daran halten. Oder aber, daß sie selbst entscheiden, wann sie mit Vorbeugungen am Penis beginnen. Was spricht für die Vermutung einer stärkeren Arztfixierung in den neuen Bundesländern?

In der ehemaligen DDR hatten die Ärzte als Instanz des bevormundenden Staates nicht nur medizinische Autorität, sondern zusätzlich die Legitimation, namens des *»Staates aller Werktätigen«* zu handeln. Sie waren zu Weisungen harscherer Art als im westlichen Gesundheitssystem berechtigt.

In den alten Bundesländern gibt es ebenfalls Autoritätsfixierung gegenüber *»Halbgöttern in Weiß«*. Sie deutet eher auf emotionale Erwartung hin als auf die Bereitschaft, medizinische Anordnungen zu befolgen. Die Patienten wollen mehr und häufiger reden. Sie wollen den Arzt nicht kontrollieren. Es wird väterliche Zuwendung erwartet, weniger vernünftige Behandlung.

Die Abwälzung von Verantwortung für die problematischen Vorhautdehnungen auf die Ärzte hat Mängel. Der schwerste Mangel ist der Status, der dem Sohn zugedacht ist. Er wird zum Objekt ärztlicher Weisungen, als deren Vollstreckerin die Mutter sich gibt. Er ist Gegenstand *»gut gemeinter Vorbeugung«*. Manche Frauen mögen aus *inneren* Gründen es vorziehen, die Stimulierung als *äußerlich* auferlegte Pflicht zu sehen. Das entbindet von Verantwortung.

Aber die Bereitschaft, den Sohn jahrelang zu stimulieren, zehrt nicht allein von ärztlichen Weisungen. Sie lebt vor allem vom sexuellen Begehren der Frau. Ihre Schamgefühle gegenüber dem Sohn müssen deshalb weitgehend und über lange Zeit in bestimmten vertrauten Situationen außer Kraft gesetzt sein, damit keine unerträglichen Schuldgefühle entstehen und jene bewußtseinsnahen Eindrücke, daß etwas *»unstimmig«* sein könnte. Welche Hinweise gibt es dafür?

Gibt es solche Hinweise auf Unstimmigkeiten und affektive Dissonanzen, die auf eine fast wahrnehmungsfähige, nämlich bewußte Unangemessenheit hindeuten? Einige Betrachtungen zur Alltagssituation können uns weiterhelfen. Da gibt es einmal Widersprüchlichkeiten in der Art der Tätigkeiten, die Frauen von ihren Söhnen verlangen. So können sie zwar ihre Schuhe schnüren, sie können sich waschen, sich anziehen, sie können die Zahnspange entfernen, die Straße überqueren, sie können sich Essen aus dem Kühlschrank nehmen und den Tisch decken. Sie haben ein umfangreiches Arsenal von Kulturtechniken sogar schon im Alter von drei Jahren erworben. Sie können vor allem bereits kurz nach der Geburt lustvoll an ihrem Penis zupfen. Ganz zu schweigen von den anschließenden Lebensjahren. Frauen überlassen es ihnen aber nicht, aus *»medizinischen Gründen«* ihre Vorhaut beweglich zu machen. Hier wird eine Zensur kindlicher Fähigkeiten erkennbar, hinter der sich eigentlich nur der Wunsch der Frau verbergen kann, es selbst zu tun. Es dürfte eine Rationalisierung ihrer Wünsche nach körperlicher Berührung seines Penis sein, wenn die vorbeugende Handlung etwa wegen der größeren mütterlichen Verläßlichkeit von ihr vorgenommen wird. Ganz zu schweigen davon, daß der Vater herangezogen werden könnte, wenn Schamgefühle und Inzestscheu sie hindern, ärztliche Weisungen zu befolgen – soweit diese überhaupt vorliegen.

Je länger die genitale Stimulierung dauert und je intensiver sie im Verlauf der psychosexuellen Entwicklungsstadien wird, um so mehr setzt sie die Beteiligung ihres Sohnes mit Wünschen, Phantasien und Forderungen voraus. Weder duldet er nur die Handlungen, noch sind sie ihm zuwider. Er wünscht sie zur Befriedigung seiner sexuellen Strebungen. Es gibt deshalb keinen Anlaß, den Sohn als Opfer zu wähnen. Er ist in der Zwischenzeit zu einem aktiv mitwirkenden Partner geworden.

Wenn er es nicht gewollt hätte, hätte er es mitgeteilt. Denn Kinder können sehr früh Übergriffe mit dem Gefühl der Abneigung oder des Unangenehmen ausdrücken, um eine fürsorglich auftretende, aber inzestuös agierende Frau von sich fernzuhalten.

Auch wenn die Handlungen nach einiger Zeit in eine affektlos erscheinende Routine eingebettet sind, so bleiben es affektgeladene Situationen. Das Erscheinungsbild ist nur die Hülle, in der die Affekte kontrollierbar bleiben und die Fassade des Routinemäßigen nicht einstürzt. Langjährige Stimulierungen wirken prinzipiell nicht anders als Episoden. Bei Episoden fällt das Problematische lediglich nicht so sehr in den Blick, weil zwischen ärztlicher Verordnung und Wünschen eine glaubhafte Deckungsgleichheit zu bestehen scheint.

Gerade bei langjährigen Stimulierungen können Frau und Sohn sich der Phantasie hingeben, daß die Folie à deux medizinisch begründet sei. Die ärztliche Verordnung tritt in die Rolle einer zeitlich unbegrenzten Anweisung. Was die Pflicht der Mutter ist, geziemt dem Sohn, sich akzeptierend zu beugen. Psychologisch gesehen ist es deshalb nicht erstaunlich, daß die langfristige Stimulierung medizinisch unwirksam bleibt. Medizinisch ist das angesichts mehrjähriger Vorbeugung hingegen verwunderlich. Denn je länger Vorbeugung dauert, um so wahrscheinlicher sollte es sein, daß die gefürchtete Zustandsverschärfung, die in der Beschneidung gipfelt, wegfallen kann. Aber es ist umgekehrt. Vorbeugung kann die Beschneidung nicht vermeiden. Letztlich muß sich der Sohn der Beschneidung unterziehen.[18]

Ein Kosename für den Penis

»... Messinghahn, Momo, Schnickschnack ...«

Die Namen, die Eltern ihren Neugeborenen geben, sind mitunter zufällig. Sie können aber auch das Ergebnis langen Suchens und nicht weniger endlos langen Gerangels darüber sein, welcher Name denn nun passend sei und welcher nicht. Mitunter wird an Namenstraditionen der Familie angeknüpft. Auch spielen historische Figuren eine herausragende Rolle. Viele Knaben erhielten in den 30er und 40er Jahren den Namen »Adolf«. Es geschah in offener Verehrung der Eltern für den nationalsozialistischen Diktator Adolf Hitler. Millionen Frauen tragen den Namen »Maria« in stiller Verherrlichung jener Einzigartigen, die Jesus gebar und wegen ihrer vermeintlichen »Unbeflecktheit« noch vielen Frauen heute als Vorbild gilt. Mädchen auf den Namen Maria zu taufen ist gleichsam eine geheime Verpflichtung für deren ganzes Leben. Eine stillschweigende Vorentscheidung sozusagen über die Sexualität im Leben einer Frau!

Neben den offiziellen Namen, welche die Mitglieder einer Familie namentlich unterscheidbar machen, gibt es noch Kosenamen. Sie bringen ein besonderes Verhältnis einer Person zu einer anderen zum Ausdruck. Der Ursprung von Kosenamen ist meist unbekannt. Fast könnte man sagen, daß es geradezu ihrem Wesen entspricht, daß sie sich irgendwie »ergeben« haben. Und niemand hält es der Mühe wert, trotz ihrer unübersehbaren Eigentümlichkeiten dem ungeklärten Ursprung nachzuforschen. Die Neugierde verliert da offensichtlich die ihr eigentümliche Energie.

Dabei werden Kosenamen nicht nur einer *Person* stillschweigend und unhinterfragt angeheftet. Sie können sich durchaus nur auf einen *Körperteil* beziehen. So sind Kosenamen für das Genital, also einen streng umgrenzbaren und intimen Teil des Körpers, keineswegs etwas Seltenes. Unter Beziehungspartnern sind sie sogar recht weit verbreitet. Nicht selten dienen sie dem Zweck, das Schambesetzte und Beängstigende der Sexualität durch die sprachliche Verfremdung annehmbar zu machen. Ohne daß es immer wieder zu Beschämungen kommen muß. Diese Zwecke sind äußerst vielfältig und sollen hier nicht geklärt werden.

Wir wollten wissen, ob Frauen einen Kosenamen für ihren Sohn haben und welchen sie »ausgewählt« haben. Aber nicht für den Sohn als

Ganzes sollten die Frauen den Kosenamen nennen, sondern für einen ausgewählten Körperteil, nämlich seinen Penis. Die Frage (G 16), die wir den Frauen stellten, lautete: *»Haben Sie einen Kosenamen für den Penis Ihres Sohnes?«* In unserer Befragung haben 27,3 % der Befragten einen Kosenamen genannt. Im Westen sind es 29,1 %, im Osten hingegen 25,5 %. Aus zwei Überlegungen haben wir diese Frage gestellt. Wir gehen davon aus, daß Frauen, die dem Penis ihres Sohnes einen Namen verleihen, sich von den Frauen unterscheiden, die ihrem Sohn keinen Kosenamen beilegen. Zum anderen wollen wir das Dunkle der assoziativen Entstehung von Kosenamen beispielhaft ans Licht bringen. Das Dunkle weist geradezu auf Verborgenes und Ambivalentes hin. Dem Gedanken einer weiter nicht auflösbaren Spontaneität werden wir demnach nicht folgen.

Der Ansicht von der nicht auflösbaren Spontaneität, die weit verbreitet ist, werden wir etwas anderes entgegenhalten. Wir unterstellen jedem Kosenamen einen unbewußten Sinn. Gerade in der Spontaneität, mit der er als plötzlicher Einfall oder lustig ironische Eingebung entstanden ist, wird er von seinem verborgenen Sinn getrennt. Trotz seiner scheinbaren Sinnlosigkeit ist er bemerkenswerterweise ein häufig benutzter Begriff im Munde der Mutter und obendrein von ihr mit viel zärtlichem Tonfall ausgestattet. Die Spontaneität gibt zwar den Einfall zum Namen, gleichzeitig trennt sie aber die recht komplizierten Gefühlsvorstellungen von ihm ab. Darin besteht sein Wesen, und dahinter verbirgt sich sein Geheimnis. Die zärtlichen Erscheinungsweisen, die wir wahrnehmen, erschöpfen nicht seinen Sinn. Es sind – sozusagen – die angenehmsten Seiten seiner Erscheinung.

Wir wollen versuchen, den verschütteten Sinn bruchstückhaft zu rekonstruieren. Da jeder Kosename für den Penis unverwechselbar mit der einmaligen Beziehung einer Frau zu ihrem Sohn verbunden ist, können wir keinen *individuellen* Sinn heben. Das können die Schöpferinnen der Kosenamen jeweils nur selbst tun. Wir können nur in recht allgemeiner Form und nur für ausgewählte Kosenamen Rekonstruktionen ihres Sinns versuchen. Wir können Grundgefühle und mütterliche Beziehungseigenschaften skizzieren, die sich hinter diesem oder jenem Kosenamen mehr oder weniger ausgeprägt oder völlig verborgen verstecken.

Was für jede *einzelne* Frau der Name, den sie ihrem Sohn – sein Genital symbolisch oder konkret kosend – gab, zum Ausdruck bringt, wird mit unseren Deutungsversuchen *nicht* festgeschrieben. Der individuelle

Sinn bleibt uns bei jedem Kosenamen verborgen, weil dieser unabänderlich an die jeweilige Beziehung einer Frau zu ihrem Sohn gebunden ist. Was wir beschreiben, sind Überlegungen und keine Meßdaten. Ebensowenig sind es Etiketten, die ihm zugeordnet werden können.

Berechtigt ist die Annahme, daß in jedem Fall das Kosende etwas Besonderes zum Ausdruck bringen soll. Das Besondere betrifft die Beziehung, die eine Frau zu ihrem Sohn hat, weil er einen Penis hat.[1] Eben weil er anders ist als sie, zugleich aber doch ihr Kind, das sie geboren hat.

Das Besondere könnte – auf den ersten Blick – darin bestehen, daß die Beziehung zu seinem Penis keineswegs selbstverständlich ist. Sie kann ihn nicht mit jener Selbstverständlichkeit wahrnehmen oder behandeln, wie sie das Haar des Sohnes oder seine Hände als selbstverständliche Teile seiner körperlichen Gestalt wahrnimmt. Für ihre Augen »sticht« der Penis heraus. Er fällt ihr auf. Das muß nicht immer der Fall sein. Die Differenz zu ihrem eigenen Genital ist jedoch augenfällig und nicht minder die Gefühle, die sie damit verbindet.

Wenn wir uns in die Lage einer Frau versetzen, so ist der Knabe vor ihr ein Mann, zumindest was sein Genital angeht. Es sieht aus wie beim Mann, auch wenn alles kleiner ist, und er ist noch kein erwachsener Mann. Vieles in der Beziehung zu ihrem Sohn wird davon abhängen, wie sie die körperliche »Beinahe-Identität mit dem erwachsenen Mann« und dem andererseits »Doch noch kein Mann« für sich in ihrer Gefühlswelt bewältigen kann. Wenn sie seinen Penis ohne Distanz zu ihren eigenen Erfahrungen mit der Sexualität erwachsener Männer in ihren Gefühlen unbewußt »in eins setzt«, dann wird es der Sohn allerdings nicht leicht haben.

Wenn die Frau seinen Penis als männliches Symbol wahrnimmt, dann wird sie ihn möglicherweise nicht nur mit Wonne wahrnehmen. Das wird der Fall sein, wenn sie vor dem erwachsenen Mann Angst hat, weil sie schlechte Erfahrungen mit dem *»erwachsenen Penis«* im Verlauf von Liebesbeziehungen gemacht hat. Sie wird den Penis des Sohnes ebenfalls kaum mit Wonne sehen, wenn sie das männliche Genital verachtet oder wenn sie sich wünscht, selbst so ein Organ zu haben, das sie in ihrer Phantasie mit Macht, vielleicht sogar mit Allmacht, eben grenzenloser Herrschaft verbindet. Andererseits wird sie seinen Penis mit Wonne neidlos wahrnehmen, wenn sie ihr eigenes Genital lustvoll besetzt hat, es weder offen noch geheim verachtet, noch in ihren Gefühlsvorstellungen mit Phantasien von Minderwertigkeit oder Machtlosigkeit verbindet.

Soviel scheint bei diesen Überlegungen bereits nachvollziehbar, daß eine Frau den Penis nie *nur* als ein Organ unter vielen, aus denen der Sohn besteht, wahrnehmen kann. Im Gegensatz zu anderen Körperteilen wie Hände, Nase und Ohren ist er Symbol für Vorstellungen, an dem sich die Erfahrung seiner Mutter zu Männern wie die Selbstliebe oder der Selbsthaß zum eigenen Genital festmachen. Dazu kommt dann – quasi verschärfend –, daß der Sohn in seiner Beziehung zu ihr sein Genital ebenfalls anders erlebt als etwa die Beziehung seines Armes zu ihr.

Die Vorstellung, daß Eltern das Genital ihrer Kinder als ein Organ unter vielen sehen, ist weit verbreitet. Sie dient dem Zweck, die kindliche Sexualität und die sexuelle Dimension der Beziehung zwischen Eltern und ihren Kindern zu verleugnen.

Diese elementare Beziehungsdimension, die eine Tatsache beschreibt und keineswegs ein Problem sein muß, findet ihren individuellen Ausdruck in den weiblichen Eingebungen für einen Kosenamen. Wie eigentümlich diese Eingebungen und wie wenig offen für schnelles Verständnis sie sind, zeigt sich daran, daß die Kosenamen sich dem Außenstehenden nicht nur unverständlich, sondern mitunter sogar albern, komisch, sinnlos, möglicherweise sogar peinlich, aber ebenso belustigend, witzig und einfallsreich darstellen.

Für die Frau, die den Kosenamen »wählt«, ist es jedoch »irgendwie« bedeutungsvoll und alles andere als albern. Ob sie sich seiner gefühlsmäßigen Bedeutungen bewußt ist, kann bezweifelt werden. Denn wenn die Bedeutungen bewußtseinsfähig wären, gäbe es keinen Anlaß abzustreiten, daß sich hinter der Fassade der Eingebung noch etwas verbergen könnte – eben ein zusätzlicher Sinn. Dann wäre der Kosename sogar überflüssig und hätte seine Funktion verloren.

Der verborgene Sinn wird deshalb aus gutem Grund meistens abgestritten. Nicht selten mit leicht gereiztem Ton und unverständlichen Schamgefühlen. Was sich hinter einer spontanen Eingebung verbirgt und verärgert als Gegenstand überflüssiger Neugierde zurückgewiesen wird, weist auf den verlorengegangenen Schatz, den besonderen Sinn hin.

Diesen Versuch wollen wir exemplarisch an einem besonders ausgefallenen und ungewöhnlich erscheinenden Kosenamen unternehmen. Zunächst möchten wir jedoch eine Auswahl von gängigen und weniger gängigen Kosenamen wiedergeben, die von den Frauen in den Fragebögen genannt wurden.

Schniedelwutz	*Pullermann*	*Pichermann*
Pullermatz	*Schnickschnack*	*Pepe*
Pullett	*Schnappadulli*	*Lustel*
Pipi	*Schniefel*	*Schniepel*
Fidolin	*Lillipint*	*Schnullerpuller*
Wurze	*Kleiner Mann*	*Wackelschwänzchen*
Pimmel	*Pittnatz*	*Spatz*
Pemi	*Pimann*	*Pidi*
Messinghahn	*Fiffi*	*Tillimann*
Pischi	*Zippelmann*	*Zipfel*
Pinkelchen	*Pischihahn*	*Piescher*
Pilli	*Schniediputz*	*Schwänzel*
Pipmatz	*Schniepi*	*Zippel*
Zippi	*Schwanz*	*Schniepi*
Wasserhähnchen	*Piphahn*	*Staatssäckel*
Pimpe	*Lulli*	*Pillerlein*
Lallal	*Bibel*	*Schnickel*
Schniedi	*Schnullerpip*	*Ödel*
Dödel	*Mäxchen*	*Stenge*
Schnied-Fied	*Pillimann*	*Pipimann*
Tüllchen	*Baumelchen*	*Zici*
Pipsel	*Schnies*	*Schnullifax*
Herr Bieselmeyer	*Puscher*	*Momo*
Nippi	*Lullen*	*Schniedelchen*

Einige Namen erinnern vage an schwer deformierte, aber berühmte Figuren der Kinderliteratur, wenngleich sie auch immer mit dem Flair des Unbegreifbaren angereichert sind. Was mußte wohl in der Beziehung einer Frau oder in ihren Phantasien über ihren Sohn geschehen, damit die Figur *der* Momo sich wesenhaft im Penis *»verstecken«* konnte? Die Vielfalt, die sich jeder eindeutigen Sinnzuweisung zunächst sperrt, bildet eine schwer überwindbare Mauer konfuser Sinngehalte.

Sicher werden Männer und Frauen zu den Kosenamen unterschiedliche Einfälle haben. Männern wird möglicherweise zuerst auffallen, daß die meisten Kosenamen verharmlosend – penisverkleinernd – sind. Das ist verwunderlich, weil kein Penis kleiner als der des kleinen Sohnes ist, obwohl andererseits bei Kleinkindern die Genitalien *verhältnismäßig* groß im Vergleich zum ganzen Körper sind. Die Realität der Kleinheit erfährt demnach augenfällig im Kosenamen eine Verdoppelung.

Den kleinen Penis zusätzlich noch zu verkleinern grenzt an den Versuch, ihn »ungefährlich« zu machen. Man wird unter anderen Überlegungen doch auch annehmen können, daß diese Tendenz auf Wünsche in den Frauen hindeutet. Nämlich seine Harmlosigkeit und sein »Noch-nicht-erwachsen-Sein« festzuschreiben, so als könnte dieser Wunsch auf mystisch-magische Weise das Wachstum seines Penis wirklich verhindern. Weil er so augenfällig klein ist, kann es sich nicht um den Penis eines erwachsenen Mannes handeln. Und daran zumindest im Kosenamen festzuhalten, scheint für nicht wenige Frauen eine beschwichtigende, vielleicht sogar angstbindende Funktion zu haben. Kleingemacht erscheint dieser Penis beherrschbar und nicht als Quelle von Ärger und eigener sexueller Frustration, Verführung wie Verführbarkeit.

In einer Diskussion mit Studentinnen wurde hierzu angemerkt, daß neben den unübersehbaren Momenten des Kleinmachens auch die versuchte Leugnung zu erkennen sei, daß dieser Penis, wenn auch nicht dem Auge unmittelbar sichtbar, täglich wächst und damit von Tag zu Tag der Kosename immer unangemessener wird. Der kleine Penis verwandele sich unaufhaltsam in einen »großen bedrohlichen«.

Sowohl im Kleinmachen wie im Verleugnen kommt deshalb vielleicht eine phantasierte Wunscherfüllung zum Ausdruck: Dieser Penis möge so klein und so zierlich, spielerisch und harmlos anmutend bleiben, wie er war, als er der Frau während der Schwangerschaft und zur Zeit der Geburt noch ganz »gehörte« und ein untrennbarer Teil von ihr war. Die unbewußte Phantasie, ihn am Wachsen zu hindern und sich in seiner kindlichen »Unschuld« und »Harmlosigkeit« zu erhalten, wirft die Frage auf, wann Frauen glauben, daß der Penis so groß ist, daß er den Kosenamen nicht mehr »verdient«. Gibt es im Leben der Frauen eine Phase, in der sie den Kosenamen fallenlassen, weil sie feststellen, daß der Penis ihres Sohnes die kosende Attributierung nicht mehr verdient? Eben weil er groß wie der eines erwachsenen Mannes und weil der Sohn ein Mann geworden ist.

Weil in der Regel jeder der schillernden Kosenamen keine Attributierung des *realen* Penis ist, sondern aus weiblichen *Phantasien* entsteht, wird es den Müttern schwerfallen, die sexuelle Reife ihres Sohnes anzuerkennen. Sie werden seinen Penis nie frei von eigenen ängstlichen oder idealisierenden Bildern über das »männliche Glied« sehen können. Wie sehr diese Vermutung zutrifft, bestätigt die weitverbreitete Beschäftigung der Frauen mit dem Penis ihrer Söhne bereits unmittelbar nach der

Geburt, nämlich als aktive Verhütung einer vermeintlichen Veranlagung zur Deformation. Und ebenso kann als Indiz gelten, daß sie nur dem Sohn die besondere genitale Beachtung schenken, aber nicht den Töchtern.

Wir haben nicht erfragt, wann die Frauen den Kosenamen aufgeben. Allerdings können wir davon ausgehen, daß mit dem Größerwerden des Sohnes seine psychosexuelle Realität und seine Wachstumswünsche verkannt werden, wenn die Mutter den Kosenamen beibehält. So zeigt es sich, daß die Frauen, die einen Kosenamen angegeben haben, signifikant jünger sind als die Frauen, die keinen Kosenamen angegeben haben. Es ist denkbar, daß Frauen, die keinen Kosenamen angegeben haben, dies aus Scham nicht getan haben, da ihre Söhne schon älter sind und sie sich möglicherweise nicht mehr gern an die Zeit mit dem Kosenamen erinnern.

Die unsichtbare Seite

Im allgemeinen wird ein Kosename mit etwas Zärtlichem, eben Kosendem in Verbindung gebracht. Das ist die bewußtseinsfähige Seite, die wir gern wahrnehmen. Mit dem Kosen der Mutter haben wir alle nur Zärtliches und Angenehmes in Erinnerung. Aber es gibt auch eine verborgene Seite.

So enthält die Verkleinerung des Penis zweifellos etwas Zerstörerisches. Diese Phantasien ereilen den Sohn als eine äußere Realität, mit der er fertig werden und deren er sich erwehren muß. Wie kommt es aber zu diesem zerstörerischen Moment in der liebevollen Ausstattung? Um den aggressiven Anteil im liebevollen Kosenamen aus lebensgeschichtlichen Voraussetzungen verstehen zu können, ließe sich einwenden, daß die Frau selbst in einem repressiven Familienmilieu aufgewachsen sei und im Gegensatz zu jüngeren Frauen weder Sexualerziehung noch eine annähernd angstfreie Sexualität erlebt haben könnte. Aus Sexualangst verdopple sie statt dessen ihr eigenes Erleben, indem sie den Penis ihres Sohnes kleinmache. Der Kosename könnte in seinen aggressiv verkleinernden Formen deshalb für die Unfreiheit der mütterlichen Sexualität stehen.

Damit ließe sich dann auch schon eher verstehen, warum die Kosenamen so auffällig oft sich auf das Urinieren beziehen. Zum Beispiel:

Pullermann	*Pichermann*	*Pullermatz*
Schnullerpuller	*Pimann*	*Pidi*
Messinghahn	*Pischi*	*Pinkelchen*
Pisch	*Pihahn*	*Piescher*
Pilli	*Wasserhähnchen*	*Piphahn*
Pillerlein	*Pillimann*	*Pipimann*

Zumindest hinter diesen Namen darf man vermuten, daß die Frauen den Penis des Sohnes nur als Organ des Urinierens anerkennen können. Durch die Betonung des Urinierens gewinnt sein Penis etwas Harmloses. Es geht um Ordnung: nasse unkontrollierte Unordung und kontrollierte ordentliche Trockenheit. Der Blick der Mutter auf den Penis gewinnt damit eine gewisse Unbefangenheit, weil es sich beim Urinieren ja nur um etwas in Verbindung mit Reinlichkeit und Hygiene handelt und nicht um etwas Sexuelles. Zum »Pinkeln« darf sein Penis als *Pischihahn* oder *Pischermann* dasein, nicht jedoch zu Sexuellem, das beunruhigend wirkt, und das ist der Penis, der nicht nur erregbar ist, sondern der auch erkennbare Erektionen hat und der später penetrieren und schwängern kann. Für diese Vermutung spricht, daß es eine lange Tradition gibt, die Frauen unfähig machte, überhaupt zu sehen, daß ihr Sohn Erektionen hat. Das »Übersehen« hat demnach nicht nur die Sexualität des Sohnes geleugnet, sondern auch die mütterliche Sexualangst beschwichtigt. Ein Aspekt, der zur Verleugnung der kindlichen Sexualität führt, hat somit seine Wurzeln in der Sexualangst der Erwachsenen und nicht, wie gern angenommen wird, in der Moral und der vermeintlichen Sexualitätslosigkeit – eben der kindlichen Unschuld. Das sind sozusagen Vorwände, die Eltern den Blick auf die eigenen Beweggründe verstellen sollen. Wie unsere Studie zeigt, nehmen auch heute noch viele Frauen die Erektionen erst nach Jahren wahr, obwohl sie kurz nach der Geburt einsetzen. Der aufs Urinieren »zurückgestutzte« Penis ist kein imaginiertes Ungeheuer mehr, sondern eine beherrschbare anatomische Ausstattung des Sohnes für eine harmlose Ausscheidung. Diese zu beherrschen gehört zum erzieherischen Handwerk der Mütter. Je früher das einst geschah, um so stolzer waren sie. Als ein Zeichen erfolgreicher Ausscheidungskontrolle war es aber auch die Beherrschung der kindlichen Sexualität.

Zur Bewältigung der Andersartigkeit des Sohnes könnte auch zählen, daß der Kosename schlechte sexuelle Erfahrungen *mit Hilfe des Sohnes* statt in der *Beziehungswelt mit dem Partner* abwehren soll. Zu diesem

Zweck wird sein Penis entsexualisiert, was offenbar eine ungebrochene Tradition darstellt. Dafür spricht auch, daß Kosenamen keine Hinweise auf Erektion oder Masturbation oder die spätere Zeugungspotenz des Sohnes enthalten. Sein Penis ist in der Phantasie der Frau etwas Harmloses, eben nur ein Organ der körperlichen Ausscheidung. Daß sein Penis ihm Lust bereitet, kommt in keinem Kosenamen vor.

Diese wenigen Überlegungen zeigen bereits an, daß der Kosename nur auf seiner Erscheinungsebene kosend ist. Dahinter trägt er für den kleinen Sohn in dieser oder jener Weise abwertende und verunstaltende Züge.

»Messinghahn«

Es gibt Kosenamen, von denen man sagen kann, daß ihre Doppelbödigkeit durch sprachliche Ausgefallenheit und Witzigkeit nur notdürftig verdeckt wird. Beispielhaft scheint uns dafür die Bezeichnung: »Messinghahn« oder »Schnickschnack«. Beide Namen laden zu Assoziationen geradezu ein. Auf den »Messinghahn« wollen wir uns hier beschränken. Dem Fragebogen konnten wir entnehmen, daß »Messinghahn« aus einem Wortspiel entstand, das die Nähe zu assoziativen Vorgängen bestätigt und zensierende Kontrollen gegenüber Schamgefühlen, aggressiven Regungen und ähnlich Unangenehmem lockert. Wir werden deshalb auf unsere eigenen Assoziationen zurückgreifen und versuchen, den »Messinghahn« in seiner möglichen Gefühlsbedeutung zu dechiffrieren. Das Verfahren, das wir hier anwenden, läßt sich übrigens auf alle Kosenamen anwenden.

Was läßt sich zum »Messinghahn« alias Penis sagen? Die Bezeichnung »Messinghahn« ist einerseits eindeutig. Es handelt sich um einen Gegenstand, der von Installateuren[2] verwendet wird. Der Hahn ist aus einem besonderen Material, nämlich Messing, gefertigt und unterscheidet sich im Preis wahrscheinlich von kostengünstigeren Varianten. Andererseits sieht er golden aus, ohne allerdings goldig zu sein. Die Funktion von Hähnen besteht darin, Wasser geordnet austreten zu lassen oder es gänzlich zurückzuhalten. Wasserhähne halten lange. Gegen Verschleiß sind sie weitgehend geschützt. Man kann sich auf sie verlassen. Der Hahn ist ein Instrument, das jeder bedienen kann, der den Wasserlauf regulieren möchte, und das zumindest in deutschen Haushalten vorzugsweise mit ordentlich funktionierenden Dichtungen versehen ist, um das Tropfen oder, bei ökologisch Bewußten, die Verschwendung der Naturressource Wasser zu vermeiden.

Wenn diese konkreten Eigenschaften für die Frau metaphorisch den Penis verkörpern, dann wirft das als Beziehungsphantasie einige klärungsbedürftige Fragen auf. Wenn der Penis als Messinghahn phantasiert wird, dann bringt das dem Material gegenüber eine besondere Wertschätzung zum Ausdruck. Andererseits wird mit dem Hahn für alle Regulierungswilligen – seien sie sparsam oder ökologisch motiviert – der Gebrauchscharakter nahegelegt. Den Hahn alias Penis kann die Mutter für sich dann ebenso reklamieren wie alle anderen im Haushalt auch. Der Penis des Sohnes gehört ihr, als Hahn gesehen, ebenso wie dem Sohn. Der hingegen hat keine anderen Rechte auf diesen Hahn als sie selbst oder wer immer an der Regulierung des Wasserstrahls interessiert sein könnte. Da es *ihr* Kosename ist, beschreibt es ihre unbewußten Phantasien zu ihm, so daß wir dritte – wie den Vater – aus dem Spiel lassen können.

Sie hat dem Sohn den Penis symbolisch »genommen«, indem sie ihn zum allgemeinen Gebrauchsgegenstand deklariert hat. Auf der symbolischen Ebene können wir von einer phantasierten Wegnahme sprechen. Denn im Begriff des Messinghahns ist alles beiseite gelegt und abgeschafft, was den Penis zur Besonderheit der Männlichkeit macht und zum Einzigartigen ihres Sohnes. Lebloser und starrer im Sinne von tot als Metall kann kein anderes Material sein. Tot ist hier der Inbegriff für die Kälte des Materials, die maschinelle Formgebung und die mechanische Bedienung. Die Lebendigkeit des Penis ist abhanden gekommen, die psychische Bedeutung, die er für den Sohn hat, die Ängste, der Stolz und die sexuelle Befriedigung, die er damit verbindet, wie die Phantasien vom weiblichen Genital, die damit einhergehen. All das ist abgeschafft und hinter der Leblosigkeit des kalten Materials verborgen. Der Penis als Inbegriff von Sexualität wurde durch eine Ventilfunktion ersetzt.

Die Phantasien der Kosenamengebung lassen den trotzdem hoffentlich lebendig gebliebenen Penis als ein Organ der mechanischen Ausscheidung erscheinen. Die Mutter behandelt ihn in ihrer Phantasie wie ein Instrument. Aber es fragt sich, wo das Kosende denn verborgen sein könnte, wenn das Aggressive und kalt Abtötende doch unübersehbar ist.

Wenn wir uns fragen, warum diese Frau den Penis mit lebenserstikkenden Kosungen umhüllt, und wenn wir das zwanghaft Regulierende des Wasserhahns als Ausdruck der mütterlichen Gefühlswelt verstehen, dann begreifen wir möglicherweise, wo sich das Liebkosende im Messing-Gewordenen verbirgt.

Aus der Sicht der Frau könnte Metall das Gegenstück zur unberechenbaren Triebhaftigkeit sein, welche die kindliche Sexualität nun einmal beherrscht. Sie empfindet seine sexuelle Ungezwungenheit als bedrohlich. Die Gründe dafür kennen wir nicht. Aber der Messinghahn als eine Metapher bannt in der Unbiegsamkeit des Materials alles Unvorhergesehene und bringt es symbolisch in eine kontrollierende Ordnung: in eine gegossene Form, die keine Abweichung mehr zuläßt. Das Triebhafte ist erfolgreich kanalisiert – im Sinne der Beunruhigung, die von ihr für die Mutter ausgeht.

Der Penis ist als Inbegriff der vielgestaltigen kindlichen Triebhaftigkeit, des polymorph Perversen[3], vergleichbar einer wildsprudelnden Ölquelle, durch ein übergestülptes Ventil unter Kontrolle gebracht. Er scheint gezähmt. Zwischen die Sexualangst der Frau und die chaotischen Sexualregungen ihres Sohnes ist symbolisch ein Regulativ installiert worden. Der Messinghahn ist die Symbol gewordene Haltung einer Frau, welche die sexuellen Äußerungen ihres Sohnes nicht erträgt, weil sie sich davon bedroht und bei Verführungsphantasien und geheimen inzestuösen Phantasien ertappt fühlt.

Es werden sich hier zweifellos verschiedene Motive mischen, von denen wir nur ausgewählte und uns naheliegende assoziativ verknüpften. Die Kontrolle von Ausscheidungen, sei es Urin oder später einmal Samen, steht dabei im Mittelpunkt. Auffällig ist ebenfalls, daß viele Kosenamen auf »-mann« enden, etwa: Bullermann, Pipimann, Pullermann, Pimann, Schniedelmann. Die Namen rufen in Erinnerung, daß der Penis das ist, was die Frau dem Mann als ernstzunehmendes Organ zumißt. Sogleich wird es im Sohn wiedererkannt, um in der Verniedlichung abgewehrt zu werden. Das Große und das Kleine sind zugleich in diesen Kosenamen enthalten, wobei das dem Mann zugeordnete Wort immer das Negative und Verniedlichende darstellt und somit einen Zusatz zum wachsenden Genital darstellt. Es ist Ausdruck großer weiblicher Ambivalenz, in der sich Bewunderung, Angst, Neid und Verachtung in der Beziehung zum Sohn unbewußt mischen. Zugleich aber ist in dieser Namengebung der Sohn auf die *Imitation* des erwachsenen Mannes reduziert. Der Penis soll nicht Teil seiner eigenen Gefühlswelt sein, sondern Wahrnehmungsobjekt einer Frau, die am Sohn ihr ambivalentes Verhältnis zum Penis ausdrückt. Es gibt für sie den Penis nicht, der zum Sohn gehört. Von großem Interesse ist es natürlich zu wissen, wie Söhne sich in einer solchen Beziehung entwickeln, die ihren Penis mit »Messinghahn« oder anderen vergleichbaren Kosenamen belegt.

Wir können am »Messinghahn« deutlicher als an anderen Kosenamen erkennen, daß darin abrichtende und beherrschende Phantasien zum Ausdruck kommen. Sie richten sich auf den Penis des Sohnes als die anatomische Repräsentanz von Männlichkeit. Die Phantasien sind die unaussprechlichen Seiten zu den freundlichen Erscheinungen, die wir in den Kinderzimmern wahrnehmen. Weil es sich hier um gefühlsmäßige Beziehungen handelt, wäre es mehr als unsinnig, für die Abschaffung von Kosenamen zu plädieren. Die Namen sind Schall und Rauch. Sie verraten allenfalls die geheimen Beziehungen, die bestehen, selbst wenn die Kosenamen alle abgeschafft wären. Sie werden unaussprechlich und für das Zuhören unzumutbar, wenn die unbewußten Seiten bewußt werden.

Hintergründiges

Was uns zur Prüfung noch bleibt, ist die Frage, ob die 27,3 % der Frauen, die einen Kosenamen angegeben haben, sich von den 72 %, die keinen angegeben haben, durch besondere Merkmale unterscheiden. Solche Merkmale könnten zum Beispiel in der Herkunft, der beruflichen Bildung, den Lebensverhältnissen oder der Einschätzung der Partnerschaft oder bestimmten Gefühlen zum Sohn zu finden sein.[4] Wir haben herausgefunden, daß es keine bedeutsamen Zusammenhänge zwischen Kosename-Gebenden und Nicht-Gebenden im Hinblick auf ihre gesellschaftliche Lebenssituation gibt. Das heißt, daß alleinerziehende Frauen sich in dieser Hinsicht nicht von Frauen unterscheiden, die in einer Ehe leben, die geschieden sind oder langfristig allein leben. Weder das Bildungsniveau noch die berufliche Tätigkeit oder Arbeitslosigkeit hängen damit zusammen.

Aber es gibt überraschende Zusammenhänge, die im Gefühlsbereich der Frauen zu finden sind. So haben wir die Frauen gefragt (E 6):

- *Wie würden Sie Ihr Sexualleben bezeichnen?*
  - *sehr gut;*
  - *gut;*
  - *befriedigend;*
  - *unbefriedigend.*

Und weiter haben wir gefragt (I3): *»Es gibt Frauen, die den Penis ihres Sohnes aus lauter Verliebtheit küssen? Machen Sie das auch?«*

Zu den Frauen, die einen Kosenamen gaben, und diesen beiden Fragen bestehen bedeutsame Zusammenhänge. Wir können diesen Zusammenhang so formulieren: Frauen, die einen Kosenamen für den Penis haben, sind auffällig häufiger mit ihrem Sexualleben *nicht* zufrieden. Frauen hingegen, die mit ihrem Sexualleben zufrieden sind, geben wesentlich seltener dem Penis einen Kosenamen. Die Abweichungen, die zwischen den beiden Gruppen bestehen, sind statistisch signifikant, d. h. nicht zufällig, sondern es liegt ihnen eine innere Logik oder Gesetzmäßigkeit zugrunde. Welcher Art sie sein könnte, möchten wir im folgenden zu klären versuchen.

Ebenso auffällig häufig besteht ein Zusammenhang mit Frauen, die den Penis ihres Sohnes küssen. Auch hier müssen wir den inneren Zusammenhang erforschen (I3), weil hier zutrifft, daß Frauen mit einem Kosenamen das Penisküssen weit häufiger betreiben als Frauen, die keinen Kosenamen geben. Wir müssen demnach eine Erklärung für zweierlei finden: daß Frauen, die einen Kosenamen für den Penis haben, zugleich häufiger Frauen sind, die ein *nicht zufriedenstellendes Sexualleben* führen und häufiger den *Penis ihres Sohnes küssen*.[5]

Frauen, die angeben, daß ihr Sexualleben nicht gut ist, sind sexuell unbefriedigt und wahrscheinlich nicht nur mit sich selbst, sondern auch mit der Beziehung zum Partner unzufrieden. Es bedarf keiner allzu großen Vorstellungskraft, daß die Beziehung zwischen beiden deshalb angespannt oder von Desinteresse und Rückzug geprägt ist. Ärger und Gereiztheit über den Partner, sein sexuelles Desinteresse, sein mangelndes Begehren und vielleicht seine Unfähigkeit, darüber zu reden oder therapeutische Hilfe einzuholen, werden die Beziehung dem Außenstehenden wenig glücklich erscheinen lassen. Was haben die Komponenten *sexuelle Frustration* und *Ärger* damit zu tun, daß die Frauen den Söhnen einen Kosenamen für den Penis geben? Da die Namen als kosende und nicht als schimpfende angegeben wurden, ist augenscheinlich nicht leicht erkennbar, wie Ärger und sexuelle Frustration damit zusammenhängen.

Ausdruck einer reifen Beziehung zwischen Erwachsenen wäre es ja, daß die Partner ihren Ärger gemeinsam klären und nicht den Sohn in ihre Konflikte hineinziehen. Nur wissen wir noch nicht, wie er von der Mutter einbezogen wird. Auf jeden Fall wird es so sein, daß sie den Konflikt mit dem Partner nicht offen austrägt. Es hat vielmehr den Anschein, daß sie diesem Konflikt ausweicht und statt dessen die sexuelle Frustration in verdeckter Weise beim Sohn Einzug hält. Der Kosename ist demnach nicht nur Ausdruck ihrer intensiven und für uns sichtbaren Beschäftigung mit seinem Genital. So wie das Genital des Partners an Bedeutung verliert, gewinnt jenes des Sohnes an Beachtung. Daß es nicht nur in der Phantasie an Bedeutung gewinnt, sondern als eines, das sie an die Stelle des Partner-Genitals setzt, bestätigt uns die Tatsache, daß die sexuell wenig oder gar nicht befriedigten Frauen das Küssen des Penis besonders häufig betreiben. In welcher Art, Intensität und Leidenschaft sich das Küssen vollzieht, haben wir nicht erfragt. Es muß deshalb dahingestellt bleiben, ob es sich dabei um spielerisch küssende Gesten handelt oder um hingebungsvoll intensive Berührungen. Wir haben allerdings Anlaß zu vermuten, daß es sich beim Penisküssen nicht *allein* um unverfängliche zärtliche Gesten handelt, die der sexuellen Befriedigung und Stimulation ganz oder weitgehend entzogen sind. Wir müssen eher annehmen, daß zwischen dem nicht zufriedenstellenden Sexualleben der Frau und dem Penisküssen ein Zusammenhang besteht. Wir sehen ihn in einer sporadischen oder langanhaltenden Verschiebung des Liebesobjektes gegeben. Der Sohn wird zum Ersatzobjekt für die Frau. Vielleicht sollten wir sogar sagen, er wird, soweit das möglich ist, von ihr zum Ersatzmann gemacht. Die Frau holt sich beim Sohn, was sie beim Partner nicht oder nicht mehr erhält. Und sie holt es sich in abgewandelter Form. Sie verzichtet auf den genitalen Verkehr, den sie mit dem Partner gewohnt war, und nimmt vorlieb mit Stimulierungsformen, die eine Form der Vorlust oder des »Vorspiels« beim Sexualverkehr unter Erwachsenen sind. Entscheidend ist hier nicht nur die Form, eben das Penisküssen, sondern die Heftigkeit des sexuellen Begehrens, das die Mutter verspürt und das sich in dieser oder abgewandelter Form ganz oder teilweise befriedigen läßt. Wir wissen hierüber nicht allzu viel. Wir wissen nichts über den Verlauf des Penisküssens. Wir wissen auch nichts darüber, wie bewußtseinsfähig der Vorgang für die Frauen ist und welche Art von Befriedigung sie daraus beziehen. Allerdings gehen wir davon aus, daß die Frau ihren Sohn *nicht* »hernimmt«, um ihn an die Stelle des geschmähten Partners zu »setzen«. Wahrscheinlicher ist, daß die Unzufriedenheit sich in einem allmählichen Prozeß der Verschmelzung von Frau und Sohn zu einer die äußere Welt verleugnenden Einheit vollzieht. Selbst in dieser Beziehungsverquickung, in der alle Grenzen wie Scheu, Scham und Intimität allmählich wegfallen, sind zumindest im Rückblick immer noch jene Facetten zu erinnern und zu fassen, die das Widersprüchliche und Verbotene in den Bereich des Wahrnehmbaren rücken. Es gab einen Punkt der Umkehr in diesem Prozeß der Grenzen auflösenden Annäherung. Es wurde über ihn hinweggesehen, oder er wurde beiseite geschoben.

Wie dieser Prozeß im individuellen Fall abläuft, läßt sich anhand der Zahlen unserer Befragung nicht sagen. Die Rekonstruktion ist nur in Beratungsgesprächen, Therapien und Selbsterfahrungsgruppen möglich. Wir können allerdings versuchen, eine strukturelle Beschreibung der allgemeinen Psychodynamik zu skizzieren, die uns verstehen läßt, wie Frauen ihre sexuelle Unzufriedenheit, das Penisküssen und den Kosenamen in eine innere Beziehung bringen.

So wissen wir, daß die Unzufriedenheit der Frau Ärger und Gereiztheit gegenüber dem Partner hinterlassen hat. Wir vermuten wohl zu Recht, daß Gereiztheit, Wut und Ärger in der Verschiebung des Liebesobjektes vom Partner zum Sohn abhanden gekommen sind, so daß wir glauben könnten, der Wechsel habe dem Sohn nur die sexuell begehrenden Seiten vermacht und ihn vor den ärgerlich gereizten und somit aggressiven und zerstörerischen Seiten verschont. Ihre gereizt-ärgerliche, von Enttäuschung und Vergeltungswünschen geprägte Seite ist jedoch keineswegs untergegangen. Bei genauem Hinsehen können wir sie in der Tendenz erkennen, die den Kosenamen etwas Schillerndes gibt. Etwas, das sich angesichts der kosenden Verwendung nur nach genauerem Hinsehen oder Zuhören erkennen läßt. Nämlich das kosend Zärtliche auf der einen Seite und das Kontrollierende wie beim *Messinghahn*, ja sogar Sadistische wie beim *Schnickschnack*[6] und dem Lächerlichmachenden wie beim *Staatssäckel* auf der anderen Seite.

Sicher werden nicht alle Kosenamen aus Anlaß frustrierter Sexualbeziehungen geboren. Aber unter psychodynamischen Gesichtspunkten können wir davon ausgehen, daß Aggressives gegen den frustrierenden Partner, das nicht als Konflikt ausgetragen wird, auf Umwegen sich mit den entwertenden Aspekten von Kosenamen verbünden kann oder von Fall zu Fall bei deren spontaner Entstehung Pate steht.

Daß die Besonderheit von 27,3 % aller Frauen in unserer Befragung, nämlich dem Penis einen Kosenamen zu geben, ein vielfach bestimmter Wunsch ist, in dem sich vielfältige Tendenzen zur Sexualisierung der Beziehung zum Sohn überschneiden, zeigt sich auch daran, daß die Frauen auf die Frage (G 17): *»Eine Mutter sagte einmal über ihren Sohn: ›Ich liebe seinen Penis!‹ Wie stehen Sie zu diesem Gefühl?«* ebenfalls Angaben machen, die sich *statistisch signifikant* als besondere Orientierung an seinem Penis bestätigen lassen. Sie antworteten: *»Ich kenne das Gefühl«* und *»Ich verstehe, wenn andere Frauen das Gefühl haben«* signifikant häufiger als Frauen, die keinen Kosenamen für den Penis ihres Sohnes haben.

Ebenso wird in der Frage (H 8): *»Stellen Sie sich einmal vor, Ihr Sohn möchte, daß Sie seinen Penis streicheln. Wie würden Sie darauf reagieren?«* eine bemerkenswerte Bereitschaft erkennbar, dem Sohn diesen Wunsch zu erfüllen. Der Unterschied zu Frauen, die *keinen* Kosenamen haben, ist hoch signifikant, d. h., diese Frauen erfüllen dem Sohn den Wunsch *nicht*.

Zusammenfassend können wir sagen, daß zwischen den wenig zufriedenstellenden Sexualbeziehungen dieser Gruppe von Frauen, nämlich den Kosenamen Gebenden, und ihrem Verhalten zum Sohn eine Beziehung in den genannten Fragen besteht. Sie ist dadurch geprägt, daß ihre *frustrierten* Sexualbedürfnisse ihr Verhalten zu ihm bestimmen. Die Frauen küssen sein Genital auffällig oft, und auf der sprachlichen Ebene geben sie ihm Namen, die ebenfalls Innigkeit möglich machen. Der Sohn wird in gewisser Weise zum Ersatzmann, und als solcher bekommt er die Aggression, Wut und Enttäuschungen zu spüren, die nicht mit dem Partner abgehandelt werden. Darüber hinaus sind die Wunscherfüllungen für den Sohn von großer Unangemessenheit. Seine Mutter erfüllt ihm sein inzestuöses Begehren. Die Mütter stellen sich als *verfügbar* dar, wenn wir die Wünsche des Sohnes betrachten, und sie stellen sich als *verführend* dar, wenn wir sie mit ihrer eigenen Unzufriedenheit als Handelnde und Suchende nach Ersatzbefriedigungen beobachten. Das charakterisiert die Kosenamen gebenden Frauen in unserer Befragung. Der Kosenamen kann deshalb nicht nur als *»Schall und Rauch«* angesehen werden, sondern vielmehr als ein bedeutsamer Hinweis auf Verstrickungen von Frauen mit ihren Söhnen.

Die Mutter soll den Penis streicheln

»... es kommt auf meine Lust dazu an!«

Wenn wir über erotische und sexuelle Beziehungen zwischen Eltern und ihren Kindern reden, dann sehen wir meistens die Eltern als die Begehrenden. Die Kinder gelten uns als die Passiven. Von ihnen nehmen wir nicht an, daß sie ähnliche Wünsche wie ihre Eltern haben. Aber das ist ein Vorurteil mit einer langen Tradition. Die Kleinen begehren nämlich nicht minder heftig als die Großen. Wer die Verliebtheit eines kleinen Jungen oder eines kleinen Mädchens gegenüber dem andersgeschlechtlichen Elternteil wahrnehmen kann, wird nicht nur über die verführerischen Gesten, den Charme und die Zähigkeit des Werbens erstaunt sein. Er wird ebenso die unübersehbaren sexuellen Wünsche und die entsprechenden körperlichen Annäherungsversuche erkennen.

Jenseits des Begehrens gibt es jedoch Andersartigkeiten, die in der körperlichen Entwicklung und den psychischen Fähigkeiten der Kinder gründen. Sie unterscheiden sich von den Eltern darin, *was* sie begehren. Das zu übersehen ist der große Fehler jener, die sich von Kindern sexuell begehrt fühlen. Die narzißtische Bedürftigkeit von Erwachsenen, die sich sexuell von Kindern erwählt fühlen, macht sie blind für den Unterschied. Kein Erwachsener kann mit dem kindlichen Begehren, das er spürt, Recht oder Moral für die eigene sexuelle Wunscherfüllung begründen. Ebensowenig kann die Liebe zum Kind als reife Liebesbeziehung gelten.

Daß Kinder sexuell begehren, steht außer Frage. Was sie begehren, das ist jedoch der andersgeschlechtliche Elternteil. Alle Phantasien von Wertschätzung und Anerkennung, die Erwachsene sonst mit Liebe und Begehren verbinden, spielen für die Kinder keine herausragende Rolle. Der Erwachsene wird sozusagen als *»Funktionsträger«* geliebt, nämlich Sexualpartner des anderen Elternteils zu sein. Das allein genügt den Kindern, und deshalb ist der Elternteil als Sexualobjekt für sie so begehrenswert. So gesehen wird der Erwachsene, der sich erotisch *erkannt* und geschätzt fühlt, letztlich *verkannt*. Es trifft dann die infantil gebliebene Sexualität von Erwachsenen mit der kindlichen Sexualität zusammen.

Die Art und Weise, in der Kinder die Wünsche des gegengeschlechtlichen Elternteils erfüllen, sind höchst vielfältig. Die Vorstellung vom genitalen Sexualakt allein wird dem nicht gerecht. Daran ändert sich auch nichts, wenn das Kind nur Gefühle des Sieges über den verdrängten anderen Elternteil als Erfüllung eigenen Begehrens erlebt. Diese Form des kindlichen Begehrens beschreibt die Triebentwicklung in der ödipalen Phase, also im Alter zwischen drei bis sechs. Sie wird jedoch meist, wenn auch in gemilderter Form, ein Element in der Beziehung zu den Eltern bleiben. In der Pubertät erlebt sie eine Neuauflage. Aber ein Kind kann bereits vor der ödipalen Phase zum elterlichen Objekt unangemessenen Interesses werden. Ich denke hier an die Beschämung, die ich an anderer Stelle als wesentliches Elixier destruktiver Mütterlichkeit beschrieben habe.

Wie sehr sind nun Mütter sich dieser komplizierten Beziehungsdynamik bewußt, oder ist diese Dynamik ihrer bewußten Wahrnehmung womöglich gänzlich entzogen? Um das zumindest teilweise beurteilen zu können, haben wir den Frauen die Frage (H 8) gestellt: *»Stellen Sie sich einmal vor, Ihr Sohn möchte, daß Sie seinen Penis streicheln. Wie würden Sie darauf reagieren?«*

Bevor wir die vorgegebenen Antworten auf diesen Wunsch darstellen, möchten wir die Bedeutungen der Szene ein Stück weit entfalten. Der Frage liegt nämlich eine Szene zugrunde, die von beiden gestaltet wird und keineswegs nur vom Sohn, wie sich vielleicht vorschnell annehmen ließe. Was will der Sohn? Er will seine Mutter dazu bringen, ihm *»schöne Gefühle zu machen«*. Sie soll ihn sexuell stimulieren. Aber diese Szene scheint künstlich, wirklichkeitsfremd und ungewöhnlich im Hinblick auf ihre eindeutige sexuelle Aufladung. Andererseits hat die Szene höchst triviale Züge, weil sie im Alltäglichen verhaftet ist: Ein Wunsch wird an die Mutter herangetragen. Das ist nichts Besonderes. Das geschieht mehr oder weniger pausenlos. Kinder äußern ihre Wünsche. Mütter befriedigen Wünsche. Mütter sind noch immer die wichtigste Instanz im kindlichen Leben. Die Art und Weise, in der sie Wünsche erfüllen, offenlassen oder zurückweisen, errichtet zwischen kindlicher Grenzenlosigkeit und Wunscherfüllung über die Jahre allmählich Grenzen. Sie prägen die Fähigkeit eines Kindes, Versagungen hinzunehmen, aus Einsicht anzuerkennen oder daran zu verzweifeln, daß es *»seinen Willen nicht bekommt«*.

Mit Vorliebe erfüllen Frauen ihren Kindern natürlich Wünsche. Aber das ist nicht immer möglich, und ebensowenig ist es immer wünschenswert. Erziehung kommt ohne Versagung nicht aus, und nicht alle Wünsche der Kinder sind gesellschaftsfähig. Versagungen dem Kind zuzumuten heißt, *»nein«* sagen zu können. Triebverzicht oder Triebaufschub sind Teil des schwierigen Wegs, erwachsen zu werden. Nicht wenige Wünsche müssen deshalb auf Erfüllung verzichten. Ein Kind ist deshalb wütend, ärgerlich, niedergedrückt oder fügt sich vorschnell in frühreifer Manier oder angemessen einsichtig in die Versagung.

Frauen handeln meist nach ihren Fähigkeiten und Kindheitserfahrungen, wenn sie einen Wunsch erfüllen oder frustrieren. Soll es gleich geschehen, unter Auflagen später oder überhaupt nicht? Nicht wenige Frauen leiden, wenn sie aus Not, Zwang, Widerwillen, Unfähigkeit oder Überzeugung ihren Kindern nicht zu Willen sein können. Sie machen sich ihre Entscheidung nicht leicht, mitunter sogar überflüssig schwer.

Was ertragen Frauen mit ihren eigenen Gefühlen, was nicht? Welche Wünsche sind verhandlungsfähig, welche nicht? Welche treffen auf das tief verankerte Gefühl eines erbarmungslosen Nein, das ohne Wenn und Aber, ohne Verhandlung und ohne Bedingungen den Sohn unwiderruflich als Versagung trifft? Eben ohne Erbarmen, wie immer lieb, schmeichelnd oder verführend er seinen Wunsch vorträgt und wie *»erbärmlich«* er leidet, daß sein Wunsch ihm nicht erfüllt wird! Warum aber weisen manche Frauen ihren Sohn in Schranken und warum erbarmen sich andere wiederum, wenn er sexuelle Wünsche an sie richtet? Warum lassen sich Frauen von ihren Söhnen zu sexuellen Handlungen verführen? Deshalb die Frage, wie sie darauf reagieren, wenn der Sohn sexuelle Handlungen von ihnen fordert. Wie reagieren Frauen auf dieses Begehren, und was ist es, das der Sohn von ihnen will?

Die Frage enthält einige Voraussetzungen, die benannt werden müssen. So überläßt der Sohn in unserer Frage zum einen das Streicheln nicht mehr der mütterlichen Diskretion, nicht mehr ihrem Zufall, nicht ihrer Usance noch ihrer Selektivität, mit der sie sich in der Vergangenheit vor unguten Zuständen, wie Scham-, Schuld- und Verlegenheitsgefühlen, geschützt hat, wenn sie seinen Penis berührte – etwa beim Waschen, bei der Vorsorge.

Sein ausdrücklicher Wunsch nimmt ihr den Schutzschild, mit dem sie üblicherweise zwischen Zulässigem und Unzulässigem unterschied und vor dem vagen Drang sich schützte, etwas zu tun, das sie in unmerklichen Schritten der Grenzen überschreitenden Annäherung an das Tabuierte heranführt, und es dann geschehen läßt. So wie es sich auch unter Erwachsenen in zufälligen Berührungen andeutet, die nicht dementiert werden.

In unserer Frage sagt der Sohn, *wo* die Mutter ihn streicheln soll. Sie soll sich *»nützlich machen«* in der Tradition alltäglicher mütterlicher Sorge. Sie wird zu einer besonderen Handlung aufgefordert, so als läge das im Bereich der selbstverständlichen Sorge. Aber wie kommt der Sohn dazu, der Frau ein solches Ansinnen überhaupt vorzutragen? In unserer Frage geht es nicht um etwas Angedeutetes, sondern um einen *ausdrücklichen* Wunsch. Läßt sich die Frage möglicherweise als Fiktion verwerfen und damit ihrer Brisanz berauben? Das wäre ein schneller Ausweg aus einer verführerischen Situation. Aber bemerkenswerterweise haben die befragten Frauen diesen Weg nicht gewählt. Es gab offenbar für sie keinen Grund zur Flucht. Sie haben alle geantwortet. 16,1 % haben sogar ihrer Antwort eine kurze Kommentierung hinzugefügt.

Unter den vielen Aspekten, die den Sohn zu seinem Ansinnen bewegen könnten, wollen wir uns auf einen besonderen beschränken. Um die Frau zielstrebig für wonnige Gefühlsbefriedigungen einzusetzen, muß der Knabe seine Körperteile als unterschiedlich erregbar erleben können. Er kennt demnach seinen Körper zwischenzeitlich und weiß, daß er ihm unterschiedliche Zustände des Wohlbefindens und der Eintracht mit sich selbst bringen kann. Er kennt den Penis als Quelle besonderer Lust, und er gibt ihm eine besondere Bedeutung, wenn er die Mutter auffordert, ihn »dort« und nicht an anderer Stelle zu streicheln. Es ist genitale Lust. Er will, daß die Frau, die seine Mutter ist, sie ihm bereitet.

Und alles deutet darauf hin, daß Frauen nicht nur die Aufforderung, sondern auch vorsprachliche Signale verstehen. Es hat sogar den Anschein, als sei die Aufforderung ihrem Wesen nach ihnen gar nicht so fremd. Sie scheinen sie zu kennen. Aber jede Frau scheint sie auf ihre eigene Art zu kennen. Und für viele kommt sie nicht aus heiterem Himmel, der sich urplötzlich mit inzestuösen Gefühlen verdunkelt, sondern eher aus einer gemeinsamen Geschichte, die des Knaben Wunsch wie das Aufziehen eines Sternes zu bestimmten Zeiten absehbar macht. So als habe jeder Stern seine Zeit und als könne jeder wissen, vor welchem Horizont dieser Stern zu welcher Zeit aufziehen werde, und was das zu bedeuten habe. Man hat den Eindruck, daß Frauen den Wunsch der Söhne so naheliegend und wahrscheinlich empfinden, daß sie sein Begehren wie selbstverständlich aufnehmen und ihm eine Antwort weder aus Verlegenheit, Scham noch Schuldgefühlen schuldig bleiben.

Die Antworten erwecken den Eindruck, als ginge es darum, für einen vorhersehbaren Wunsch sich vorab einmal zu überlegen, wie er zu bescheiden sei, wenn der Augenblick gekommen ist, an dem er an sie herangetragen wird. Warum hat diese Frage nicht sprachlich spürbare Entrüstung hervorgerufen? Bezieht sich die Frage auf das sichtbar gewordene Feuer, eben das lodernde, von dem jede Frau in ihrer unverwechselbaren Weise weiß, daß es als Glutnest schon lange glimmt? Begehrt der Sohn jetzt nur ausdrücklich, was bei nicht wenigen Frauen als heimliche Handlung zeitweise oder längst im Gewande der Fürsorge, des Schmusens, dem eigenen Begehren und den Tagträumen Erfüllung brachte? Sind Frauen in ihrer Phantasiewelt darauf vorbereitet, daß der Sohn sie eines Tages zu sexuellen Handlungen auffordern wird?[1] Oder fürchten die Frauen etwas, das in ihrer eigenen Unklarheit über das noch Mögliche und schon Unmögliche ihr Handeln ihm gegenüber ständig im ganz Alltäglichen begleitet?[2] Sicher läuft der ungehemmte körperliche Kontakt von Frauen zum Sohn unter der Vorstellung einer zeitlichen Grenze ab, nach der eines Tages nicht alle Berührungen mehr so weitergehen können, wie das in der Vergangenheit selbstverständlich war. Die Berührung des Sohnes, die am Anfang grenzenlos ist, steht eines Tages vor jenem Kontrast, daß das Fürsorgliche, wenn es, wie gehabt, fortgesetzt würde, nicht mehr das Fürsorgliche, sondern das Sorglose wäre. Es würde sich selbst dem langsamsten Blick als eine endlose Traumatisierung enthüllen.

Wie sieht die mütterliche Ambivalenz gegenüber dem Penis von Anfang an aus? Von welchen bösen und welchen guten Gefühlen zugleich wird diese Ambivalenz bestimmt? Wenn nicht alle Frauen das wissen, so fühlen sie es doch. In der krudesten Form als unbestimmtes Wissen, daß sie den Sohn eines Tages verlieren werden. Nicht erst an eine andere Frau. Das wird viel später sein. Nein, wenn er zu seinem Schutz gegen sich und die äußere Welt seine Schamgefühle bildet, welche die Frau von ihrem Sohn trennen oder, wenn sie es nicht tun, beide katastrophal verbinden.

Frauen leben in diesem Entwicklungsdilemma. Es kann geschehen, daß Fürsorge, Aufmerksamkeit und Kontrolle in Sorglosigkeit, Unachtsamkeit und Beherrschung des Sohnes umschlagen. Das Gute kann plötzlich zum Schlechten werden. Daß die Frage (H 8): *»Stellen Sie sich vor, Ihr Sohn möchte, daß Sie sein Genital streicheln«* nur wenige Frauen heftig überrascht hat, deuten wir als die vorbewußte Gegenwärtigkeit eines latenten Konflikts, und zwar eines innerpsychischen. Latent insofern, als die Gefühle des Belanglosen bei der Berührung seines Genitals schon immer von Müttern als ambivalent empfunden wurden. Die Gefühlsverleugnung ist an Aussagen erkennbar, die den Penis als einen

Körperteil wie Arme und Ohren beschreiben. Das Außergewöhnliche wird sozusagen gewöhnlich mit dieser Vergleichung gemacht. Ihm haftet dann vermeintlich nichts Anstößiges und Beunruhigendes mehr an. Wie weit dieser Versuch reicht, werde ich an den Anmerkungen der Frauen untersuchen.

Für die Frage (H 8) haben wir folgende Antworten (H 8.1 bis H 8.7) angeboten:

- *Ich erfülle ihm seinen Wunsch;*
- *ich erfülle seinen Wunsch unter bestimmten Bedingungen;*
- *ich lenke ihn ab;*
- *ich sage nein;*
- *ich sage nein und begründe warum;*
- *ich werde ärgerlich;*
- *ich drohe mit dem Vater;*
- *ich schlage ihn;*
- *anders, wie …*

Neben den Angaben über die Häufigkeit der Antworten werde ich die einzelnen Antwortmöglichkeiten auf ihre szenische Bedeutung hin erörtern und in den Kurzkommentierungen nach latent eingelagerten Strategien suchen, die darauf hindeuten, daß die Frauen mit dem Wunsch des Sohnes so umgehen möchten, daß das Schwanken zwischen Inzest, selbstbewußtem Nein und barscher Zurückweisung in einen jeweils individuellen Kompromiß einmündet. Und ich werde klären, welche Konsequenzen sich daraus für das Verhältnis zum Sohn ergeben. Allgemein geht es um die Frage nach der Geltung des Inzesttabus.

So zeichnet sich eine mütterliche Strategie dadurch aus, daß mit ihrer Hilfe versucht wird, den Wunsch dadurch ungeschehen zu machen, daß dem Sohn der Wunsch abgesprochen wird. Die Frauen sagen zum Beispiel:

- *Das würde mein 15jähriger Sohn nicht wünschen;*
- *kann ich mir nicht vorstellen, es sei denn, er hat sich gestoßen und er tut ihm weh (Alter des Sohnes: 3);*
- *kann ich mir nicht vorstellen, wir überbewerten Sexualität nicht bei Kindern;*
- *rede mit ihm über seine Probleme, kann mir aber nicht denken, daß das vorkommt;*
- *fragen, woher der Wunsch kommt, ob er Probleme hat (Alter des Sohnes: 4);*

- *ich kann mir nicht vorstellen, daß dieser Wunsch bei einer gesunden Entwicklung kommt (Alter des Sohnes: 9);*
- *ich weiß, daß mein Sohn sowas nie fragen würde (Alter des Sohnes: 7);*
- *diesen Wunsch würde er erst gar nicht äußern (Alter des Sohnes: 14);*
- *ich glaube, mein Sohn wünscht sich das nicht von mir.*

In der letzten Äußerung zeigt sich, daß es nicht nur darum geht, dem Sohn den Wunsch abzusprechen, sondern die sexuellen Phantasien seiner Mutter zu verleugnen. Sie lassen zu diesem Zweck den Sohn in ihren Äußerungen auch als Beschützer auftreten, der sie vor eigenen Gefühlen abschirmt. Vielleicht zitiert die Frau ihren Sohn deshalb als »Anstandsdame«, weil sie Angst vor eigenen Regungen verspürt. Er soll ihr weibliches Begehren durch seinen männlichen Anstand nicht in Versuchung führen. Aber was geschieht, wenn sie sich in der »Anständigkeit«, nämlich der Wünsche ihres Sohnes, geirrt hat? Läßt sie sich dann von ihrem Ansinnen überwältigen? Der Sohn wird hier als Verführer bereits erkannt, allein er macht es nicht. Das scheint der einzig zuverlässige Damm gegen das weibliche Begehren zu sein. Die imaginierte Unschuld des Sohnes ins Feld zu führen schließt den Verzicht auf die eigene Antwort ein. Aber auffällig wenig Frauen haben sich dieses Schutzmechanismus bedient.

Aber es gibt Frauen, die ohne *»Wenn und Aber«* dem Wunsch des Sohnes entsprechen würden. In der Untersuchung sind es 8,8 %. Aus dieser Antwort müssen wir schließen, daß die Frauen das Begehren ihres Sohnes erfüllen, und wir können ebenso annehmen, daß sie es bis zu dem Alter tun, in dem sich ihr Sohn zum Zeitpunkt des Fragebogenausfüllens befindet. Das mittlere Alter der Söhne ist in dieser Antwortgruppe 6,7 Jahre.

Wir stoßen bei dieser Frage ebenfalls auf bemerkenswerte Unterschiede zwischen alten und neuen Bundesländern. In den neuen sind es 6,3 % der Frauen, die ohne *»Wenn und Aber«* den Wunsch erfüllen würden, während es in den alten Bundesländern beinahe doppelt so viele sind, nämlich 12,3 % Frauen, die den Wunsch nach genitalem Streicheln erfüllen würden. Der westliche Vorsprung bei der Wunscherfüllung hat sicher mit dem Schicksal zu tun, das den Schamgefühlen in den letzten 15 Jahren widerfahren ist. Nicht in dem Sinne, daß Schamgefühle den Frauen abhanden gekommen wären, sondern daß Frauen unter dem Anspruch liberaler Erziehungserwartungen es nicht mehr wagen, sich auf ihre eigenen Schamgefühle zu verlassen. Aus Angst, diese könnten der Träger einer unvertretbaren, nämlich konservativ-repressiven Einschränkung kindlicher Bedürfnisse sein, die lange Zeit elterliches und gesellschaftliches Verhalten gegenüber der jungen Generation beherrschten. Obwohl wir in einer Zeit leben, in der Gefühle eine große Rolle spielen, alle über sie ständig bis zur leeren Geschwätzigkeit reden, anstatt sie als Quelle der Einsicht zu *erleben*, haben die Schamgefühle einen schweren Stand. Schamgefühle und *»falsche Scham«* werden, zumindest scheint das manchmal so, als identisch gesehen. Aber das Schamgefühl ist der Wächter der Verletzbarkeit des Subjekts. Deshalb kann es keine falschen Schamgefühle geben. Sie bestimmen doch lediglich, was der einzelne von sich zeigen kann und was nicht. Das unterscheidet nicht nur die Individuen voneinander, sondern ebenfalls die Kulturen.

Aber es gibt die Vorstellung, wenn möglich, den kindlichen Bedürfnissen immer zu entsprechen. Es scheint wie eine Umkehr der Usancen vor 1968, die alles Kindliche unter dem Primat zukünftiger gesellschaftlicher Angepaßtheit reglementierten. Heute sollen die Gefühle des Kindes dominieren, und die Eltern sollen sich ihrer Gefühle als Resten einer repressiven Elterngesinnung schämen. Eigene Gefühle müssen vernachlässigt werden, selbst wenn es unangenehm ist, ja, die Eltern beschämt und die Grenzen ihrer Verletzbarkeit anzeigt. Oder heißt Liberalität, den sexuellen Gefühlen und Phantasien zum Sohn entsprechen zu dürfen, weil dieser verführerisch den Eltern ohnehin entgegenkommt? Er hat es gewollt, und dann kann es nicht falsch sein! Also Übereinstimmung zwischen einer Frau und ihrem Sohn? Liberale Erziehung und Verleugnung eigener Gefühle sind Manifestationen falsch interpretierter Liberalität. Hinzu kommt, daß dieses Mißverständnis dem Agieren sexueller Phantasien geradezu entgegenkommt. Mißverstandene Liberalität ist somit eine Deutung des Sohneswunsches, die nicht selbstlos ist.

Frauen, die nicht bedingungslos sagen: *»Ich erfülle ihm seinen Wunsch«*, sondern das nur unter »Voraussetzungen« tun, zeigen ein Gefühl für diese Problematik. Allerdings schwanken sie zwischen Fürsorglichkeit und Phantasien der sexuellen Erregbarkeit. Sie tun es nicht selbstverständlich wie andere Frauen, nur weil der Sohn das eben wünscht. Typische Äußerungen (H 8. C) sind:

- *Ich würde es tun, genauso wie ich seinen Kopf streicheln würde, wenn er es möchte (Alter des Sohnes: 4);*
- *kommt auf das Alter an, denn irgendwann wird es ihnen peinlich mit ca. 5 Jahren (Alter des Sohnes: 13);*
- *kurz streicheln und dann darüber reden (Alter des Sohnes: 11);*
- *ich würde erst mal mit ihm reden (Alter des Sohnes: 13);*
- *bis zu einem bestimmten Alter würde ich den Wunsch erfüllen (Alter des Sohnes: 7);*
- *ich achte darauf, was mein Gefühl ist, wenn O. K., werde ich seinen Wunsch erfüllen (Alter des Sohnes: 10);*
- *jetzt mag das noch angehen, aber wenn er 6–7 Jahre ist, würde ich davon Abstand nehmen (Alter des Sohnes: 4);*
- *ich erfülle ihm seinen Wunsch, hängt vom Alter ab, bei kleinen Jungen ja (Alter des Sohnes: 12);*
- *bis vor kurzem hätte ich es getan, jetzt würde ich es nicht mehr tun, da er jetzt ein anderes Alter hat. Finde die Frage sehr schwierig. Ich merke bei meinem Sohn jetzt die Anzeichen des Ödipus, das verunsichert mich etwas im Umgang mit diesen Dingen, mit denen ich vorher natürlicher, ungezwungener, sicherer umgehen konnte. Ich nehme an, ich sehe ihn jetzt mehr als ein Sexualwesen als vorher, da war er mehr mein »Kind«. Damit bekommen auch Penisberührungen einen sexuellen Anstrich, der sicher ein wenig auch vorher vorhanden war, aber jetzt anders, bewußter wird. Ich vermute auch die von meinem Sohn im Verhältnis zu mir (Alter des Sohnes: 3);*
- *ich frage, warum er das möchte, und entscheide erst dann, ob ich seinem Wunsch nachkomme (Alter des Sohnes: 2);*
- *erfülle den Wunsch, aber im Gespräch würde ich Grenzen andeuten (Alter des Sohnes: 15);*
- *ich erfülle seinen Wunsch, wenn dies sich häufen sollte, würde ich mich eher wieder zurückziehen (Alter des Sohnes: 15);*
- *beim kleinen Kind ja, beim größeren Kind wahrscheinlich nicht mehr (Alter des Sohnes: 4);*
- *ich würde nach dem Grund fragen, und im Ausnahmefall seinem Wunsch nachkommen (Alter des Sohnes: 8);*
- *über den ganzen Körper streichen, auch u. a. den Penis (Alter des Sohnes: 9);*
- *jetzt noch, später sicherlich nicht (Alter des Sohnes: 6);*
- *ich würde ihn streicheln, aber nicht befriedigen (Alter des Sohnes: 6);*

- *fragen warum, kurzes Streicheln ja, um nicht bei ihm Gefühle zu wecken (Alter des Sohnes: 5);*
- *ich würde wohl darauf eingehen und mich selbst dabei beobachten, danach würde ich nach seinen Gründen forschen (Alter des Sohnes: 8);*
- *früher fand ich nichts dabei, aber jetzt tue ich es nicht mehr, will von ihm wissen, warum ich es tun soll und nicht eine Freundin (Alter des Sohnes: 11);*
- *ich würde fragen warum, und evtl. einmal seinen Penis streicheln, um Ruhe zu schaffen (Alter des Sohnes: 11);*
- *kommt auf meine Lust dazu an (Alter des Sohnes: 4);*
- *kommt auf das Alter an, denn irgendwann wird es ihnen peinlich mit ca. 5 Jahren (Alter des Sohnes: 13);*
- *ja, und begrenze es und würde nur Bauch und Beine streicheln (Alter des Sohnes: 6);*
- *kommt auf das Alter an, jetzt würde ich nichts dabei finden (Alter des Sohnes: 2);*
- *wenn er gerade nackt wäre, würde ich ihn kurz streicheln, wenn er angezogen ist, würde ich ihm das ausreden und es nicht tun (Alter des Sohnes: 4);*
- *ich würde es ihm zeigen und ermutigen, es selbst zu tun (Alter des Sohnes: 7);*
- *ich gehe nur im Rahmen der üblichen Kitzel- und Streichelspiele darauf ein (Alter des Sohnes: 2).*

Die Voraussetzungen, die erfüllt sein müssen, damit es zur Wunscherfüllung kommt, sind augenscheinlich sehr vielschichtig. Sie reichen von der Erkundigung über Gründe, dem Vormachen mit dem Ziel, daß er es dann selbst kann, dem Alter des Kindes, der eigenen sexuellen Lust, der Zufriedenheit in der Partnerschaft, der Unterscheidung zwischen Streicheln und Befriedigen bis zur Einmaligkeit der Erfüllung, die Wiederholungen ausschließt. Da das Ja auf einen Grenzen verletzenden Wunsch des Sohnes *unter bestimmten Bedingungen* den Frauen kontrollierbarer erscheint, steigt das mittlere Alter der Söhne in dieser Gruppe auf 7,7 Lebensjahre an.

Neben den 47,1 % aller Frauen (50,9 % West und 43,3 % Ost), die ein klares *»Ich sage Nein«* auf den Wunsch aussprechen, gibt es aber Frauen, die sich weigerten, kommentarlos *»Nein«* anzukreuzen. Wahrscheinlich war es die Angst vor unbarmherziger Grenzziehung zwischen sich und ihrem Sohn, die sie dazu bewog, ihr Nein mit einer Bedingung zu verknüpfen. 6% (H8.B) haben dieses *»bedingte Nein«* formuliert. Das mittlere Alter der Söhne in der Gruppe ist 8,6 Jahre. Sie begründen ihr *»Nein«* folgendermaßen:

- *Mit ihm sprechen und meine Entscheidung »Nein« begründen;*
- *ich versuche, ihm die Grenze zwischen Mütterlichkeit und sexuellem Mißbrauch zu erklären;*
- *ich erkläre die Ablehnung und meine Gefühle;*
- *ich erkläre ihm, warum ich das bei ihm nicht mache, und warum Mütter das bei Söhnen nicht machen sollten (Alter des Sohnes: 7);*
- *ich spreche mit ihm über kommende Partnerschaften (Alter des Sohnes: 15).*

Eine Frau hätte den Wunsch erfüllt, wenn sie nicht generell Probleme mit der *Masturbation* haben würde. Sie kommentiert: *»Ich sage ihm, daß ich dazu ein gestörtes Verhalten habe (Alter des Sohnes: 15).«*

Tröstende Hinweise für die Versagung lauten:

- *Ich sage ihm, eine Frau wird das später tun (Alter des Sohnes: 10);*
- *ich sage, dies würde seine Freundin später tun (Alter des Sohnes: 8);*
- *erkläre, daß ich seine Mutter bin und das nicht tue, soll er selbst tun, später seine Freundin (Alter des Sohnes: 3);*
- *dazu kann er sich Freundinnen suchen (Alter des Sohnes: 14);*
- *daß ich nicht die richtige Person dafür bin, daß das mal seine Freundin macht (Alter des Sohnes: 13).*

Auch diese Frauen verzichten auf eine klare Abgrenzung zwischen dem Sohn und sich. Es hat den Anschein, als ob sie ihre Söhne vor der erbarmungslosen Einsicht schützen wollen, daß das Inzesttabu solche Beziehungen ausschließt. Das ist nicht allzu verwunderlich, weil das ausdrückliche Beharren auf dem Inzesttabu in dieser Situation eine radikale Trennung des Sohnes von der Mutter erzwingt. So gesehen nimmt der Abschied ohne Erbarmen von inzestuösen Phantasien das Ende mütterlicher Phantasien zu ihm ebenfalls vorweg. Die Unentschiedenheit der Frauen, eine scharfe Grenze zu ziehen, ist ein Mechanismus, der als eigennützig gelten kann. Der in die gemeinsamen Grenzen des Inzesttabus gewiesene Sohn wird von der Mutter, so ihre Antwort überzeugend war, Abschied nehmen. Seine Orientierung wird nach außen gerichtet. Die Kommentierung einer Frau, daß sie *»ihm erklärte, daß Sexualität* *nichts mit Mutterliebe zu tun hat«*, trifft zu, wenn sie sich auf das *Verbot* des Inzests bezieht. Sie trifft nicht zu, wenn damit die Einsicht geleugnet wird, daß das Inzesttabu deshalb errichtet wurde, weil das sexuelle Begehren zwischen Kindern und Eltern zu einem der stärksten Formen des Begehrens zählt. Und daß die Versuchung, das Tabu zu brechen, beinahe überwältigend ist. Mutter-Sohn-Sexualität ist ein gar mächtiges Streben. Möglicherweise ist das Inzesttabu im wesentlichen nur dagegen entstanden.

Eine Mutter hat – diese Behauptung bestätigend – die Verführungstendenz im Wunsch des Sohnes als einen unausgesprochenen Wunsch der Frau selbst ausgemacht. Sie kommentiert:

»Den Penis des Sohnes zu streicheln ist überflüssig, wenn man als Mutter ein harmonisches Sexualleben führt. Dann erübrigen sich solche Handlungen. Eltern sollten sich als Begleiter ihrer Kinder verstehen und nicht die Kinder vereinnahmen. So sollten sie auch die Intimsphäre ihrer Kinder achten (Alter des Sohnes: 17).«

Sie bestätigt das sexuelle Interesse am Sohn und räumt zugleich ein, daß solche Handlungen für Frauen bedeutungslos sind, wenn sie ein befriedigendes Sexualleben führen. Sie geht sogar so weit, daß sie seinen Wunsch als sensible Wahrnehmung der sexuellen Unzufriedenheit seiner Mutter nahelegt. Sein Wunsch, am Genital gestreichelt zu werden, ist dann der Versuch, die passive Begehrensform der Mutter durch seine eigene Aktivität der Erfüllung näherzubringen. Er verführt durch seinen Wunsch die Frau zu einer Handlung, die sie wünscht, weil sie sexuell unbefriedigt ist und ihn deshalb begehrt. Diese kurze Kommentierung legt nahe, den Vorgang der Verführung im Anfang als subtiles Ereignis zu begreifen. Das Gewalttätige ist die Übertretung des Inzesttabus. Die Gewalt hat hier Formen, die mit traditionell phallisch-genitalen Vorstellungen nicht zusammenfallen, an Gewaltsamkeit ihr aber in nichts nachstehen.

Die Frage (H 8) *»Stellen Sie sich einmal vor, Ihr Sohn möchte, daß Sie seinen Penis streicheln«* hat wohl deshalb durchgängig Resonanz gefunden, weil Frauen ahnen, daß der Sohn, der diese Frage formuliert, bereits ein Bedürfnis der Mutter *ahnt*. Seine Frage kommt eben nicht aus heiterem Himmel. Deshalb wird das zähe Räsonieren der Frau verständlich. Nämlich:

- *Ich würde mich fragen, warum er das will (Alter des Sohnes: 4);*
- *es würde mich beunruhigen (Alter des Sohnes: 10);*
- *ich versuche herauszubekommen, warum er das will, würde es jedoch nicht tun, evtl. Psychologen fragen wegen gestörtem Mutter-Kind-Verhältnis (Alter des Sohnes: 7);*
- *ich würde mit ihm versuchen, die Hintergründe für dieses Bedürfnis zu ermitteln;*
- *würde fragen, warum und ein Gespräch über sein Verhalten führen;*
- *ich würde fragen warum und ihm erklären, daß eine Mutter anders zärtlich sein kann (Alter des Sohnes: 8);*
- *frage warum und lehne in jedem Fall ab (Alter des Sohnes: 7);*
- *würde fragen warum und versuchen, ihn vom Gegenteil zu überzeugen (Alter des Sohnes: 18);*
- *ich versuche herauszufinden, warum er das macht (Alter des Sohnes: 9);*
- *würde fragen warum, und warum ausgerechnet ich, würde ihm sagen, daß ich das nicht will (Alter des Sohnes: 4);*
- *würde fragen warum, stehe dem aber abweisend gegenüber (Alter des Sohnes: 5).*

Die Beziehung von Frauen zu ihren Söhnen ist von Nähe und Verführungen charakterisiert. Die Grenze zwischen sublimierter Zärtlichkeit und weiblichem Begehren ist, wie die zahlreichen Beispiele zeigen, schwer zu ziehen, sowohl für die Frau wie den Sohn. Um so mehr verwundert es dann, daß Frauen, die den Quellen des Wunsches nachspüren, von Ausnahmen abgesehen, die Entstehung des Wunsches allein beim Sohn vermuten. Sie schließen aus, daß sein Wunsch mit ihren eigenen zusammenhängen könnte. Geschweige, daß sie den Wunsch allein haben könnten. Es gibt das Idiom »Jemandem einen Wunsch von den Lippen ablesen«. Wenig hat das mit Mystik zu tun, sondern mehr mit Identifizierung – wie in unserem Beispiel – mit der möglicherweise sprachlos sich als entsagend darstellenden Mutter. Welche Wunscherfüllung ist schöner als jene, die unausgesprochene Wünsche nicht nur erahnt, sondern auch noch erfüllt. Erfüllt der Sohn, der sich am Penis streicheln lassen möchte, der Mutter einen geheimen Wunsch? Vieles spricht in einigen Fällen dafür:

- *Ich erkläre ihm, warum ich es nicht richtig finde (Alter des Sohnes: 9);*
- *mein Sohn weiß, daß ich seine Mutter bin, und nicht sein Sex-Partner (Alter des Sohnes: 10).*

Selbst beim »Darüber Reden« scheint zwischen den Zeilen noch unübersehbar auf, daß die Frauen vom Ergebnis der Diskussion die Wunscherfüllung abhängig machen könnten. Der Mythos von der desexualisierten Fürsorglichkeit wird dann so weit gedehnt, daß die Grenze zum agierten Inzest gerade noch eingehalten wird. Die Verführung wird als abweisende Rede über das Verbotene quasi oral vollzogen. Denn warum darüber reden? Die Gründe sind doch klar: Stimulierung, schöne Gefühle, Gemeinsamkeit mit der Mutter! Wollen die Frauen hören, daß der Sohn sie und keine andere Frau begehrt? Welche anderen Antworten sind eigentlich vorstellbar? Welche Alternativen sehen die Frauen?

- *Ich würde es ihm zeigen und ermutigen, es selbst zu tun (Alter des Sohnes: 7);*
- *ich würde ihm sagen, daß er es lieber selber tun soll, und dann nein sagen (Alter des Sohnes: 12);*
- *es gehört zu seinem Intimbereich (Alter des Sohnes: 5).*

Das Reden darüber, das eine besondere Art der Befriedigung darstellt, führt dazu, daß:

- *Ich mit ihm über seine Gefühle sprechen würde (Alter des Sohnes: 11);*
- *ich rede es ihm aus, ist er älter, rede ich mit ihm über sexuellen Mißbrauch (Alter des Sohnes: 2);*
- *ein Aufklärungsgespräch ist sicher ratsam (Alter des Sohnes: 12);*
- *ich würde ihm erklären, daß das nicht mehr eine Mutter zu machen hat (Alter des Sohnes: 10);*
- *in Gespräch verwickeln, wahrscheinlich über Beziehungen Männer, Frauen, Liebe (Alter des Sohnes: 5).*

47,1 % aller Frauen würden den Wunsch des Sohnes jedoch mit einem eindeutigen *»Nein«* zurückweisen: 50,9 % davon in den westlichen und 43,3 % in den östlichen Bundesländern. Die Zahl der Neinsagerinnen erhöht sich sogar noch (H 8. B) um weitere 6 %, wenn wir die kommentierten Verweigerungen hinzunehmen.

- *Sage nein, erkläre ihm warum, frage, warum er das will;*
- *würde ihm klarmachen, daß ich das nicht möchte;*
- *ich versuche, ihm zu vermitteln, daß das eine sehr persönliche Sache ist für einen selber oder aber für ein Paar (Alter des Sohnes: 7);*
- *würde fragen warum und versuchen, ihn vom Gegenteil zu überzeugen (Alter des Sohnes: 18);*
- *ich sage, daß ich das nicht möchte, schlage ihm vor, es selber zu tun (Alter des Sohnes: 10);*
- *ich laß mir was zum Thema Sexualerziehung einfallen, z. B. Freiwilligkeit, Erwachsene / Kinder (Alter des Sohnes: 7);*
- *ich rede mit ihm immer ganz offen und werde ihn so nicht berühren (Alter des Sohnes: 12);*
- *ich rede mit ihm und sage ihm, daß ich nicht seine Sexualpartnerin sein will (Alter des Sohnes: 13);*
- *ich sage ihm, daß ich keine Lust habe (Alter des Sohnes: 11);*
- *ich sage ihm, daß Mutter und Sohn das nicht miteinander tun (Alter des Sohnes: 16);*
- *ich lehne ab, erkläre ihm aber, daß ich keine sexuellen Gefühle mit ihm haben möchte (Alter des Sohnes: 5).*

Die folgende Kommentierung ist äußerst bemerkenswert: »*Ich frage ihn, ob sich das anders anfühlt, wenn er das selber tut (Alter des Sohnes: 10).*«

Hier wird die Handlung auf der vergleichenden Ebene sozusagen vollzogen. Es kommt zur Erörterung und brisanten Virtualisierung der Gefühle, die mit dem Inzestverbot belegt sind. Selbst wenn es nicht zum Inzest kommt, so ist der oral-sprachliche Befriedigungsanteil sehr hoch. Andere Frauen ziehen Altersgrenzen:

- *Kommt auf das Alter an, er kann sich ja allein streicheln;*
- *kommt auf Alter und Situation an (Alter des Sohnes: 3);*
- *kommt auf das Alter an, jetzt würde ich nichts dabei finden (Alter des Sohnes: 2).*

Annähernd 23 % aller Frauen versuchen der Grenzziehung zwischen erfüllbaren und unerfüllbaren Wünschen dadurch zu entgehen, daß sie von den fünf Antwortmöglichkeiten die dritte wählen: »*Ich würde ihn ablenken.*« Das Besondere an dieser Antwortmöglichkeit ist natürlich, daß die Frau sich dabei über die Motive ihres Handelns selbst im unklaren läßt und womöglich Konflikte darüber vermeiden möchte. So sind die Söhne in dieser Altersgruppe im Schnitt 9,5 Jahre alt. Indem sie ihn ablenkt, befreit sie sich vom Zwang, zwischen Zulässigem und Unzulässigem entscheiden zu müssen. Selbst wenn sie den Wunsch tief in ihrem Inneren als unzulässige Verführung empfindet, so zählt für ihn, was ihm ausdrücklich gesagt wird und was nicht. Zwar wird er die Abweisung der Frau spüren, aber seine inzestuöse Phantasie muß nicht an der gütigen und zugleich nicht-verführbaren mütterlichen Frau zerschellen. Die Ablenkung glaubt, dem Sohn diese Erfahrung ersparen zu können. Aber vielleicht ist die Frau so uneigennützig nun wiederum nicht, sondern versucht, in der Ablenkung sich den Schmerz zu ersparen, der mit der Tabubestätigung verbunden ist.

Für den Sohn schafft das eine eigentümliche Situation. Mit der Ablenkung verweigert sie ihm die Eindeutigkeit darüber, ob sie die Quelle sexueller Triebbefriedigung sein will oder nicht. Er weiß nicht, welche Wünsche eine unerfüllbare Phantasie bleiben und welche nicht. Die Ablenkung zwingt ihn auch nicht dazu, seine Wünsche ein für allemal aufzugeben. Eine Einsicht, die vom Sohn in der Ödipussituation auf jeden Fall erbracht werden muß. Wenn die Ablenkung der Mutter ihm den Verzicht nicht nahelegt, kann sie in seiner Phantasie als mögliches Objekt seines Begehrens weiterleben. Damit wird die ursprünglich von ihm als verführbar *phantasierte* Frau zu einer realen Verführerin, eben einer Sexualpartnerin, die sich noch nicht festlegen will. Sie weist ihn nicht ab, weil sie ihn im ungewissen läßt. Er wird weiter um sie buhlen. Was als Ablenkung und Neutralisierung einer kulturell verpönten Beziehung gedacht ist, entpuppt sich dann als eine offengelassene Verheißung. Nichts liegt dem Sohn näher als die Tröstung, daß das, was nicht ist, doch noch werden kann! Einen Mittelweg zwischen Erfüllung und Ablenkung beschrieb eine Frau folgendermaßen: *»Ich würde ihn streicheln und liebkosen, aber woanders, und ihn ablenken.«*

Zum pädagogischen Ethos unserer Tage gehört die Fiktion, daß Erziehung möglich sei, ohne zurückweisend sein zu müssen. Das ist eine folgenschwere Illusion über das Wesen der seelischen Reifung des Menschen. Erziehung besteht im wesentlichen aus Versagungen, und es ist nur eine Frage, in welcher *Form* und welcher *Art* sie an die Kinder vermittelt werden. Dadurch unterscheiden sich Erziehungsstile. Ohne Versagung kommt Erziehung jedoch grundsätzlich nicht aus.

Vordergründig erscheint die Ablenkung als eine Form von vermeidbarer »Härte«, die sie der Gefahr entzieht, versagend auftreten zu müssen. Aber hinter der pädagogischen Absicht, »Härte« zu vermeiden, steckt doch eher anderes. Es ist der Wunsch, den Penis des Sohnes zumindest in der Phantasie nicht loslassen zu müssen. Die Ablenkung der Mutter läßt *beide* somit in der Phantasie verweilen, diesen Wunsch nicht gänzlich aufgeben zu müssen. Mit der Ablenkung wird die Sexualisierung der Mutter-Sohn-Beziehung als Möglichkeit eingeführt.

Für das Ansinnen des Sohnes hat nur eine Mutter die Antwort *»Ich werde ärgerlich«* angekreuzt. Wir haben unter 903 Frauen nur 0,5 % gezählt, die mit Ärger reagiert haben. Das entspricht der weitverbreiteten Tendenz in unserer Befragung, daß Frauen nicht ärgerlich werden.

Der *ausgesprochene* Ärger kann zwei Komponenten haben. Einmal, daß die Frau das Ansinnen des Sohnes als ärgerlich empfindet, weil sie sich bei einem Wunsch ertappt fühlt. In der Phantasie ist er dann ebenfalls ihr Objekt sexuellen Begehrens. Die andere Komponente meint letztlich das gleiche, aber sie gibt sich moralisch. Die Mutter ist über die Unterstellung erbost, die in seinem Wunsch enthalten ist, daß er nämlich zu meinen scheint, daß sie sich allen Ernstes für eine Erfüllung seiner Wünsche hergeben könnte und daß sie nicht treu zu seinem Vater oder / und ihrem Partner stehen würde.

»Ich schlage ihn« wegen seiner Wunschäußerung kommt in 0,1 % aller Fälle vor. Hier gilt, was beim *»Ich werde ärgerlich«* geschieht. Die Frau fühlt sich bei einer verbotenen Phantasie ertappt. Der Wunsch ist allerdings so bewußtseinsnah, daß es zu aggressiven Regungen wegen der erkannten Absicht kommt. Bezeichnenderweise kommt es beim Schlagen letztlich doch zu jener verpönten Nähe, derentwegen die Mutter sich schämt und die sie zum Schlagen treibt. Das Schlagen ist als äußere Gewalttätigkeit zugleich ein Eingriff in die Intimität – das Innerste – des Sohnes. Im Schutz der Gewalt kommt es zu den Nähezuständen, die so sehr gefürchtet werden, wie sie andererseits gewünscht werden. Jedes Schlagen ist im metaphorischen Sinne ein Eindringen – ein Penetrieren – in einen fremden Körper. Das Schlagen der Kinder hat deshalb immer eine starke sexuelle Einfärbung.[3] Dabei ist es egal, ob Vater oder Mutter die Kinder schlagen.

Daß nur eine Frau auf das Begehren des Sohnes antwortet: *»Ich drohe mit dem Vater«*, ist bemerkenswert. Zum einen stellen Frauen den Vater entgegen der Tradition nicht mehr für die arbeitsteilig zwischen den Geschlechtern arrangierte Ausführung instrumenteller Gewalttätigkeit ein. Zum anderen benötigen sie den Mann in seiner väterlichen Funktion nicht mehr dafür, die Wut über den Sohn und die Scham, selbst bei einem verbotenen Wunsch ertappt worden zu sein, bestrafen zu lassen!

Aber trotzdem verwundert es, daß der Mann der »Mutter« in dieser heiklen Situation so gut wie keine Rolle spielt. Daß wir ihn im Fragebogen recht borniert nur als schlagenden Vater vorgesehen haben, dessen sich die Frau zum Verdreschen des Sohnes bedient, mag seine väterliche und partnerschaftliche Attraktivität nicht gerade gefördert haben. Aber auch in der Antwortgruppe *»anders wie ...«* wird der Vater nie erwähnt. Der Wunsch des Sohnes ist demnach eine Angelegenheit zwischen der »Mutter« und dem Sohn. Sie will den Partner in diese Dimension der Beziehung nicht einbeziehen. Obwohl die inzestuöse Aufladung der Szene mit ihrem verführerischen Charakter für die Frau es eigentlich nahelegt, daß sie bei ihrem Partner sich Rat und Gewißheit holt.

Wir sehen darin zweierlei bestätigt. Einmal die Vermutung, daß die Selbstverständlichkeit, mit der Frauen dem Wunsch des Sohnes entsprechen (13,8 %) oder damit umgehen (ablenken 23 %), auf phantasiertes Entgegenkommen oder phantasierte Wunscherwartung hindeuten (siehe Tabelle H 8). Zum anderen bestätigt das Fehlen der Männer in den Kurzkommentierungen die anderenorts gemachte Feststellung, daß Frauen die Söhne allein erziehen wollen. Vielleicht ist es ein Indiz dafür, daß Erziehung nicht nur Frauensache ist, sondern auch bleiben soll?

Der Sohn schenkt wunderschöne Unterwäsche

».... ganz weg von soviel Zartsinn!«

Schenken ist eine Kunst. Manche Menschen können überhaupt nicht schenken, andere wiederum schenken ständig. Die einen wissen, was der Beschenkte liebt, die anderen glauben, es zu wissen, und greifen daneben. Andere wiederum tun sich unendlich schwer, passende Geschenke zu finden. Die einen lieben es, andere zu beschenken, die anderen hassen es. Geschenke können beglücken, sie können ebenso tief enttäuschen wie verletzen.

Schenken ist eine Kunst, weil sie vordeutend ahnt, ja erfühlt, was ein Freund, ein Bekannter oder eine Freundin sich wünschen könnte, ohne bereits genau zu wissen, was sie sich wünscht. Der kunst- und liebevoll Schenkende hat die große Fähigkeit, einen latenten Wunsch zu erahnen und den Beschenkten mit etwas zu beglücken, das ihn glücklich macht. Eben weil das Geschenk seinen Wunsch trifft, der weder spruchreif noch vom Beschenkten ausgesprochen worden war. Der Beschenkte fühlt sich in diesem Fall tief verstanden und ist darüber zu Recht beglückt.

Daß es mitunter schwer sein kann, ein Geschenk auszuwählen, daß das Auswählen quälend und sogar bedrückend sein kann, ist hinlänglich bekannt. Das Geschenk, das dann überreicht wird, ist beiden, dem Schenkenden wie dem Beschenkten, eher eine Qual denn eine Freude.

Wenn Kinder ihre Eltern beschenken, so ist es für sie, je jünger sie sind, um so schwerer, zur Entscheidung, *was* sie schenken und *wann* sie es schenken, die nötige Distanz zu gewinnen. Sie halten die Zeit der Vorfreude schwer aus und wollen deshalb ihr Geschenk am liebsten sofort überreichen. Je älter die Kinder werden, um so mehr können sie Vorlieben und geheime Wünsche des Vaters oder der Mutter bereits erahnen und in Geschenkideen verwandeln. In solche Entscheidungen gehen mitunter einfühlsame Ahnungen über unerfüllte Wünsche ein. Geschenke drücken dann aus, wie sehr ein Kind am Seelenleben eines Elternteils offen, zumeist jedoch heimlich beteiligt ist – oder von einem Elternteil heimlich beteiligt wird.

Daß es zu solchen Beteiligungen am Seelenleben der Eltern kommt, hat oft damit zu tun, daß sie die Kinder in ihre Probleme einweihen. Das setzt keineswegs große Erklärungen oder dramatische Aussprachen voraus. Allein tiefe vielsagende Seufzer, mitleidheischende Blicke oder stilles, vom Kind sich nicht abgrenzendes Vor-sich-hin-Leiden sind Anlässe genug, ein Kind am Leiden von Eltern zu beteiligen.

Wenn eine solche Beziehungsdynamik zwischen einer Frau und ihrem Sohn besteht, dann werden dessen Geschenke davon erzählen. An den Besonderheiten seiner Geschenke läßt sich dann erkennen, in welcher Weise über welche unerfüllten Wünsche und Leidenszustände Frau und Sohn miteinander »verstrickt« sind.

Da Geschenke auf unerfüllte Wünsche zielen, kann ein Geschenk des Sohnes einen solchen Wunsch, ein offengebliebenes Begehren oder ein uneingelöstes Sehnen der Frau zum Ausdruck bringen. Aber nicht in seiner Gegenständlichkeit hat das Geschenk seine Bedeutung. Dies ist nur die materielle Hülle. Es wird vielmehr erst in seinen symbolischen Gehalten, seiner liebevollen Aura, zum Inbegriff der Einfühlsamkeit und des tiefen Verstehens der Wunschwelt der eigenen Mutter.

Wir wollten deshalb wissen, wie Frauen auf ein ganz besonderes Geschenk ihres Sohnes reagieren würden. Unsere Frage (H 10) lautete: *»Stellen Sie sich einmal vor, Ihr 14jähriger Sohn würde Ihnen zum Geburtstag wunderschöne Unterwäsche schenken. Wie würden Sie darauf reagieren?«*

Diese Frage ist aus einem Gespräch mit einer Frau entstanden, die vor mehreren Jahren durch ein tragisches Ereignis ihren Lebenspartner verloren hatte. Seitdem lebte sie ohne feste Partnerschaft und gestattete sich den Genuß sexueller Freuden äußerst spartanisch und nur außer Haus, weil sie glaubte, ihren Kindern, einer Tochter im Alter von neun und einem Sohn im Alter von 14 Jahren, die gewohnte familiäre Lebenswelt nicht durch neue Männer »verderben« zu dürfen. Der Sohn der ungemein schönen und sinnlichen Frau hatte große Probleme, sich von der Mutter zu lösen, was ihr nur allzu bewußt war und sie mit großer Sorge erfüllte. Dieser Sohn schenkte nun seiner Mutter zum Geburtstag wunderschöne Unterwäsche, die er bei einer der ersten Adressen an seinem Wohnort erstanden hatte.

Ich habe die Frau gefragt, wie sie auf dieses schöne, exquisit zu nennende und für sein Taschengeld strapaziöse Geschenk reagiert hat. Ihre Antwort war spontan und von freudig strahlenden Augen begleitet. Sie sagte: *»Ich war ganz weg von soviel Zartsinn!«*

Das Beglückende an diesem Geschenk war für sie der Zartsinn der

Geste. Das, was der Sohn verstehend und ahnend zum Ausdruck brachte, statt es in Worte fassen zu müssen. Sie war von diesem Geschenk hingerissen und von soviel Zartsinn zu Tränen gerührt, daß sie allen Freunden und Freundinnen, nachdem sie die Sprache wiedergefunden hatte, davon erzählte.

Diese Frau genoß die Nähe, die ihr Sohn zu ihr und symbolisch und konkret durch die Unterwäsche zu ihrem Genital und ihren unerfüllten sexuellen Wünschen zum Ausdruck brachte. Dabei handelte es sich nicht um eine offen inzestuöse Beziehung, die das Geschenk »nur logisch« erscheinen ließ, sondern um eine Form der Besorgtheit, die der Sohn ihr gegenüber ausdrückte.

Da die Frau damals ohne Beziehung zu einem Mann lebte, war sie sexuell unzufrieden und begehrte Sexualität, ohne allerdings ihren Vorstellungen entsprechende Partner zu finden. Die schenkende Geste des Sohnes kann deshalb eher als eine fürsorgliche, über die existentiell narzißtische Unzufriedenheit besorgte Handlung gesehen werden. Allerdings kam es, was nicht zu übersehen war, zu einer symbolischen sexuellen Befriedigung der Frau, und zwar über eine liebevolle Ersatzhandlung. Der Sohn versuchte sie nämlich über den Zustand der sexuellen Unzufriedenheit, den Zweifel an ihrer Attraktivität und ihrem Selbstwert dadurch zu trösten, daß er ihr im Geschenk bestätigte, daß sie noch immer begehrenswert sei. Zugleich bestätigte er ihr, daß er ihr Genital als Inbegriff ihrer begehrenswerten Seiten anerkennt – und eben wohl selbst so begehrt, wie er ihr wünscht, daß es andere Männer begehren würden, von denen die Frau findet, daß sie zu ihr passen.

Er stellt sich nicht nur als einfühlsamer Sohn dar, sondern bietet sich auch symbolisch als Liebhaber an, der sie durchaus auch physiologisch befriedigen könnte. Symbolisch tut er es bereits in der Phantasie – mit seinem Geschenk. Aber das sind nur die angenehmen Seiten seines Geschenkes. Die anderen wollte die Mutter wohl nicht sehen.

In vieler Hinsicht gleicht diese Situation dem ödipalisierenden Sohn, der seine Mutter begehrt und sie deshalb beschenkt. Nur muß er sich in unserem Beispiel vor dem Vater als ihrem Geliebten nicht fürchten. Diesen gibt es nicht mehr. So wird sein sexuelles Begehren weder von der unbefriedigten Frau zurückgewiesen noch von einem gegenwärtigen Vater gezügelt. Sie läßt den Sohn durch ihre Rührung über soviel Zartsinn fühlen, daß sie sein Begehren ahnt: daß das Geschenk nicht »eingeweiht« wird, markiert die Schwelle zwischen symbolischem und realem Inzest.

Dieser Sohn wird sein sexuelles Begehren wahrscheinlich nur aufgeben können, wenn er während der gut zehn Jahre zurückliegenden ödipalen Phase den Verzicht auf die Mutter als Sexualobjekt – das Ziel seiner ersten Liebe – bereits in sich erreicht und sie zugunsten zukünftiger anderer Eroberungserfolge aufgegeben hat. Denn das allein wird ihm später ein Leben außerhalb der psychosexuellen Anbindung an sie möglich machen. Wie wenig erfolgreich diese Orientierung nach außen für den Sohn verlief, zeigte sich daran, daß er sowohl in der Schule wie in Beziehungen zu Gleichaltrigen große Schwierigkeiten hatte. Erfolgreich war er eigentlich allein uneingeschränkt nach »innen«, nämlich zur Mutter.

Nicht nur meine eigene Irritation über die überschwenglich glückliche Frau, sondern vor allem das Mitgefühl mit dem Knaben ließ mich andere Reaktionen auf die »zauberhafte Unterwäsche« für denkbar und wünschenswert halten. Sie sind als alternative Antworten im Fragebogen (H 10) genannt. Vier weitere Antwortmöglichkeiten gaben wir vor und regten dazu an, eigene Kommentare hinzuzufügen. Die Antwortmöglichkeiten lauteten:

- *Ich war ganz weg von soviel Zartsinn;*
- *gefreut wie bei jedem anderen Geschenk;*
- *einerseits erfreut, andererseits komisch berührt;*
- *ich wäre verlegen gewesen;*
- *das ist schon peinlich;*
- *anderes.*

Auf welche Gefühlsreaktionen von Frauen weisen die Antworten hin? Die Wahl der Antwort: *»Ich war ganz weg von soviel Zartsinn«* ist eindeutig. Sie weist auf eine allseits glücklich Beschenkte hin, die sich richtig gesehen sieht und nichts Arges in des Sohnes Einfühlungsvermögen geschweige in ihrem Glücksgefühl selbst sieht. Die Antwort: *»Einerseits erfreut, andererseits komisch berührt«* weist auf eine erfreute Frau hin, die aber zugleich das seltsame Gefühl beschleicht, daß an diesem Geschenk etwas nicht stimmt, eben komisch ist. Sie hat eine Ahnung von der Komik, die der phantasievolle Übergriff des Sohnes in ihren Intimbereich darstellt. Aber sie muß nicht nur Komisches ahnen. Vielerlei Ahnungen können dazu zählen. Es kann Angst sein vor möglichen sexuellen Avancen. Sie kann fürchten, daß der Sohn sie »schmückt«, damit sie sich anderen Männern erfolgreich zuwenden kann. Er brächte damit zum Ausdruck, daß er sich von ihrem Zustand bedrängt und verärgert fühlt. Vielleicht fühlt er sich auch müde, ihr von den Lippen abzulesen, was sie sich wünscht. Vielleicht spürt sie Trauer im Sohn, der sich überfordert fühlt. Was die Frauen komisch berührt, kann durchaus auf abweisende oder sogar aggressive Gefühle im Sohn hinweisen. Er haßt ihr Genital, von dem er sich verfolgt fühlt. Mit der kostbaren Unterwäsche schafft er einen Vorhang des Ästhetischen, der ihn vom verlangenden, unbedeckten Genital der mütterlichen Frau rettet. Er gibt ihr einen Wert, der sein Taschengeld möglicherweise erschöpft, ihm aber das Gefühl vermittelt, zu sich zurückkehren zu können, ohne die Frau hilflos in ihrer narzißtisch-genitalen Krise allein gelassen zu haben.

Das Komische kann mannigfaltig sein. Jede Beziehung zwischen Frau und Sohn, in der dieses oder ein ähnliches Geschenk vorkommt, müßte auf seine Bedeutungen ausgeschöpft werden. Die »komische Freude«, die ihr das Geschenk bereitet, ist also eher unerschöpflich. Sie kann die narzißtische Anerkennung nur um den Preis haben, daß das Geschenk an ihrem Genital »verweilt«, was ihr zu Recht komisch vorkommt. Diese Reaktionen würden auf mütterliche Gefühlsambivalenzen hindeuten und beim Sohn den Eindruck hinterlassen, daß an seinem Geschenk vielleicht etwas nicht »ganz richtig« sein könnte. Wenn er das Widersprüchliche in der Mutter wahrnehmen kann, dann wird er möglicherweise selbst zu den ärgerlichen, gereizten und aggressiven Gefühlen stehen können, die durch die überfordernde Beschäftigung mit ihrem Genital entstanden sind.

Die Wahl der Antwort: *»Ich wäre verlegen gewesen«* läßt eine Frau erkennen, welche die Unterwäsche eindeutig als eine fragwürdige, fast möchte man sagen, eine schillernde, ja halbseidene Geste empfindet, die übergriffige und hilflose Phantasien des Sohnes verrät. In ihrer Verlegenheit selbst spürt sie diese und wehrt sie zugleich ein Stück weit wieder ab. Sie sind für sie nicht erlebnisfähig. Sie würden ihr Schuld- oder Schamgefühle bereiten. Die Verlegenheit kann genausogut ihre eigenen erotischen Phantasien zum Sohn ausdrücken. Sie fühlt sich »erkannt« oder »ertappt«. Das Auspacken des Geschenkes muß dann für beide eine eher strapaziöse als fröhliche Angelegenheit sein.

Die Wahl der Antwort *»Das ist schon peinlich«* kann mehreres bedeuten. Was zutrifft, hängt von der Beziehung der Frau zu ihrem Sohn ab. Zum einen kann sie sich durch das Geschenk ebenfalls bei sexuellen Phantasien über ihren Sohn »ertappt« fühlen. Es kann ihr Pein, eben Schmerzen der Beschämung, und Schuldgefühle bereiten, daß der Sohn gefühlt hat, was sie glaubte, in sich unzugänglich verwahrt zu haben. Sie fühlt sich möglicherweise beschämt, daß ihr Sohn glaubt, sich wie ein erwachsener Mann aufführen zu müssen, weil sie momentan keiner Beziehung fähig ist.

Die Pein kann auch dadurch entstehen, daß sie darunter leidet, daß er sich Hoffnungen macht, die sie ihm nicht erfüllen wird und die sie zu schmerzlichen und desillusionierenden Zurückweisungen zwingen. Ein Verhalten, das sie mit ihrer mütterlichen Liebe nur schwer in Einklang bringen kann. Aber nur eine gute Mutter verweigert dem Sohn die Erfüllung seiner inzestuösen Wünsche, und zwar schon auf der Ebene phantasierter Beziehungsgemeinsamkeiten. Die Vorstellung, eine gute Mutter zu sein und gleichzeitig klare Grenzen zwischen der eigenen Sexualität und der des Sohnes ziehen zu müssen, ist für viele Frauen eine schwer zu versöhnende Polarität: obwohl sich in der Aufrechterhaltung dieses Gegensatzes die »gute Mutter« am deutlichsten manifestiert.

Hätte die Frau des konkreten Anlasses das Geschenk in dieser Art beurteilt, so hätte es sie geschmerzt, daß der Sohn versucht, seinen Vater zu ersetzen, und daß er sich dabei in Phantasien verstrickt, die ihn maßlos belasten und zugleich vergeblich sich mühen lassen. Sie hätte ebenso darunter gelitten, daß sie ihre sexuelle Abstinenz in unverzeihlicher Weise ihrem Sohn als einen von ihm zu lindernden Mangel mitgeteilt hat.

Die Wahl der Antwort *»anderes«*, welche die Möglichkeit bietet, sich den vorgegebenen Zuordnungen zu entziehen, wurde von 32% der Frauen gewählt.

Wie verteilen sich nun die Antwortmöglichkeiten unter den 903 befragten Frauen? Von den Befragten sind 7,7% *»ganz weg von soviel Zartsinn«*; die meisten Frauen, nämlich 48,9%, die sich in die Situation einer mit wunderschöner Unterwäsche beschenkten Frau hineinversetzten, sind *»einerseits davon angetan, aber andererseits auch komisch berührt«*. *»Verlegen«* macht das Geschenk nur 9,6% aller Frauen, und *»peinlich berührt«* sind sogar nur 4,6% (siehe Tabelle H 10). Wir können deshalb mit Fug und Recht sagen, daß Frauen von einem so hoch geschätzten Geschenk wie kostbarer Unterwäsche in ein narzißtisches Wohlbefinden versetzt werden, das ihnen den Blick für die Grenzüberschreitung ihres Sohnes trübt, aber ebenso den Blick für die eigene Entgrenzung, wenn sie das Geschenk annehmen. Nur eine einzige Frau hat mitgeteilt, daß sie sich mit dem Gedanken tragen würde, das Geschenk ihres Sohnes nicht anzunehmen. Sie sagt: *»Ich würde ihm das Geschenk frustriert wieder zurückgeben – frustriert und auch verletzt.«*

Die Vermutung, daß die Frauen des Sohnes Geschenk neben seiner Attraktivität auch noch als Bestätigung ihrer Kritik am Partner durch einen »Dritten« verwenden, nämlich den Sohn, läßt sich mit den Antworten auf die Fragen (siehe Tabelle H 11 und H 12) bestätigen: *»Sollte sich Ihr Mann oder Partner Ihrer Meinung nach davon ein Stück abschneiden?«*

31,7 % der Frauen haben diese Frage mit »Ja« beantwortet. Die Tendenz, die Sohnesgeneration der Vatergeneration als Vorbild zu setzen, kann als Indiz dafür gelten, daß sie es vorziehen, ihre Partner eben nicht mit ihrer Unzufriedenheit zu konfrontieren, sondern daß sie es zulassen, daß ein einfühlsamer Sohn sich als der bessere Partner ins Gespräch bringt. Es ist dann eigentlich naheliegend, daß die Frauen auf die Frage (H 12): *»Ein solches Geschenk sollten nur erwachsene Männer machen!«* nur zu 18,5 % mit *»stimmt genau«* und zu 36,6 % mit *»stimmt eher«* geantwortet haben. 27,0 % haben geantwortet *»stimmt nicht«* und 17,9 % *»stimmt eher nicht«*.

Wenn wir zwei Gruppen zusammenfassen, können wir sagen, daß 55,1 % eindeutig bzw. halbherzig der Auffassung sind, daß das kein Geschenk für den Sohn ist. 44,9 % hingegen sind eindeutig oder halbherzig der Ansicht, daß das durchaus ein Geschenk vom Sohn sein dürfte (siehe Tabelle H 12). Was besagt das aber, wenn knapp die Hälfte der befragten Frauen die Söhne zum Vorbild für den Vater bei der dekorativen Bekleidung ihres Genitals erheben? Oder anders formuliert: wenn sie den Sohn ermächtigen, Wertschätzungen zu ihrem Genital und seinen symbolischen Repräsentanzen abzugeben?

Wenn eine Frau den Partner im Hinblick auf Vorlieben bestimmter Gerichte ihrer Kochkunst oder auf Wertschätzung beruflicher Erfolge mit dem Sohn vergleicht, so mag das angehen, obwohl darin eine wenig liebenswerte gegenseitige Anstachelung zur Konkurrenz liegt. Wenn sie aber den Sohn zum Vorbild des Partners bei der modischen Dekoration ihres Genitals erhebt, so unterstellt sie ihm nicht nur eine gleichgerichtete Interessiertheit, sondern ebenso geartete geschmäcklerische Hochachtung und »Urteilsvermögen«. Die narzißtische Anerkennung kommt deshalb nicht weniger vom Sohn als vom Vater. Der Sohn ist damit in die Befriedigung des sexuellen Selbstwertgefühls der Frau eingebunden. Aber es kommt nicht nur zur Konkurrenz zwischen dem Vater und seinem Sohn um die Frau. Es tritt noch etwas viel Markanteres auf. Vater und Sohn »begegnen« sich sozusagen, wenn sie die »Mutter-Ehefrau« gemeinsam in der Phantasie besitzen. Vater und Sohn kommen dabei in eine eigentümliche Verkehrsnähe, zu der Frauen-Mütter beitragen, die dem Partner empfehlen, sich etwas beim Sohn »abzuschneiden«, und den Sohn gewähren lassen.

Auf familiendynamischer Ebene wird sich diese Konstellation als verschärfte Konkurrenz zwischen beiden andeuten. Sie kann ihren Ausdruck in Gereiztheiten, Verstimmtheiten, Ärger und Gewalt, aber auch in einer besonderen Harmonie zwischen Frau und Sohn finden.

Daß ein erstaunlich großer Anteil von Frauen den Sohn zum Vorbild für den Ehepartner erhebt, deutet darauf hin, daß die Ehefrau mit den sexuellen Wertschätzungen des Lebensgefährten und wahrscheinlich auch mit seinem »Sexualverhalten« nicht zufrieden ist. Die narzißtischen und sexuellen Bedürfnisse, die in ihrer Beziehung nicht oder nur nicht zufriedenstellend erfüllt werden, werden von den Frauen zur besseren Befriedigung an den Sohn delegiert. In den allerwenigsten Fällen wird so etwas von einem »Entschluß« getragen. Es reißt gefühlsmäßig durch die Hinwendung der unzufriedenen Frau zum Sohn ein. Und zwar durch eine Zuwendung, die nicht von sublimierten, eben zärtlichen Gefühlen geprägt ist, sondern die sich mit Gefühlen auflädt, die nur noch teilweise dem Partner und statt dessen immer mehr dem Sohn gelten. Obwohl es Gefühle sind, die der partnerschaftlichen Sexualbeziehung angehören, bringt die Frau zusehends ihre Libido beim Sohn unter.

Wenn nur 18,5 % der Frauen der Ansicht sind, daß das zartsinnige Geschenk wunderschöner Unterwäsche das Privileg erwachsener Männer sei, dann kann das in dem Sinne gedeutet werden, daß eine beachtliche Bereitschaft besteht, Söhne vorwiegend immer dann »einzuspannen«, wenn die Lebensgefährten im weitesten Sinne versagen. Es besteht eine große Bereitschaft unter den interviewten Frauen, Probleme des Selbstwertgefühls und der sexuellen Zufriedenheit im Konfliktfall in stiller Hoffnung auf den Sohn zu übertragen, damit er das Fehlende beisteuert. Für diese Frauen sind die Ehemänner dann »dumme Jungs«, die von Frauen nichts verstehen, und die Söhne die »einfühlsameren Männer«, die wissen, was Frauen wünschen. Diese Frauen bringen jenen Mannestyp hervor, von dem sie glauben, daß er besser sein wird als die Männer, mit denen sie die Söhne gezeugt haben. Diese Männer mögen zwar gute Brotverdiener sein, aber in der Sphäre der Befriedigung weiblicher Sexualbedürfnisse werden sie in den Augen der Frauen von der nachfolgenden Sohnesgeneration »geschlagen«.

Abschließend möchte ich zu dem eingangs skizzierten Fall anmerken, daß der Sohn nicht aus einer plötzlichen Laune seiner Mutter das intime Geschenk machte. Der spontan erscheinenden Geste ist eine alltägliche Verquickung von Gefühlen vorausgegangen. Die Vermutung ist deshalb nicht unangebracht, daß Frauen, die das zartsinnige Beispiel »rührt«, in alltäglicher Weise ebenso von Verquickungen mit ihrem Sohn begeistert sind, wie das für unser Beispiel zutrifft.

Die fünfte Antwort *»anderes wie ...«* haben 32% der Frauen gewählt. Wir stoßen hier abermals auf das Phänomen, daß eine präzise Situation zu vielen differenzierten Gefühlsäußerungen führt. Wir schließen daraus, daß sowohl heftige Wünsche nach einem solchen Geschenk bestehen, daß aber der Gedanke an die Wunscherfüllung auch mit Angst oder Scham besetzt ist. Wir werden deshalb nicht nur typische Antworten nennen, sondern darüber hinaus zu klären versuchen, welche Methoden die Frauen anwenden, um die Angst abzuwehren, die beim Erhalt eines geschätzten, aber zugleich gefürchteten Geschenks auftritt. Wir versuchen deshalb, die Kurzkommentare so zu gruppieren, daß die widerstreitenden Gefühle und dynamischen Verknüpfungen erkennbar werden.

So scheint die einfachste Kommentierung in der Gruppe *»Ich freue mich einfach nur«* zugleich die eindeutigste zu sein. Aber dieser Schein trügt. Es fällt auf, daß die Frauen in dieser Gruppe die Antwort *»einfach nur gerührt von soviel Zartsinn«* eben nicht wählten. Offenbar wollen sie die Gefühle *neutralisieren*, die das Geschenk in ihnen auslöst. Sie geben sich als Mütter, die mit allem zufrieden sind, was vom Kind kommt. So als wären sie es gewohnt, auch mit Widersprüchlichem fertigzuwerden. Der Zartsinn als Zeichen der »Betroffenheit« wird verleugnet und eine »mütterliche Gefühlsneutralität« vorgegeben, die sich als Duldung aller Verrücktheiten ausgibt und die durch nichts aus dem seelischen Gleichgewicht zu bringen ist. Nun wissen wir nicht, was jede Frau bei der Formulierung dieses Kommentars fühlte. Aber an der Kürze und Entschiedenheit, mit der das *»Einfach nur freuen«* verfaßt ist, scheint die Verleugnung der verdrängten Freude über den Zartsinn auf. Das Burschikose verbirgt sie wie ein dicker undurchlässiger Mantel. Typische Antworten in der Gruppe der *»nur erfreuten Mütter«* lauteten:

- *Würde mich freuen, lachen;*
- *annehmen als ein ganz normales Geschehen und bedanken, fände ich einfach toll;*
- *ich würde mich freuen ohne Hintergedanken – wie über ein T-Shirt;*

- *freue mich, daß er eine »chice« Mutter haben will;*
- *ich würde mich freuen und ihm Tips für das nächste Geschenk geben – natürlich keine Unterwäsche mehr;*
- *ich bewerte es wie ein ganz normales Geschenk.*

Diese Frauen entledigen sich der Brisanz des unzeitgemäßen Geschenks durch eine Form der Komik, die sich ebenfalls als die Ambivalenz verleugnend gibt:

- *Lache über soviel Komik;*
- *fände ich lustig;*
- *schmunzelnd, daß er so gut gewählt hat;*
- *ich würde lauthals lachen;*
- *amüsiert oder gerührt;*
- *überrascht;*
- *mit Humor tragen;*
- *heiter und gelassen.*

Selbst in dieser Gruppe der eindeutig erscheinenden Kommentare klingen bereits die Töne des Verleugneten an. So etwa der Zwang, das Normale des Geschenkes zu betonen, die Freude *wie bei jedem anderen Geschenke* oder das *begriffslose Schmunzeln* darüber, daß er sich in einem Terrain auskennt, das kompliziert ist, etc.

Stärker treten Gefühle in der Gruppe hervor *»Freuen, ja, aber mit Einschränkungen«*. Diese Frauen wollen nicht ausschließen, daß die wunderschöne Unterwäsche Gefühle, Wünsche und Leidenschaften des Sohnes zum Ausdruck bringen könnte, die ihnen nicht geheuer sind. Gefühle, die sie in sich selbst ahnen, aber mit ihm nicht teilen möchten. Als entscheidendes Moment für die Beurteilung des Geschenkes wurde formuliert:

- *Das hängt von unserer Beziehung insgesamt ab;*
- *es kommt auf die Beziehung und die Offenheit an.*

Diese Frauen räumen ein, daß für sie eine Beziehung vorstellbar ist, die *keine* Offenheit kennt und in der der Sohn schenkt und die Frau sich beschenken läßt, ohne daß sie sich über die Gefühle des Begehrens und Begehrtwerdens verständigen. Die Unklarheit über die Gefühlswelten des Sohnes möchten die Frauen klären, bevor sie das Geschenk annehmen. Teilweise klären sie das Ungewisse selbst:

- *Mich freuen, aber auch staunen, was er da für mich ausgibt, um mir das zu schenken;*
- *ich würde mich freuen wie über ein anderes Geschenk, später mit ihm reden, warum es dieses Geschenk sein muß;*
- *ich würde ihn loben, weil er modern denkt;*
- *mich bedanken, aber bei Gelegenheit mal nachfragen, warum;*
- *mein Sohn ist so offen, wie ich zu ihm, und ich traue ihm einen guten Geschmack zu;*
- *ist sie wirklich schön, würde ich mich freuen;*
- *wenn er meinen Geschmack trifft – erfreut;*
- *würde überlegen, wie weit er schon denkt, usw.;*
- *das käme doch auf die Umstände an, z. B. Wertschätzung von Unterwäsche in der Familie;*
- *wenn ich's mag, würde ich mich freuen;*
- *wenn er meint, ich brauche hübsche Unterwäsche, und es ist geschmackvoll ausgesucht, dann würde ich mich freuen;*
- *merkwürdig betroffen, es sei denn, ich hätte ihm gegenüber derartige Wünsche geäußert.*

Die erotische Treffsicherheit des Sohnes bleibt bei diesen Kommentaren hinter seinem Einfühlungsvermögen in die mütterliche Ästhetik der Genitalbekleidung versteckt. Andere Frauen sprechen die Verbindung von Geschenk und Sexualität weniger verhohlen aus. Sie formulieren eine bemerkenswerte Voraussetzung, die ihnen die Freude am Geschenk erst ermöglichen würde. Sie kommentieren:

- *Mit wunderschöner Unterwäsche meine ich aber nicht Reizwäsche, Strapse und dergleichen;*
- *ich würde mich freuen, da er es nicht anzüglich macht – eben keine Strapse und nichts Rotes;*
- *über schöne Unterwäsche würde ich mich schon freuen, aber keine Reizwäsche dürfte es sein.*

Fast könnte man meinen, daß die Frauen nur dann Unterwäsche vom Sohn entgegennehmen, wenn sie sicher sind, daß er ihnen in der Phantasie keine hurenhaften Züge beilegt. Sie wollen sozusagen als anständige Frau und Sexualpartnerin von ihm begehrt werden. Sie scheinen weniger um die Sexualisierung der Beziehung verstört, als daß er eine anstößige Vorstellung von ihrer »gemeinsamen« Sexualität haben könnte. Letztlich setzen diese Frauen ihre Vorstellung vom *»nicht Reizenden,* *nicht Hurigen und nicht Anzüglichen einer strapslosen Kultur«* mit legitimen sexuellen Vorstellungen ihrer Söhne in eins. Solange sie keine unanständigen Sexualphantasien mit der Unterwäsche verbinden, wähnen sie den Sohn ebenfalls rein. Was sich als Naivität darstellt, beruht auf der Vernachlässigung der Phantasiewelt des Sohnes, die zwar autonom funktioniert, die aber nicht weniger von mütterlichen Handlungen »gereizt«, eben verführt wird. Dazu zählt auch die mütterliche Phantasie, daß Vater und Sohn *»unter einer Decke stecken könnten«*. Der Sohn hat demnach dann nicht allein gehandelt. Diese Vorstellung scheint auf Frauen beruhigend zu wirken. Es scheint eine Bedingung dafür zu sein, daß des Sohnes Geschenk sie nicht irritiert oder ihnen Schuldgefühle bereitet:

- *Ich würde lachen und ihn fragen, ob sein Vater ihn dazu animiert hat;*
- *ich würde vermuten, daß sein Vater dahinter steckt oder ein ehrliches Geschenk oder ein Hinweis auf weniger Streß, mehr Liebe zwischen seinen Eltern;*
- *vielleicht ist es ein Komplott von Vater und Sohn.*

Ein Wink vom Vater oder ein Komplott mit dem Sohn könnte eine ironische Gemeinsamkeit von beiden umfassen, auf die ich bereits hingewiesen habe. Die Frauen phantasieren weitere Verbindungen von Vater und Sohn im Hinblick auf den Geschenkanlaß: *»Ich würde mich freuen, da er weiß, daß ich schwarze Unterwäsche mag und mein Mann sich daran ebenfalls freut.«*

Der Sohn leistet hiernach einen Beitrag zur Buntheit und Belebung des elterlichen Ehelebens, und das nicht ganz selbständig. Seine Mutter wäre: *»erfreut, und ich würde denken: Das war ein Wink meines Partners.«*

Vielleicht verbirgt sich hinter den Kommentaren die Wunschvorstellung, daß Vater und Sohn sie gemeinsam *glücklich machen* wollen und daß der Jüngere dabei nicht in Konkurrenz zum Vater geraten möge. Möglicherweise haben Frauen Angst davor, daß es zu einer solchen Polarisierung kommt und daß die Unterwäsche das Indiz dieser Rivalität ist. Des Sohnes Präsent läßt sich viel leichter annehmen, wenn sie phantasiert, daß es darüber mit ihrem Partner nicht zum Konflikt kommt. Die Nähe, die eine Frau mit der begeisterten Annahme des indiskreten Geschenks eingeht, könnte einen auf Generationsgrenzen bestehenden Partner durchaus zu einem klärenden Wort veranlassen. Das Geschenk könnte zum Anlaß eines Konfliktes über die Beziehung der Partnerin zu ihrem Sohn werden.

Der Gedanke, Konkurrenz zur Befriedigung ihrer narzißtischen Bedürfnisse und genitalen Wünsche zwischen Partner und Sohn zu entfachen, scheint viele Frauen nicht zu schrecken. Konkurrenz dünkt ihnen ein probates Mittel, eigene Wünsche der Erfüllung ein Stück näher zu bringen. Der Sohn inszeniert mit seiner Bereitschaft, sich zartsinnig zu geben, den heimlichen Wunsch der Mutter, den Vater zu kritisieren und ihm ein Stück Verachtung durch den Sohn mitteilen zu lassen.

Anders verläuft das bei Frauen, die ich als die *»erstaunten Frauen«* beschreiben möchte. Sie versuchen den *inneren* Prozeß im Sohn zu verstehen, der zur Wahl dieses Geschenks führte. Sie formulieren beispielsweise:

- *Verwundert, wie kommt er dazu;*
- *es hätte mich schon sehr erstaunt, und ich würde ein Gespräch führen;*
- *mich würde interessieren, weshalb er Unterwäsche und nicht einen Pulli schenkt;*
- *irritiert;*
- *ich wäre darüber sehr verwundert, denn das paßt so gar nicht in unsere Beziehung;*
- *ich fände es kurios;*
- *ich wäre überrascht über eine solche Idee;*
- *wäre sehr komisch;*
- *sehr verwundert;*
- *ich frage, warum;*
- *erfreut, jedoch etwas verlegen;*
- *erschrocken;*
- *ich würde mich darüber sehr wundern.*

Die »erstaunten« Frauen haben das Problem, daß sie die Unterwäsche nicht so ohne weiteres mit dem Bild in Übereinstimmung bringen können, das sie von ihrem Sohn haben. Sie sind irritiert und sogar erschrokken, was sich in einem solchen Geschenk ausdrücken könnte. Vielleicht läßt sich ihre Reaktion am besten damit umreißen, daß sie sich nicht in ihrem Selbstverständnis eigentümlich oder peinlich berührt fühlen, daß sie eher den Sohn nicht mehr verstehen und daß sich durch die symbolischen Bedeutungen des Geschenks die Gefühlswelt zu ihm verändert. Völlig entgegengesetzt sind die Kommentare von Frauen, die den Sohn an Standards messen, mit denen sie erfolgreiche Männer beurteilen.

Zwei Frauen formulieren das bewundernd:

- *Wenn er sie auch selbst gekauft hat, ist er ganz schön mutig;*
- *ich würde sagen: früh übt sich, was ein Meister werden will.*

In diesen beiden Äußerungen ist der Kontakt der Frauen zum Gefühls- und Phantasieleben ihrer Söhne weitgehend abgerissen. Anders gesagt: Sie sehen das Geschenk nicht mehr als eine Geste ihres Kindes, sondern als erfolgreiche Geste erwachsener Männer. Sie bewundern im Sohn die Größe, die er sich anmaßt, ohne sie zu besitzen. Er hat sie nämlich nur so lange, wie die Frau sie gelten läßt, oder so lange der Vater sie nicht beendet, weil seine Partnerin es nicht getan hat.

Den Kontakt zur Gefühlswelt des Sohnes haben auch jene Frauen verloren, die grundsätzlich ausschließen, daß er ein solches Geschenk machen könnte. *»Die Frauen, die nichts dabei finden«*, sagen zum Beispiel:

- *Würde mich freuen und ihn loben, wenn er einen guten Geschmack gezeigt hat, finde nichts Anrüchiges daran, ohne jeden Hintergedanken nur als Spaß;*
- *ich würde keine sexuellen Motive sehen;*
- *Unterwäsche schenken berührt mich nicht peinlich;*
- *wäre erfreut, Kinder kommen auf allerhand Ideen;*
- *würde mich genauso freuen wie über ein anderes normales Geschenk auch, eben einen Strauß Blumen;*
- *das paßt nicht zu mir – wunderschöne Unterwäsche;*
- *wenn er weiß, daß er mir damit eine Freude macht, wäre ich nicht unangenehm berührt;*
- *würde mich freuen – warum ist das unnormal?*
- *das ist eine ganz normale Sache, jeder Mensch zieht Unterwäsche an;*
- *ich sehe dabei keine Probleme, aber dafür hätte er gar kein Geld.*

Andere Frauen hingegen können sich nicht vorstellen, daß der Sohn ein solches Geschenk machen könnte:

- *Das ist noch nicht vorgekommen und steht außerhalb meiner Vorstellungskraft;*
- *kann ich mir überhaupt nicht vorstellen, daß er sein Geld dafür ausgeben würde;*
- *ich würde lachen, außerdem würde das auch nicht passieren, da ich auf schöne Unterwäsche keinen Wert lege;*

- *es geht über meine Vorstellung, würde er nie tun;*
- *das wäre das letzte, was meinem Sohn je eingefallen wäre;*
- *unvorstellbar oder ein geplanter Jux steckt dahinter, eine Anspielung meines Mannes;*
- *eigenartiges Geschenk, kann ich mir nicht vorstellen, ich würde mich über Blumen freuen.*

Der Ton tiefer Überzeugung macht skeptisch. Es ist durchaus denkbar, daß ein Sohn mit dem Vater um die Mutter-Partnerin konkurriert und diese Absicht in eine höchst ungewöhnliche Geste münzt. Das hängt vom Sohn ab. Hier geht es jedoch um das Bewußtsein, mit dem Frauen ihren Söhnen solche Phantasien absprechen. Der Mangel an Gelassenheit und die Angst, was sich am Dessous alles an sexuellen Wünschen symbolisieren könnte, läßt darauf schließen, daß sie nicht frei von sexuellen Phantasien über ihren Sohn sind. Es ist ihre eigene Nähe zu tabuierten Phantasien, die Angst vor der Grenzverletzung auslöst. Sie wehren sie ab, indem sie dem Sohn absprechen, was in ihnen selbst virulent ist. Solange die Mutter dem Sohn die Gefühlswelt abspricht, die sie innerlich selbst erregt, solange scheint die Welt der Mutter-Sohn-Beziehung in Ordnung.

Obwohl die Grenze so klar gezogen scheint, ist der Schritt zur *Wut* über ein solches Dessousgeschenk nur klein. Sowohl die »felsenfeste Überzeugung«, daß der Sohn so etwas nicht machen würde, als auch die »Wut darüber« dienen der Abwehr eines gefährlichen Triebimpulses. Die Wut über eine zärtlich gemeinte Geste erinnert an das Sprichwort, daß »nur der getroffene Hund bellt«. Die Geste führt der Frau vor, was sie ihm möglicherweise in geheimnisvoller Sprache und Gestik als Wunsch signalisierte. Ein Wunsch, den sie sich hütet, selbst zu erleben. Der Sohn spricht es mit seinem Geschenk symbolisch aus und wundert sich über die harschen Reaktionen, die er nach all den feinen Signalen nicht erwartet hat. Diese Frauen formulieren:

- *Ich wäre wütend über so ein Geschenk, denn das kommt ihm nicht zu;*
- *über seine Zuständigkeit hinausgehend;*
- *das kaufe ich mir lieber selbst;*
- *ich als dann für ihn ältere Frau wäre irritiert;*
- *ich wäre entsetzt und peinlich berührt;*
- *kommt darauf an, wie mir die Unterwäsche gefällt, aus einem Beate-Uhse-Laden – ärgerlich;*

- *ich wäre ungehalten über ihn;*
- *ich würde ihm das Geschenk frustriert zurückgeben.*

Diese Frauen lassen den Gedanken nicht zu, daß das Geschenk nicht nur seiner Phantasie, sondern der gemeinsamen Beziehungsphantasie entsprungen sein könnte. Diese Einsicht wird mit einer starren Abweisung verstellt. Erst wenn Frauen auf sie verzichten können, eröffnet sich ihnen der Blick jenseits von Peinlichkeit und verletzter Intimität auf ihre eigenen Beiträge zum Sohnesgeschenk: und zwar für beide. Diese Sicht ist in einem sehr grundsätzlichen Sinne Aufklärung. Sie befähigt zu Einsicht, und allein dadurch werden Veränderungen in der Beziehung möglich.

Neben Wut und Ärger gibt es eine höchst seltene Einsicht: Frauen sehen das Geschenk als Teil ihrer eigenen unangemessenen Beziehung zum Sohn. Sie richten kritische Fragen an sich selbst. So zum Beispiel:

- *Ich frage mich, was ich mit dem Jungen gemacht habe;*
- *es wäre ein Alarmsignal für mich – Mißbrauch;*
- *ich wäre besorgt, daß er sich so an mich wendet, statt an eine Freundin;*
- *ich wäre besorgt über seine psychosexuelle Entwicklung;*
- *ich fände es bedenklich, das ist nicht altersgemäß;*
- *ich hielte das für unangemessen und wäre verwirrt oder geschockt;*
- *erschrocken;*
- *ich würde mich fragen, was sexuell bei mir und ihm schiefgelaufen ist;*
- *ich würde mir ernsthaft Sorgen machen;*
- *da stimmt was nicht – oder?*
- *ich würde mir Gedanken über unser Verhältnis machen;*
- *ich würde ihn darüber aufklären, daß ihm die Sorge für meine Unterwäsche nicht zukommt. Es wäre mir äußerst unangenehm, wenn er das bis zum 14. Lebensjahr aus meinem Verhalten nicht entnommen haben sollte;*
- *ich würde mir überlegen, was ich falsch gemacht habe, und dann mit ihm darüber reden;*
- *im Alter von 14 würde ich mich wundern, warum er sich nicht für gleichaltrige Mädchen und deren Unterwäsche interessiert;*
- *ich würde in die Therapie gehen mit ihm;*
- *ich würde sagen, daß ich solche Geschenke lieber von meinem Mann hätte;*

- *kann ich mir nicht vorstellen, geht ein Kind nix an;*
- *ich würde ihm sagen, daß er so etwas später seiner Freundin schenken darf;*
- *ich würde ihm vermitteln, weshalb ich mich nicht darüber richtig freuen kann;*
- *das wäre Sache meines Mannes und nicht meines Sohnes;*
- *ich würde mich freuen und Modenschau für die Familie machen;*
- *er kennt meine Vorliebe für feine Unterwäsche.*

Der Wunsch, mit dem Sohn über sein Geschenk *zu reden*, enthält in den meisten Kommentierungen einen Hinweis auf das Störende, das die Frauen an dem Geschenk empfinden würden. Sie unterscheiden sich aber von den »wütenden« und »Mein Sohn nicht«-Frauen dadurch, daß sie trotz des Störenden ihre Redebereitschaft gegenüber dem Sohn nicht verlieren. Sie können sie aufrechterhalten und somit eine Klärung der mannigfaltigen Motive versuchen.

- *Ich würde mit ihm besprechen, wie er zu dieser Idee kam;*
- *Anlaß zu einer munteren Unterhaltung;*
- *unpassende Aktion, würde mit ihm darüber reden und sagen, daß ich das nicht so gut finde;*
- *würde ihm erklären, daß ich mir so etwas lieber selber kaufe und er mir lieber etwas anderes kaufen soll;*
- *ich würde ihn fragen, wo er die Unterwäsche herhat und ob ihm meine nicht gefällt.*

Da der Sohn die Gefühle seiner Mutter versteht und Peinliches, Unangemessenes und Irritierendes ohne sprachliche Hinweise aufnehmen kann, wird das klärende Wort sogar überflüssig. Er weiß als 14jähriger, was dieses Geschenk bedeutet, und wenn die Mutter nicht mit Zartsinn reagiert, weiß er, daß die symbolische Botschaft seines Geschenkes an der mütterlichen Beziehungsrealität zu seinem Vater wie ihrer Autonomie zerschellt ist.

Das lange Reden gleicht dem von Adoleszenten, die sich noch nicht entscheiden können, was sie miteinander anfangen wollen. Obwohl sie wissen, daß sie sexuelle Wünsche haben. Das Reden ist die Fortsetzung der Verführung – zu zweit. Für seine Mutter wäre es zumal die überlegene sadistische Ausbeutung seines ohnmächtigen Begehrens im Medium der Sprache.

Scham-Loser Zartsinn

Wenn der Sohn seiner Mutter wunderschöne Unterwäsche schenkt, dann ist das nicht nur eine Gabe, die allein durch ihr Erscheinungsbild besticht. Es ist eine Geste, die zuerst einmal den schenkenden Sohn als etwas Besonderes in den Mittelpunkt rückt. Das Ästhetische seiner Wahl, die Kostbarkeit des Gegenstandes, die Weite der Assoziationen, die Heftigkeit und Widersprüchlichkeit der Gefühle, die er auslöst, deuten auf widerstreitende Reaktionen hin. Es sind heftige Affekte, die das zartsinnige Geschenk in den befragten Frauen auslöst. Trotz der vielen Zwischentöne und den raffinierten Anstrengungen, das Begehrte annehmen zu können und gleichzeitig den Reichtum erotischer und sexueller Bedeutungen nicht in voller Stärke über sich hereinbrechen zu lassen, markiert Konfusion die Äußerungen der Frauen. Es scheint bei vielen darum zu gehen, einen Kompromiß bei der Beurteilung des Geschenkes zu finden. Viele wollen den erotischen Zartsinn, der dem Geschenk traditionell anhaftet, nicht verwerfen, ebensowenig möchten sie das Geschenk zurückweisen, denn es gefällt ihnen nur allzu gut. Welche Argumente Frauen dazu einfallen, welche Gefühle sie kontrollieren oder neutralisieren möchten, um die zwiespältige Situation zu beherrschen, habe ich an ihren Kommentierungen gezeigt. Trotz der Vielfalt der Antworten gibt es eine unübersehbare Linie, welche die Frauen in zwei Gruppen scheidet. Es ist die Art und Weise, wie sie sich mit dem Zweideutigen, dem Ambivalenten, eben den widerstreitenden Bedeutungen des Geschlechts auseinandersetzen.

Die eine Gruppe von Frauen kann über das sexuelle Begehren des Sohnes, seinen Eingriff in ihre Intimität und den kaum verhüllten Zugriff auf ihr Genital nicht »hinwegsehen«. Sie kämpfen trotz ihrer schleichenden Verführbarkeit mit dem Gefühl der Scham, sich nämlich dem Sohn »nackt« zu zeigen und entblößt von ihm betrachtet zu werden. Nackt in ihrer erotisch-sexuellen Bedürftigkeit wie in ihrer nackten Körperlichkeit. Sie fühlen sich mehr oder weniger beschämt und suchen nach Wegen, die wiederum den Sohn mit seinen guten Absichten »nicht im Regen stehen lassen«. Ärger, Frustration, Barschheit und Kränkung sind seltene Fälle, die noch in diese Gruppe gehören. Es sind Versuche, sich den verführenden Sohn vom Leibe zu halten, dem er bereits zu nahe gerückt ist, ohne auf dem Wege dorthin auf Grenzen und Widerstand gestoßen zu sein.

Die andere Gruppe von Frauen scheint die innere Zerrissenheit der widerstreitenden Gefühle nicht zu kennen. *»Ganz weg von so viel Zartsinn«* beim Anblick des exquisiten Geschenks zu sein läßt auf der bewußten Ebene der Selbstwahrnehmung nichts Dissonantes erkennen. Es herrscht Eindeutigkeit vor, wie die Offenheit, sich dem Geschenk mit allen symbolischen Bedeutungen genußvoll hinzugeben. Das Mütterliche wurde von den Frauen *in dieser Situation* aufgegeben. Ihr Genuß konfrontiert den Sohn mit der Anerkennung einer narzißtisch und genital bedürftigen Frau. Zwei Generationen, die der Eltern und der Kinder, begegnen sich im Geschenk mit allen Spannungen und Befriedigungen, welche die Gegengeschlechtlichkeit in der inzestuösen Grenzüberschreitung enthält.

Die Gruppe der »Nur Hingerissenen« kennt jedoch eine Form, die sich nicht ganz so sicher in der Bereitschaft zur narzißtisch-genitalen Genußwut ist. Die Vieldeutigkeit des Geschenkes wird geahnt, aber rigide abgewehrt. Sie geben sich »nur erfreut« und wehren sich fast trotzig, den Blick abwendend, Störendes sich selbst vorzuhalten. Die Frauen weigern sich, etwas *in* ihnen mahnend Aufsteigendes zu empfinden, das ihren Genuß des schönen Geschenkes trüben könnte. Sie befinden sich sozusagen mit dem Sohn im inzestuösen Feld. Die Begegnung ist sexuell, und kein Gewissen dieser Welt soll sie daraus vertreiben. Vor allem nicht ihr eigenes. *Zumindest nicht in dieser Geschenksituation!*

Unangemessene Beziehungen zu Kindern sind keine »Fehler«, die passieren und mit schnellen Verhaltenskorrekturen beendet werden können. Das Unangemessene, das hier beispielhaft in den Blick gerät, entsteht aus einer gemeinsamen Geschichte. Es ist die Geschichte der Beziehung einer Frau zu ihrem Sohn. Wenn wir die Gruppen miteinander vergleichen, dann können wir vermuten, daß es sich nicht um einmalige »Fälle« handelt, sondern um Ereignisse, die eine Vorgeschichte haben, ohne die sie nicht in dieser oder jener Form aufgetreten wären. Vor allem werden sie nicht einmalig sein, sondern sie werden Vorläufer haben und in der Zukunft zu weiteren inzestuösen Verstrickungen führen.

Ob diese Vermutung für die Frauen unserer Befragung zutrifft, möchten wir klären. Wir haben dazu die Frage (siehe Tabelle D 11) gestellt:

> *»Ein Mann erinnert sich im Alter von 45 Jahren, daß seine Mutter ihm als 8jährigem die Hose heruntergestreift hat, um mit einer Nachbarin zu prüfen, ob sich die Hoden gesenkt haben. Wie würden Sie das Verhalten seiner Mutter bewerten?«*

Diese Frage wurde einer Episode abgewonnen, die der Teilnehmer einer Gruppendiskussion unter Anzeichen schwerer Peinlichkeit und Beschämung erinnernd aufdeckte. Die Antwortmöglichkeiten:

- *Besorgt;*
- *gefühllos;*
- *mißbräuchlich;*
- *unangebracht;*
- *schädlich,*

die wir vorgegeben haben, unterscheiden sich im wesentlichen dadurch, ob Frauen die Pein und die Scham des sich erinnernden Sohnes nachvollziehen können und sich damit identifizieren, oder ob sie Antworten wählen, welche die Beschämung mit Gründen rechtfertigt, die dem Sohn die Peinlichkeit der »Vorführung« nicht ersparen konnte. Die beiden Tendenzen zu antworten können auch so charakterisiert werden, daß es Frauen gibt, die den Sohn nicht verstehen, weil sie sich nach ihren Wünschen ein Bild von ihm machen und eben nicht aus dem Verständnis seiner Möglichkeiten und Verletzbarkeiten.

Beim Vergleich der beiden Gruppen zeigt sich nun, daß die Frauen, die nur den Zartsinn des Geschenkes sehen und alles Unangemessene von ihrem Bewußtsein ausschließen, sich von den Frauen signifikant unterscheiden, die widersprüchliche Gefühle erleben können. Die Frauen, die nur den Zartsinn des Geschenkes wahrnehmen, sind die Frauen, welche die Beschämung des Sohnes nicht verstehen können, wenn die Mutter ihm zur »Hodeninspektion« mit der Nachbarin die Hosen herunterstreift. Sie sehen die Episode als Ausdruck der *»mütterlichen Sorge«*. Die Frauen, die ambivalente Gefühle zum Geschenk haben, sind auch die Frauen, die die Peinlichkeitsgefühle des Sohnes nachvollziehen können. Sie sehen das Verhalten der vorführenden Mutter als *»peinlich, mißbräuchlich, schädlich oder gefühllos«*. Die Identifizierungen sind unterschiedlich intensiv, aber sie sind grundsätzlich gegeben.

Wir können daraus schließen, daß die an Zartsinn orientierten Frauen den Sohn nicht so ohne weiteres mit seinen widersprüchlichen Gefühlen und Wünschen sehen können. Sie sehen ihn offenbar so, wie er für ihre Bedürfnisbefriedigung »passend« ist. Die Unangemessenheit besteht demnach darin, daß sie ihn für ihre Zwecke »gebrauchen«. Wir können vermuten, daß es sich dabei um eine durchgängige Eigenart ihrer Beziehung zum Sohn handelt.

Der Sohn in Mutters Bett

»... ich besuche ihn manchmal in seinem Bett!«

Ob Frauen verführend sind oder ob ihre Söhne sie nur als verführerisch phantasieren, hängt mit Gewißheit nicht nur vom Verhalten der Mütter ab, sondern ebenso von den Phantasien der Söhne. Deren Phantasiewelt aber kann sich bescheiden oder üppig entfalten. Sie kann völlig unabhängig vom Verhalten der Frauen sein, die ihre Mütter sind. Ihr Bild von ihnen kann im Extremfall so gut wie nichts mit ihnen zu tun haben. Ihre Mütter können eine reine Gestalt ihrer Phantasietätigkeit sein, die sie entwickeln, wenn sie in die ödipale Phase ihrer psychosexuellen Entwicklung eintreten. Das kann ab dem 3. Lebensjahr der Fall sein.

Neben den Phantasien eines Sohnes darüber, wie sehr er seine Mutter sexuell begehrt und wie er glaubt, daß sie ihn begehrt, gibt es die Beziehung zwischen beiden. Dieser Wirklichkeitsform, in der sich ihr alltägliches Leben abspielt, soll unser Augenmerk gelten. Denn eine verführerische Mutter zu haben kann der kleine Sohn nicht so ohne weiteres ausdrücken. Das würde voraussetzen, daß er sich ein »Bild von ihr machen kann«. Diese Fähigkeit setzt eine Ablösung von beiden voraus, die erst Jahre später einsetzt.

Aber trotzdem »erlebt« er die Mutter täglich als sinnlich verführerisches Wesen. Ihr Verhalten, die Art, wie sie mit ihm spricht und wie sie ihren Körper »zeigt«, wie sie sich nackt vor ihm bewegt, wie sie ihn ansieht und wie sie ihn berührt, kann Ähnlichkeit mit ihrem Verhalten gegenüber erwachsenen Männern haben. Eine verführerische Frau bedeutet für den kleinen Sohn, daß sie ihn in ihre eigene Phantasie- und Wunschwelt verstrickt.

Der Wahrnehmung des Sohnes entgeht das noch fürs erste. Die Beziehung zu ihr dünkt ihm naturwüchsig, aber bald wird er seine Gleichheit mit den Ungleichen – nämlich den erwachsenen Männern – mit Gefühlen ertasten. In einer unangemessenen Beziehung zur Mutter sich zu befinden heißt für den Sohn nichts anderes, als daß sie ihn wie einen erwachsenen Mann behandelt. Dem aufmerksamen Mann, der sein Vater ist, oder Freunden seiner Mutter entgeht es möglicherweise nicht, daß die Frau ein besonderes Verhältnis zu ihrem Sohn hat. Der Sohn aber hat in einem solchen Arrangement allen Anlaß, seine kindlichen Phantasien von der Vergleichbarkeit mit den großen Männern, wie die er selbst sein möchte, als real zu empfinden.

Andererseits wird in unserer Kultur die Beziehung von Frauen zu ihren Söhnen frei von sexualisierenden Stimulierungen gesehen. Die Abwesenheit solcher Beziehungen ist eine wesentliche Voraussetzung dafür, daß der Sohn sich zur Selbständigkeit entwickeln und die Ablösung von der Mutter vollziehen kann. Diese Vorstellung ist in unserer Kultur als Wunsch und Norm weitgehend verankert. Wie weit sie eingehalten wird, ist eine andere Frage, die bemerkenswerterweise im Hinblick auf die Beziehung von Mutter und Sohn nicht sonderlich intensiv verfolgt wird. Im sexuell abstinenten Verhalten der Eltern wie in selbstbewußten Vermeidungen prekärer sexualisierender Situationen erleben die Kinder, wie sehr diese Norm für sie und die Eltern Geltung hat.

Eine wesentliche Voraussetzung für die psychosexuelle Entwicklung der Kinder zur Selbständigkeit ist erfüllt, wenn Eltern zu ihnen nur zärtliche und keine sexualisierten Beziehungen unterhalten. Zum Wesen von Sexualisierungen gehört es, daß sie weitgehend der bewußten Wahrnehmung entzogen sind. Wie weit es ein Bewußtsein unter Frauen mit Söhnen davon gibt, haben wir durch eine entsprechende Frage zu klären versucht. Wir haben die Frauen gefragt (A 14): *»Wenn Sie sich selbst beschreiben würden! Welche Eigenschaft wird Ihnen am ehesten gerecht?«*

Als Antwortmöglichkeiten nannten wir:

- *kühl;*
- *warm;*
- *hingebungsvoll;*
- *sinnlich;*
- *verführend.*

Es entspricht dem gängigen kulturellen Ideal von Mütterlichkeit, daß 75,3 % der Frauen sich als *»warm«* einordneten, 10,5 % bezeichneten sich als *»kühl«*; als *»hingebungsvoll«* 11,6 %, als *»sinnlich«* 10 % und als *»verführend«* 1,1 %.

Wohlgemerkt, hier handelt es sich um bewußtseinsnahe Selbsteinschätzungen, sozusagen um die Wiedergabe von Wunschbildern von sich selbst, aber auch solchen, die gesellschaftlich hoch anerkannt sind. Bei allen Antwortmöglichkeiten ist daher nicht auszuschließen, daß ein sorgsamer Beobachter zu dem Ergebnis kommen könnte, daß viel mehr Mütter in ihrem Verhalten *verführerisch* oder *sinnlich* auftreten, als sie selbst wahrnehmen. Ein bemerkenswertes Ergebnis unserer Studie ist es, daß wir anhand der Antworten zeigen können, daß nicht wenige Mütter ein unangemessenes Verhältnis zu ihren Söhnen haben, ohne sich dessen allerdings in aller Regel bewußt zu sein. Wie Frauen ihre Söhne verführen und damit in unangemessene Beziehungen einbinden oder sich von den Söhnen auch in solche verstricken lassen, zeigen wir unter anderem in den Kapiteln »Die Mutter soll den Penis streicheln« und »Der Penis als frühes Objekt endloser Sorge«.

So ist die Wahl der Antwort *verführend* auf unsere Frage eine couragierte Selbstbeschreibung, die in unserer Kultur für die Mutter-Sohn-Beziehung nicht vorgesehen ist. Weil das Verführende auch angst macht, werden viele Frauen zu ihrem Schutz diese Antwort nicht gewählt haben. Es kann deshalb angenommen werden, daß Verführendes sich unerkannt viel häufiger in die Beziehung von Frauen zu ihren Söhnen einschleicht, als wir annehmen. Die Frauen, die sich an der Studie beteiligt haben, zählen ohne Zweifel zu denen, die dem gesellschaftlich weitverbreiteten Schein von der nicht-sexualisierten Beziehung zwischen Frauen und ihren Söhnen bereits eher skeptisch, selbstkritisch und gefühlsambivalent gegenüberstehen.

Dieser Vermutung soll anhand einer typischen und weitverbreiteten Szene nachgegangen werden. Die Frage (B 10) lautet: *»Wenn Ihr Partner abwesend ist, darf dann Ihr Sohn bei Ihnen im Bett schlafen?«* Hier geht es nicht um die *allgemeine* Frage, ob der Sohn gelegentlich oder häufig ins Bett seiner Mutter kommen darf, sondern um eine *besondere* Situation, an der sein Vater in besonderer Weise beteiligt ist. Nämlich jene, in der der Partner abwesend ist und sein Platz im Bett »frei« ist. Sicher übt es auf alle Kinder, gleich welchen Geschlechts, einen besonderen Reiz aus, einen Elternteil einmal für sich ganz allein zu haben, und zwar dann, wenn der andere Elternteil abwesend ist.

In unserer Frage geht es jedoch um eine Ausnahmesituation, die sich nicht mit der Erklärung bagatellisieren läßt, die Kinder fänden es eben nun einmal besonders schön, einen Elternteil ganz allein für sich zu haben. Für den Sohn stellt die Abwesenheit des Vaters oder des Partners seiner Mutter eine besondere Situation dar. Entscheidend ist deshalb, daß er in ihr Bett kommen darf, *weil* der Vater abwesend ist. Daß es andere Situationen gibt, in denen er es auch darf, wird als selbstverständlich unterstellt.

Diese nicht ganz alltägliche Szene bedarf der Erläuterung. Der Vater ist abwesend, er ist verreist, auf Montage, auf einem Kongreß oder einer Firmenschulung oder aus anderen Gründen abends nicht im gemeinsamen Bett mit seiner Partnerin. Die Mutter des Sohnes sieht keinen Grund, das Bett allein zu beanspruchen. Sie sieht auch keinen Anlaß, daß der Sohn wie üblich in seinem Bett schläft. Vielleicht schläft sie nicht gern allein, und der Sohn ist ihr als »knuddeliger Ersatzmann« im freien Teil des Bettes nur allzu recht. Das Verführerische, von dem die Frau nichts ahnt oder nichts ahnen will, besteht darin, daß sie sich von dem verliebten Sohn mit der glatten Haut, dem strammen Körper und der überbordenden verführerischen Verliebtheit so betören läßt, daß sie seinem Wunsch, bei ihr zu schlafen, »entgegenkommt«. Ebenso möchte der Sohn die Gunst der Stunde nicht ungenutzt verstreichen lassen.

Aber was löst dieses Arrangement in der Gefühlswelt des Sohnes aus? Es geht dabei um eine besondere Konstellation in der Beziehung zwischen der Frau und ihrem Sohn. Es geht nicht nur darum, daß zwei Personen gemeinsam im Bett schlafen, auch wenn beide ihre jeweils eigenen Wünsche haben. Was für die Zeit der beginnenden Ödipalität gilt, hat selbstverständlich in den anschließenden Jahren und erst recht im Alter der Pubertät und Adoleszenz ebensolche Bedeutung.

Wenn der Sohn den Platz des Vaters im Bett neben dessen Frau einnehmen darf, so sieht er die Mutter als diejenige, die ihm diesen Platz einräumt, *weil* ihr Mann weg ist. Er wird zumindest in seiner Phantasie glauben, daß die Mutter seinen Wunsch nach besonderer Nähe zu ihr akzeptiert. Der Sohn wird den Partner deshalb möglichst oft wegwünschen, damit er das Privileg dieses Platzes häufig genießen kann. Der gute Vater ist dann der abwesende Partner, der aber nicht ungefährlich ist, weil er den Sohn bei seiner Rückkehr wieder vertreibt. Der beste Vater wäre dann der, der überhaupt nicht mehr zurückkommt, denn dann könnte der Sohn in seiner Phantasie den Platz neben dessen Partnerin für immer einnehmen. Die Gunst der Stunde wird die Phantasien des Sohnes von einer ausschließlich ihm vorbehaltenen Beziehung zur Mutter heftig entfachen und in ihm ebenso heftige Schuldgefühle auslösen. Einerseits möchte er schon den Platz des Vaters, andererseits möchte er ihn aber auch nicht verlieren, denn er liebt ihn ebenso stark, wie er mit ihm um die Mutter konkurriert.

Was diese Situation auch verschärft und was nicht selten vorkommt: Der Vater läßt den Sohn bei seiner Partnerin ins Bett und läßt sich anderswo in der Wohnung nieder – für unabsehbare Zeit. Er leistet Vorschub für dieses Arrangement. Gerade solche Arrangements von großer inzestuöser Spannung sind in unverdächtigen, alltagspraktischen Begründungen von scheinbarer Ahnungslosigkeit verpackt.

Gerade wenn die Mutter die Anwesenheit des Sohnes anstelle des Ehemanns mit pragmatischen Anlässen begründet, ist die Vermutung nicht unbegründet, daß unbewußte inzestuöse Phantasien ihr Handeln leiten. Der rationalisierende Charakter der Begründungen besteht dann darin, dem verpönten Begehren einen harmlosen Ausdruck vor sich selbst wie der Umwelt zu verleihen.

Es ist überzeugend, daß nicht ausschlaggebend ist, *daß* der Sohn im Bett der Frau schläft. Es ist der Ausnahmecharakter, das heimlich spürbare Begehren der Frau und ihre unbewußte Verliebtheit in den Sohn, die das Arrangement zur Verführung machen. Die Abwesenheit des Mannes als Voraussetzung ist jedoch ein zuverlässiges Indiz für eine wenig klare Selbstabgrenzung der Frau zu ihrem Sohn und ihre unbewußte Verstrickung mit ihm in einer unangemessenen Beziehung.

Die Erektion des Vierjährigen

Der Sohn befindet sich morgens im Bett der Mutter. Der Vater ist verreist. Die latente Brisanz der Situation möchte ich demonstrieren:

Beide tollen wie wild. Plötzlich bemerkt die Frau, daß der außer sich geratene Sohn eine Erektion hat. Das Kuschelspiel ist für sie damit schlagartig beendet. Sie wird ärgerlich, schimpft den Sohn aus und wirft ihn aus ihrem Bett. Ihre gute Laune ist dahin. Das harmlose Spiel hat ein böses Ende genommen. Die Mutter fühlt sich vom Sohn offensichtlich mißbraucht.

Was ist passiert? Daß der Sohn eine Erektion hat, ist nichts Außergewöhnliches und kann die Frau weder überrascht noch erschreckt haben. Sie kann kaum über die Erektion verärgert gewesen sein, sondern eher darüber, daß sie beim harmlosen morgendlichen Tollen bei ihr im Bett aufgetreten ist. Aber was ist das Rätselhafte an ihrem Ärger?

Die Lösung des Rätsels ist wohl darin zu suchen, daß der Vorfall ihr die Laune verdarb und sie ärgerlich machte, weil er in ihr eine starke Berührung ausgelöst hat, die sie mit ihrem Sohn nicht in Verbindung bringen will. Nicht die anatomische Tatsache der Erektion hat sie verärgert, sondern die Gefühle, die dabei in ihr »fast ausgelöst« worden wären.

Die Vermutung liegt nahe, daß die Erektion des Sohnes die Frau mit bewußtnahen Phantasien konfrontierte, die in ihr während des Tollens mit dem Sohn entstanden sind und die sie lieber ihrem *bewußten Erleben* vorenthalten würde. Die Erektion des Sohnes hat den dünnen

Schleier zwischen Verbot und Lust zerrissen. Sie symbolisiert unzensiert und frei von moralischen Vorbehalten die Gewalt seiner Gefühle, die er hat, weil sie ihm den Platz des Vaters in vermeintlicher Ahnungslosigkeit eingeräumt hat. Möglicherweise hat das Tollen sie selbst in jenen Grenzbereich gebracht, in dem das Zärtliche und Verspielte bereits in Gefühle der eigenen Erregung übergehen. Der Ärger läßt sich dann schon eher verstehen. Er ist dann Ausdruck von Schuld- und Schamgefühlen, nämlich einem verpönten Begehren entgegengekommen zu sein.

Dann hat nämlich die Erektion sozusagen die geheimen Phantasien der Mutter auf den anatomischen Nenner beim Sohn gebracht. Weil sie Angst vor den inzestuösen Phantasien und Gefühlen hat, reagiert sie verärgert und wirft ihn aus dem Bett. In Wirklichkeit hat der Sohn durch seine Erregung höchst unbefangen der Mutter ihre eigenen sexuellen Phantasien vor Augen geführt.

Im übrigen müssen sich sexualisierte Szenen nicht in der eher drastischen und anschaulichen Weise unseres Beispiels ereignen. Sie zeigen sich nicht selten ebenso daran, daß das Kuscheln im Bett mit der Mutter wohlgemut beginnt, aber mit Gereiztheiten, Ärger, Tränen oder Ähnlichem beendet wird.

Diese Szene kann als ein Beispiel gelten, wie subtil unangemessene Situationen sich durchsetzen können und wie wenig sie mit sexuellen Phantasien der Mutter und selbstverständlich auch des Sohnes in Verbindung gebracht werden. Das Unangemessene wird wahrscheinlich in den wenigsten Fällen sich eindeutig und bewußtseinsfähig darstellen. Es läßt sich leicht übersehen. Es verbirgt sich, soweit das Unangemessene von der Frau und nicht vom Sohn ausgeht, vielfach hinter der mütterlichen Selbsteinschätzung, *»warm«* zu sein. Das Beispiel zeigt, daß das Verführerische dem elterlichen Erleben entzogen ist und trotz der Verpöntheit in einer harmlosen Gewandung als lustvoll erlebt werden kann, aber ebenso sich in Gereiztheiten oder Ärger zwischen Mutter und Sohn eine Darstellungsweise sucht.

Welche Auskünfte haben uns nun die Frauen zur Anwesenheit ihres Sohnes im Bett gegeben, wenn der Anlaß die Abwesenheit ihres Partners (B 10) ist?

36,2 % der Frauen gaben an, daß er *»nicht«* aus diesem Anlaß bei ihnen im Bett schlafen darf. *»Gelegentlich«* gestatten es 52,5 %, und bei 3,3 % der Frauen darf der Sohn *»regelmäßig«* aus diesem Anlaß in ihr Bett. Und *»immer«* gestatten es 8,3 %. Daraus ergibt sich, daß 63,8 %

aller Söhne in unserer Befragung demnach von ihren Müttern »erhört« werden, wenn der Partner nicht zu Hause schläft. Sie dürfen dann *»gelegentlich, regelmäßig«* oder *»immer«* seinen Platz im Bett einnehmen (siehe Tabelle B 10).

Diese Antworten werfen die Frage auf, ob Frauen ein angemessenes Verständnis für die Psychodynamik haben, die sie auslösen, wenn sie ihre Söhne in dieser Situation »erhören«. Die Söhne haben zwar ihre eigenen Phantasien über die Vor- und Nachteile der väterlichen Abwesenheit. Diese Phantasien wird ihnen auch niemand nehmen können. Sie werden sie eines Tages aufgeben, weil sie den Vater durch gar zuviel Konkurrenz nicht verlieren möchten und weil sie die Chance ihrer eigenen Entwicklung darin sehen, daß sie aus *Einsicht*, also *Vernunft*, die Mutter als Liebesobjekt aufgeben. Dieser Weg wird für die Söhne allerdings sehr beschwerlich, wenn die Phantasien, die sie über die Mutter als Liebesobjekt haben, durch deren Entgegenkommen unzweckmäßigerweise nicht nur angeheizt werden, sondern auch in den Bereich der *realen* Erfüllung geraten.

Die Zukunft einer Beziehung

Ich habe versucht, verborgene Beziehungen zwischen Frauen und ihren Söhnen dem kritischen Blick zu öffnen. Was ich gezeigt habe, gründet auf Angaben, die Frauen bei unserer Befragung gemacht haben, und auf der psychoanalytischen Deutung der unbewußten Beziehungsdynamiken, die sich dahinter verbergen können. Nur ein kleiner Teil der Befragungsergebnisse wurde verarbeitet. Wichtiger als viele Daten erschien mir eine sorgfältige Entfaltung der Beziehungsszenen, die für Frauen und ihre Söhne schwierig sind und die sie in widerstreitende Gefühle verstricken. Es sind Szenen, die dadurch geprägt sind, daß das Männliche und das Weibliche sich gegenübertreten. In dieser existentiellen Beziehung werden die Grundlagen des Geschlechterverhältnisses gelegt. Dazu zählt selbstverständlich der Vater, dem dabei die wichtige Rolle zufällt, die Trennung der Mutter-Sohn-Einheit einzuleiten und gegen alle Widerstände der Mutter und des Sohnes durchzusetzen. Dieser Widerstand äußert sich darin, daß Mutter und Kind die ursprüngliche körperlich-seelische Einheit nach der Geburt nur ungern gegen den letztlich lebenslangen Trennungsprozeß eintauschen wollen.

Für den Mann gibt es aufgrund seiner anatomischen Unfähigkeit zu gebären dieses Trennungsproblem von seinem Kinde nicht. Wenn er seine Partnerin durch seine Gegenwart vom gemeinsamen Kind trennt, dann geschieht das aus mehreren Motiven. Es dürfte allerdings im wesentlichen nicht aus Einsicht und Verantwortung für das Wohlergehen des Kindes geschehen, sondern wahrscheinlich zu einem viel größeren Teil aus Neid auf die einmalige Nähe, die jede Frau zu dem Kind hat, mit dem sie schwanger war und das sie geboren hat. Diese besondere Nähe kann kein Mann zu seinem Kind haben, denn die anatomische Differenz zur Frau zieht hier die Grenze. Der Neid auf die Fähigkeit zu gebären ist deshalb sicher ein mächtiges Motiv für Väter, die Mutter und das Kind zu trennen. Dieses Motiv kann zu sehr gegensätzlichen Inszenierungen führen. Einmal zu einer sehr aggressiven Trennung von Mutter und Kind, zum anderen kann es sich in desinteressierter Kälte äußern, die sich der Besonderheit der Mutter-Kind-Beziehung durch Flucht entzieht, um sie nicht erleben zu müssen. Die Verarbeitung des Gebärneides hat unendlich viele Erscheinungsweisen. In jedem Fall handelt es sich bei der Trennung von Mutter und Kind durch den Vater um Äußerungen dieser männlichen Form des Neides. So wird es gelungene wie mißlungene Verarbeitungsformen geben. Was für die psychosexuelle Entwicklung des Kindes jeweils das Angemessene ist, kann durch die unbewußten Trennungsmotive des Vaters, wenn er einfühlsam ist, verstanden und, wenn er vom Neide getrieben wird, mißachtet werden.

Weil die Ablösung von der Mutter mit Entsagungen für das Kind verbunden ist und vom Gebärneid des Vaters beeinträchtigt wird, wird in manchen Kulturen dieser Trennungsprozeß durch eine traditionsreiche Trennungskultur mit festen Fristen und Vorschriften abgelöst. So wechselt von einem bestimmten Alter an der Sohn in manchen Kulturen im Rahmen eines Rituals von einem Tag zum anderen von der Gemeinschaft der Frauen in die Gemeinschaft der Männer.[1] Damit entfallen die in unserer Kultur üblichen, über viele Jahre sich dahinziehenden Konflikte zwischen Müttern und Vätern darüber, was für ein Kind in einer bestimmten Lebensphase zumutbar und was noch nicht oder schon nicht mehr zumutbar ist.

Der versagende und deshalb strenge Vater und die gute und deshalb gewährende Mutter sind als Gegensatzpaar Ausdruck dieses Widerstreits von Innen- und Außenorientierung. Aus den genannten Gründen der Nähe zum Kind durch Schwangerschaft und Geburt ist es in erster Linie für die Frau schwer, von der guten Mutter in die gütige sich zu verwandeln. Dem Mann als Vertreter der Außenwelt, den der Gebärneid wie der Zorn über die frühe Trennung von der eigenen Mutter treibt, bleibt prinzipiell nur die gütige väterliche Position als Möglichkeit, nämlich die abwägende Position zwischen Außen und Innen. Ob er sie erreicht, hängt wesentlich von der Verarbeitung seines Gebärneides ab und von seiner Fähigkeit, die verfrüht erlebte Trennung von der eigenen Mutter zu akzeptieren.

An mehreren Szenen habe ich entfaltet, wie es Frauen in unserer Kultur schwerfallen kann, sich von ihren Söhnen zu lösen. Das kann sowohl eine Folge ihrer innerpsychischen Realität sein, aber auch unter dem verschärfenden Eindruck eines kalt sich abwendenden Partners und Kindesvaters geschehen. Des weiteren habe ich gezeigt, wie Frauen mit der anatomischen Geschlechterdifferenz und ihren symbolischen Repräsentanzen im Hinblick auf ihren Sohn umgehen bzw. wie sie symbolische Bedeutungen schaffen. Alle Frauen, welche die Bedeutung der anatomischen Differenz leugnen, schaffen für sich und ihren Sohn eine unangemessene Beziehungsrealität. Wie mißlich das sein kann, habe ich mit Deutungen entsprechender Szenen gezeigt und anhand von Befragungsergebnissen dokumentiert.

Frauen können mit der Geschlechterdifferenz sehr unterschiedlich umgehen. Ich habe dem Rechnung getragen, indem ich einerseits zwischen Frauen unterschieden habe, welche die Geschlechterdifferenz sehen und auch die emotionale Andersartigkeit der Erlebniswelt ihres Sohnes anerkennen, und andererseits den Frauen, deren unklare Grenzziehung, als Ausdruck der geleugneten Differenz, Anlaß zu problematischen Entdeckungen gibt. Aber es verläuft keine scharfe Trennung zwischen den beiden gegensätzlichen Weisen, die Geschlechterdifferenz zu sehen: jener nämlich, die ambivalenzfähig ist und dem Sohn offen für Auseinandersetzungen gegenübertritt, und der anderen, die ambivalenzunfähig ist und sich deshalb ohne Probleme wähnt. Die Studie zeigt, daß sehr viele Frauen Grenzziehungsprobleme haben und ihren Sohn verzerrt wahrnehmen. Die Mütter unterscheiden sich im wesentlichen dadurch voneinander, an welchem *Ort* und natürlich in welcher *Intensität* und *Dauer* sie Probleme in der Beziehung zu ihm haben. Das Grundproblem ist das der Grenzziehung, nämlich sich getrennt vom Sohn zu erleben und den Sohn auf seinem unumkehrbaren Weg des endlosen Abschieds zu begleiten.

So nimmt die Grenzverletzung bei einigen Frauen die Form einer sanft dahinziehenden Invasion in die Intimität des Knaben an. So zum Beispiel, wenn der Partner abwesend ist und der Sohn im Bett Einzug hält und als Tröster in der Einsamkeit willkommen ist. Andere wiederum verstricken sich unter dem Anspruch der Vorbeugung gegen phantasierte Vorhautverengungen in routinemäßigen inzestuösen Stimulierungen seines Genitals, Stimulierungen, die sich mitunter über viele Jahre bis weit in die Pubertät erstrecken. Jedes Kapitel weist auf Abgrenzungskonflikte besonderer Art hin.

Die Leserin und der Leser werden sich nicht nur angesichts dieser höchst ungewohnten Sicht auf die Mutter-Sohn-Beziehung, sondern auch wegen der befremdlichen Dynamiken zwischen einer Frau und ihrem Sohn fragen, ob es überhaupt vorstellbar ist, daß die Kindheit von Knaben so verlaufen kann, daß Episoden oder lange Phasen unangemessener psychosexueller Beziehungen ausbleiben. Solche nämlich, die von der Grenzüberschreitung bis zur »seelenmordenden« Unangemessenheit reichen. Auch werden die Leser sich fragen, ob es überhaupt Frauen gibt, die zu ihrem Sohn eine durchgängig angemessene Beziehung eingehen können. Andererseits halte ich es für ausgeschlossen, daß die

Mutter-Sohn-Beziehung ohne sexuelle Verführungen auskommt. Der Alltag von Frauen, die Lage der Alleinerziehenden, seien sie in einer Partnerschaft oder nicht, führt auch zu inneren Konflikten, für die sich nur allzu leicht Tröstung bei dem »kleinen Mann« suchen läßt. Dieser befindet sich dann auf dem keineswegs selten beschrittenen Weg, eine bessere Wiedergeburt seines Vaters werden zu müssen und wohl auch werden zu wollen. Wir haben die Frauen gefragt (B 12): *»Glauben Sie, daß Ihr Sohn, wenn er groß ist, ein besseres Verhältnis zu Frauen haben wird als sein Vater?«* Eine Frau hat auf diese Frage geantwortet:

»... das ist mir zum jetzigen Zeitpunkt zu spekulativ.«

Wir können davon ausgehen, daß die Antworten, die uns die Frauen gegeben haben, alle spekulativ sind. Denn es läßt sich nicht sagen, wie der Sohn einmal sein *wird*, sondern allenfalls, wie die Frauen sich wünschen, daß er sein *sollte*. Wenn Frauen sich wünschen, daß er *besser* als sein Vater sein soll, dann ist der reale Hintergrund der Antworten sehr wahrscheinlich, daß die Partnerschaft gleichgültig, depressiv oder unzufriedenstellend erlebt wird.

Wenn 8,8 % der Frauen sagen *»Ja, er wird fürsoglicher sein«*, 17,6 % *»Ja, er wird feinfühliger sein«*, und 23,6 % sagen *»Ja, er wird offener sein«* und 2,2 % *»Ja, er wird selbstloser sein«*, dann lassen uns die Antworten verstehen, in welchen Beziehungsdimensionen die Frauen nicht mit ihrem Partner zufrieden sind. Sie fühlen sich schlecht versorgt, gefühllos behandelt oder sie sehen sich einem verschlossenen Partner gegenüber, der obendrein zu anspruchsvoll erscheint. Die spekulativen Hoffnungen legen es aber geradezu nahe, daß die Frauen nicht nur für die Zukunft des Sohnes ein Stück *bessere Männlichkeit* ersehnen, sondern daß sie das Mangelnde am Partner sich schon heute beim Sohn holen und nicht nur darauf hoffen, daß andere Frauen später mehr von ihm haben als sie von ihm heutzutage, da er noch ihr Kind ist. Aus der Enttäuschung mit dem Partner, und seien es nur Facetten seines Verhaltens, entsteht dann die sprachlos sich gebende Hoffnung, die stille Erwartung und letztlich der situative emotionale Zwang, daß der Sohn sie trösten, sie bemitleiden, sie retten oder für Erlittenes entschädigen möge. Das können sowohl Geringfügigkeiten sein, aber auch massive Forderungen nach Nähe, narzißtischer Anerkennung und sexueller Befriedigung. Wobei als sexuelle Befriedigung nicht nur Genitales zu verstehen ist, sondern auch Prägenitales, dessen Befriedigung ebenfalls ausschließlich in die erwachsene Beziehung *»eingebettet«* sein sollte und nicht in die zum Sohn.

Ganz allgemein läßt sich jenseits der Beziehungsprobleme sagen, daß bereits das Aufeinandertreffen des Männlichen und des Weiblichen in der Frau-Sohn-Beziehung trotz des Altersunterschieds und der physiologischen Reifungsdifferenz immer auch phasenhaft die üblichen Reaktionen zwischen den Geschlechtern auslöst – nämlich Gefühle der Zärtlichkeit, der Erregung, der körperlichen Attraktion und Phantasien von Verführungen und des Verführtwerdens. Es gibt Frauen, die diese Phantasien leugnen und jede erotisch-sexuelle Dimension zum Sohn in Abrede stellen. Wie das Verleugnete sich an anderer Stelle im Gewande von Hygiene, Gesundheitsvorsorge oder Reinlichkeit einen beschämend peinlichen Weg für den Sohn sucht und ihn dazu verführt, diesen zu beschreiten, habe ich beispielhaft im Kapitel über »Der Penis als frühes Objekt endloser Sorge« ausführlich dargestellt.

Wir stoßen hier auf das Phänomen, daß das Unangemessene sich nicht nur in unendlich vielen Formen durchsetzen kann, sondern daß es in den Phasen, in denen es sich ereignet, zu phasentypischen Erlebnissen und Verarbeitungen führt. Was von der Mutter als Verführung inszeniert und im schlimmsten Fall als Seelenmord praktiziert wird, muß *nicht immer* zu unmittelbar lebensbeeinträchtigenden Traumatisierungen führen. Es gibt für das Kind durchaus die Möglichkeit, seinen Weg in die Freiheit durch einen ihm offenen Fluchtweg zu suchen. Die Verdrängung kann einem Kind helfen, nicht nur seine Kindheit jenseits der Traumatisierung zu überstehen, sondern ebenso ein Leben als Erwachsener zu führen, das nicht vom Trauma in zerstörerischer Weise eingeholt wird. Da wir aber nicht wissen, wie erfolgreich dieser Weg ist und wie häufig Kindern aufgrund ihrer psychischen Konstitution die Chance gegeben ist, ihn erfolgreich zu beschreiten, empfiehlt sich, an die Humanisierungsziele von Erziehung kollektiv wieder anzuknüpfen und Unangemessenheiten durch affektiv gesicherte Einsicht zu beenden, anstatt auf individuelle Glücksfälle zu hoffen.

Was sind nun wesentliche Voraussetzungen dafür, daß Unangemessenes im Verhältnis von Frauen zu Söhnen vermieden werden kann? Es lassen sich einige unabdingbare Voraussetzungen nennen, die sehr allgemeiner Natur sind. Die erfolgreiche Vermeidung setzt zum Beispiel voraus, daß Frauen die Andersartigkeit ihres Sohnes wahrnehmen können. Das klingt trivial, weil auf der physiologischen Erscheinungsebene sich der Unterschied zwischen Vagina und Penis nicht übersehen läßt. Entscheidend ist nicht die Wahrnehmung der anatomischen Differenz, sondern der gefühlsmäßige Blick auf diese Unterschiede. Deshalb ist entscheidend für die Beziehung der beiden, daß die Frau seine Gegengeschlechtlichkeit anerkennen kann. Unabhängig davon, wie der Junge selbst mit der Entdeckung des anatomischen Geschlechtsunterschiedes umgeht.

So ist von grundlegender Bedeutung, wie die Mutter die anatomische Differenz wahrnimmt. Sieht sie sie überhaupt und wenn ja: wie sieht sie sie? Kann sie eine der psychosexuellen Entwicklung gemäße Gefühlsbeziehung zu seiner Männlichkeit entwickeln? Reagiert sie mit Verleugnungen, so können diese sowohl die Gestalt der Entwertung wie der Idealisierung annehmen. Für den Sohn ist die Idealisierung seiner Männlichkeit nicht weniger bedrohlich als deren Entwertung. Beides beeinträchtigt seine psychosexuelle Entwicklung nachteilig.

Für die unangemessene Wahrnehmung will ich ein Beispiel nennen, in dem die Gefühlswelt des Sohnes »totgeschwiegen« wird. So übersieht eine Mutter die Differenz, wenn sie der Meinung ist, daß der Zeitpunkt von ersten Sexualäußerungen auf den Beginn der Pubertät zu datieren sei, weil der Sohn zuvor psychisch und anatomisch geschlechtslos wie übrigens auch seine Schwester sei. Diese Blickweise ist bemerkenswert häufig anzutreffen. Der Vollständigkeit halber sei hinzugefügt, daß dieser Blick für die Tochter nicht weniger zerstörerisch ist als für den Sohn.

Im verzerrenden Blick, der zugleich ein verzehrender ist, taucht das Problem der Beschämung durch die Mutter wieder auf. Selbstverständlich für beide Kinder. Nichts anderes sind die unangemessenen Blicke auf seine und der Schwester Genital. Die Frau sieht den Sohn (die Tochter) weder wie er (sie) ist, noch wie er (sie) sein möchte, noch in einer Mischung aus beidem.

Sie sieht den Sohn so, wie sie ihn haben möchte. Der verzerrend-verzehrende Blick, mit dem sie den Sohn nach ihrem Bilde schafft,[2] bezieht sich selbstverständlich nicht nur auf die anatomische Differenz, obwohl das die anatomische Basis ihrer Wahrnehmung ist. Da seine männliche Anatomie mit seinen Phantasien, seinen Wünschen und Begehren psychisch besetzt ist, ist diese Variante des mütterlichen Blicks eine verunstaltende Miß-Achtung des Sohnes.

In den Alltagsbeziehungen zwischen Frau und Sohn kann sich das so darstellen, daß sie zum Beispiel seine Erektionen nicht wahrnimmt. Im Grunde tun das Frauen heute immer noch in großer Zahl, obwohl die Erziehungsliteratur ihnen geradezu »nahelegt«, Erektionen möglichst früh, nämlich mit ihrem Auftreten kurz nach der Geburt, wahrzunehmen. Um zu ermessen, wie weit dieser verzerrend-verzehrende Blick verbreitet ist, haben wir den Frauen folgende Frage (F4) gestellt: *»Haben Sie Gliedversteifungen bei Ihrem Sohn wahrgenommen?«* und die Frage (F5) ergänzt: *»Wie alt war Ihr Sohn, als Sie erstmals Gliedversteifungen wahrgenommen haben?«*

Die Antworten zeigen, daß die Ratgeberliteratur ihre Grenzen erreicht, wenn innerpsychischer Widerstand das Augenfällige nicht zur Kenntnis nehmen will. 15,9% aller Frauen gaben an, bislang *keine* Gliedversteifungen wahrgenommen zu haben. Im Mittel waren diese Söhne bereits 9,42 Jahre alt. Wobei Frauen in den östlichen Bundesländern mit 20,3% fast doppelt so oft keine Gliedversteifungen wahrnehmen wie die Frauen in den westlichen Bundesländern: nämlich 11,8%. Es zeigt sich, daß der erkennende und der verleugnende Blick kulturelle Phänomene sind.

Von allen Frauen, die gesagt haben, *»Ja, ich habe Erektionen wahrgenommen«*, werden allerdings sehr unterschiedliche Angaben über den Zeitpunkt der Wahrnehmung gemacht. So nehmen 50,2% aller Frauen die Erektionen im 1. Lebensjahr wahr. 11,4% machen die Wahrnehmung im 2. Lebensjahr, 10% im 3. Lebensjahr, 5,3% im 4. Lebensjahr, 13,2% zwischen dem 5. und 10. Lebensjahr und 1,5% zwischen dem 11. und 12. Lebensjahr (siehe Tabelle F5).

Nicht wenige nehmen demnach die sexuellen Äußerungen ihrer Söhne so spät wahr, daß sie die Zeichen seiner sexuellen Erregbarkeit jahrelang »übersehen«.

Der gefühlsmäßig erkennende Blick, im Gegensatz zum optischen, der sich von den Gefühlen lossagen kann und dadurch blind wird, ist ohne die großen Debatten über überflüssige Sexualrepression im Westen nicht vorstellbar. Entscheidend ist aber nicht das Sehen, sondern die Fähigkeit, die emotionale Erregung als ein Erlebnis des Sohnes anzuerkennen und zugleich die eigene Beteiligung daran mit Gefühlen besetzen zu können. Das allerdings scheint vielen Frauen nicht möglich zu sein, und es regt sich unbewußter Widerstand dagegen. Erektionen werden zwar gesehen, aber es dürfen keine Gefühle der Erregung weder beim Sohn noch der Mutter damit in Verbindung gebracht werden. Früher war es hingegen so, daß nicht einmal die Erektion *gesehen* werden durfte. Die Angst der Frauen ist erkennbar, und der Versuch, das Schwierige zu verleugnen. Typisch für diese Form der Sexualangst sind Äußerungen von Kinderärzten, die zum Zweck der Verharmlosung der Beobachtung wiederholt zitiert werden. So etwa:

- *Aber das ist alles harmlos;*
- *das hat nichts zu bedeuten;* oder
- *machen Sie sich da keine Ängste.*

Eine Frau kommentierte: *»Aus verschiedenen Büchern weiß ich, daß Gliedversteifungen bei Säuglingen und Kleinkindern völlig normal sind und nichts mit sexuellen Reaktionen zu tun haben. Ich werte solche Gliedversteifungen bei meinen Sohn (6 Jahre alt) auch heute noch so.«*

Dieser Blick weist auf eine massive Verleugnung dessen hin, was die Frau vor ihren Augen »sieht«. Verleugnungen dieser Art sind keine Fehler, sondern haben einen innerpsychischen Sinn. Sie sollen eine Wunschvorstellung am Leben erhalten, obwohl dieser Blick durch Einsicht verändert werden könnte. So kann sich hinter dieser Verleugnung durchaus die Vorstellung verbergen, daß die Beziehung zum Sohn paradiesisch rein, nämlich »ohne Sünde und Apfel der Erkenntnis« sein möge. Der modern zu nennende Zustand, Erektionen hinzunehmen, ohne selbst etwas zu fühlen oder von den Sensationen des Sohnes zu ahnen, unterscheidet sich von der alten Sexualmoral lediglich im Erscheinungsbild. Was früher verboten war und nicht gesehen wurde, wird heute zwar gesehen, aber in einem Akt des sezierenden Blicks aller Gefühlsbedeutungen beraubt.[3] Dadurch bleibt der Penis im mütterlichen Kälteblick neutral. Der Verleugnung seiner Erregbarkeit folgt dann der forsche Zugriff auf des Sohnes Intimität. Wenn an den Erektionen »nichts dabei« ist, dann kann am Zugriff auf sein Genital ebenfalls »nichts dabei« sein. Diese widersprüchliche Gleichzeitigkeit von scheinbar desexualisierter Zärtlichkeit und gefühlskaltem Zugriff hilft Frauen, ihre Gefühle zu seinem Penis in eigentümlicher Unberührtheit zu lassen.

Wenn der Penis des Sohnes nur als Organ, nämlich als zukünftiges Zeugungsinstrument, gesehen wird, dann wird seine psychische Gefühlsrealität verleugnet. Es ist für ihn die Erfahrung einer weitreichenden Einschränkung. Ich zögere nicht, dieses Erlebnis als eine kastrationsähnliche Erfahrung zu bezeichnen. Was der Mutter als eine harmlose Verleugnung seiner Psyche erscheint, ist für den Sohn das Verbot, seine Sexualorgane liebevoll – nämlich libidinös – zu besetzen.[4] Im weitesten Sinne handelt es sich dabei um Beschämungen, welche die Mutter dem Sohn zufügt. Wir sehen, daß die Beschämungen in Gestalt *»frommer Weisheiten über die Reinheit der kindlichen Seelen«* oder des *»modernen Desinteresses an den Kindern«* einherkommen können. Sie können aber auch in der Gestalt einer burschikosen und aufgeklärt sich gebenden sexualpädagogischen Haltung auftreten. Wie wenig Beachtung diese Erlebnisweise des Sohnes findet, zeigt sich in der Befragung daran, daß von 903 Frauen nur 5 sich ausdrücklich die Frage gestellt haben: *»Was mag er wohl empfinden, wenn ich seinen Penis berühre?«*

Neben der erstickenden Verleugnung genitaler Libido, z.B. unter Reinlichkeitsritualen und Waschvorschriften, gibt es Verleugnungsformen, die nicht minder zwanghaft praktiziert werden. Jede Frau, welche die Ambivalenz ihrer Gefühle zum Sohn verleugnet, wird dazu neigen, Zwangsrituale zu entwickeln, um das Beunruhigende »stillzustellen«. Obwohl diese Abwehrmechanismen[5] immer individuell sind und die Grenzen persönlicher Lebensfähigkeit andeuten, nämlich sich der äußeren und inneren Realität mit ihren Konflikten zu stellen, so haben sie eines gemeinsam. Sie sollen als wahr simulieren, daß die sexuellen Regungen zwischen Frau und Sohn sich in einem neutralen Zustand befinden, so daß ihr Verhältnis als desexualisiert *erscheinen* kann – eben *nur* zärtlich. Alle forschen Zugriffe erscheinen dann als funktional sinnvolle *»Gefühlszuwendungen«* für den Sohn.

Was es ist, was die Frauen jeweils zur Wahl bestimmter Abwehrmechanismen[6] drängt, mit denen sie sexuelle Wünsche und Phantasien verdrängen, kann hier nicht erörtert werden. Aber es lassen sich Voraussetzungen nennen, die den weitgehend der *bewußten* Wahrnehmung entzogenen forschen Zugriff auf den Penis weniger selbstverständlich machen.

Es gibt im Hinblick auf die Kindererziehung und die damit verbundenen Beziehungsstrukturen und -dynamiken weibliche Formen der Macht und ihrer Ausübung. Sie sind vom Willen zur Bemächtigung der nachfolgenden Generation gekennzeichnet.[7] Es gibt eine mittlerweile lange und ins Alltagsbewußtsein eingesickerte weibliche Vorstellungswelt, daß dies zwar nicht zutrifft und nicht möglich sei. Ich verzichte auf die Diskussion der theoretischen Begründungsversuche,[8] zumal unsere Forschungsergebnisse den Mythos der »Verantwortungs-Losigkeit der Frauen« bereits auf empirischer Ebene widerlegen.

Viele Männer haben eine Reflexionsscheu im Hinblick auf die Bemächtigungsmacht von Frauen. Sie wollen Frauen, im Kern aber ihre erste, ihre Mutter, vor dem Einbruch des Widersprüchlichen in unser aller Bewußtsein schützen. Die Geste scheint rücksichtsvoll, aber nur fürs erste. In Wirklichkeit macht sie Frauen klein, denn die männliche Zuvorkommenheit schützt männliche Machtphantasien und die Macht, über die sie verfügen. Wer sägt schon gern am Ast, auf dem er selbst sitzt oder auf dem er sich einbildet, festverwurzelt zu sitzen. Wer Frauen als machtvoll anerkennt, der muß seine eigenen Begrenzungen ebenfalls hinnehmen. Somit auch die Differenz von Mann und Frau. So gesehen ist die Anerkennung des »weiblichen Opferstatus«[9] durch Männer nichts anderes als der Versuch, reale Macht und phantasierte Macht als die Obsiegenden zu erhalten. Die Frau, die nur Opfer sein will, verleugnet nicht nur die Macht, die sie hat, sie entzieht sie auch der Kritik. Sie macht sich unantastbar und sichert sich ihre Machtdomänen. So ergänzen sich dann die Macht- und Ohnmachtspsychologien zwischen Männern und Frauen zum Geschlechterarrangement. Jeder und jede kommt so zu seinem oder ihrem Recht, aber auf keinen Fall zur Wahrheit des Arrangements und seiner Veränderbarkeit.

In diesem Sinne plädiere ich dafür, die systematische Suche nach Opfern, sei es die seit Jahren andauernde unter den Mädchen und die allmählich einsetzende in den Reihen der Knaben, einzustellen. Die Entdeckung der Unangemessenheit elterlicher Beziehungen ist für die Kinder beiderlei Geschlechts mit Inzesterfahrungen allein nicht ausreichend. Der Seelenmord, um den es sich hier handelt, ist Teil der kindlichen Lebensgeschichte. Und das Schrecklichste des Inzests sind nicht die Handlungen, die möglicherweise im Alter der Pubertät oder erst Jahrzehnte später mit Affekt *erinnert* werden. Als Erlebnisse, denen die Gefühlswelt völlig abhanden gekommen ist, können sie durchaus erinnerbar sein. Die schrecklichsten Erfahrungen, die seelenmordend sind, liegen meistens viel früher im Leben. Sie sind schwere Traumata, die wegen ihrer unbeherrschbaren Reizüberflutung vom Kind nicht ausgehalten werden. Sie werden, so widersprüchlich das klingt, von den Kindern ihrer Gefühle beraubt, weil sie anders die Erlebnisse nicht ertragen können. Die gefühlsmäßig unbewältigbaren Probleme werden zum abgespaltenen, nämlich unbewußten Teil ihrer Lebensgeschichte. Nur so läßt sich die Reizüberflutung ertragen. Die psychische Weisheit des Menschen bedient sich zu unser aller Glück solcher Abwehrmechanismen. Ohne diese können wir nicht leben. Sie lassen uns überleben. Für viele ist das Überleben mit einem Trauma ein schlechtes Überleben, voller Glücklosigkeit, Gefühllosigkeit und Beziehungsunfähigkeit. Vor allem ist es ein Leben in der Gefühllosigkeit, das die Betroffenen nicht verstehen können. Es bestehen hier große Ähnlichkeiten zu den überlebenssichernden Gefühlsabtrennungen, von denen viele Überlebende der nationalsozialistischen Konzentrationslager berichten.[10]

Die schweren Traumatisierungen sind aufgrund ihrer Abspaltung vom bewußten Erinnern gar nicht abrufbar, wenn Forscher oder Forscherinnen ihr Interesse am Zählen entdecken, ihre Fragebögen verschicken oder Interviews durchführen. Die schweren Traumatisierungen, wie sie aus unangemessenen Beziehungen zwischen Eltern und ihren Kindern entstehen können, sind nur in langfristigen Psychotherapien aufdeckbar, und sie stellen sich so verdeckt dar, vor allem so undramatisch und wenig geeignet für den öffentlichen Voyeurismus, daß sie in dieser Erscheinungsweise weder die Forscher und schon gar nicht Journalisten interessieren. Allerdings sind nicht alle inzestuösen Beziehungen traumatisierend. Wie das Inzestuöse wirkt, hängt von der psychosexuellen Entwicklung der Kinder ab. Es ist ein Unterschied, ob ein fünf- oder elfjähriges Kind eine inzestuöse Beziehung verarbeiten muß. Das Elend der Traumatisierten ist nicht publikumswirksam.[11] Was öffentliche Beachtung findet, sind jene Fälle, an denen sich die sexuelle Erregungsbereitschaft[12] der Zuschauenden entfachen läßt.[13] Es sind die tiefen Verletzungen, die abgespalten wurden oder als Eigenschaft von Knaben in die Persönlichkeit eingebaut werden und im erwachsenen Leben als gesellschaftliche Tugend, nach einer Verkehrung ins Gegenteil, ein anerkanntes Dasein führen. Der Zugriff auf die Verletzungen wird damit verstellt. Und warum sollte der Knabe über seelenmordende Erfahrungen mit seiner Mutter grübeln, wenn er die unerträgliche Verletzung als gesellschaftlich anerkannte Tugend in der Form »männlicher Sachlichkeit« verbergen kann? Wir stoßen hier auf eine besondere *männliche Verarbeitungsform* inzestuöser Erfahrungen.

Traumatisierungen werden die Öffentlichkeit nur wenig interessieren. Sie verstellen meist die Möglichkeit, sich selbst an den Gewaltberichten mit moralischer Empörung voyeuristisch zu beteiligen.[14] Das wäre nicht nur langweilig, sondern ängstigend. Als solches läßt es sich weder als Schlagzeile noch als Talk-Show-Motiv verwenden. Es schließt nicht nur das Voyeuristische aus, sondern konfrontiert mit dem Elend.

Ein hervorragendes Beispiel dafür war die Anhörung im Bundestagsausschuß »Kinder« über Kinderpornographie, die nach Enthüllungen von Journalistinnen[15] im Jahre 1990 stattfand. Während einer Anhörungspause spielten die Journalistinnen ein Videoband ab. Es war ein Pornovideo, das den Versuch zeigte, eine Fünfjährige zu penetrieren. Nach einer anfänglichen, unter beiden Geschlechtern aufwallenden voyeuristischen Bereitschaft, sich das Videoband anzusehen, setzte schnell bei vielen eine affektive Abwehrreaktion ein. Sie führte dazu, daß auch ich mich entfernte, weil mir meine voyeuristische Beteiligung am Seelenmord eines Mädchens bewußt wurde. Die voyeuristische Beteiligung zeichnet sich dadurch aus, daß die Grausamkeit der Handlung nicht in den gefühlsmäßigen Erlebensbereich des Zuschauenden rücken kann, weil das Video nur für die Gefühlswelt der Perversen hergestellt wurde. Das Video kennt nur die Perspektive des Täters. Die tödlichen Abspaltungen der Gefühle werden durch den zuschauenden Blick nicht vermittelt. Denn es gibt dabei nichts zu entdecken als die Erfüllung projizierter Wünsche im Gewand eines Informationsbedürfnisses oder moralischer Empörung.

Es kann lebensbewahrend sein, schreckliche *Erlebnisse* und *Phantasien* der Kindheit nicht aufzudecken. Die kindliche Amnesie macht damit im Alter um fünf Jahren ernst, wenn sie *Erlebnisse* und *Phantasien* der frühen Kindheit dem Vergessen überantwortet. Aber dazu zählen nicht nur die reizüberflutenden elterlichen Verführungen, sondern auch deren Lieblosigkeit, die das Kind fürchten läßt, sie gänzlich zu verlieren. Die Angst vor dem Verlust des Liebesobjektes, zumal der wiederholt ausgesprochene oder signalisierte Entzug der mütterlichen Liebe, ist nicht weniger zerstörerisch als die unangemessene Nähe zu einem Elternteil.

Die großen Debatten der jüngsten Vergangenheit über »Gewalt gegen Kinder« und über den »sexuellen Kindesmißbrauch« legen einen fatalen Schluß nahe. Demnach hätten Eltern eigentlich alles Bedenkenswerte für ihre Kinder getan und alles Schädigende unterlassen, wenn der Vater darauf verzichtet, die Tochter zu penetrieren, oder Mutter und Vater es unterlassen, ihre Kinder körperlich zu züchtigen. Die Tendenz, Eltern-Kind-Beziehungen vorschnell zu entdramatisieren und jenseits von Schlägen und Penetrationen nichts Unangemessenes mehr zu sehen, ist eine logische Folge davon, unangemessene Beziehungen nicht in ihrer *Beziehungsdynamik* zu begreifen, sondern lediglich aus dem sichtbaren episodenhaften, zweckentfremdeten Gebrauch zweier »Instrumente«: dem »Penis« und dem »Stock«.

Nach den Erziehungsdebatten der 70er und 80er Jahre, die gesellschaftlich überflüssige Formen der Repression problematisierten, wird mit der *Simplifizierung des Unangemessenen* in der Eltern-Kind-Beziehung *zur instrumentellen Gewalt* die Welt der Familie – im Gegensatz zur Kritik der 68er Bewegung – wieder normalisiert. Die Dominanz der Frau als Mutter wird zur großen Erleichterung vieler wieder verdrängt. An die Stelle der Erörterungen darüber, was falsch oder richtig, förderlich oder hemmend, rigide oder liberal sei, repressiv oder befreiend, tritt abermals die traditionelle Spaltung der Eltern in gute und böse. Die einen, die aus der Geschichte erfolgreich gelernt haben, die anderen hingegen, die unbelehrbar sind. Von diesen lohnt es sich wieder, moralisch empört auf Distanz zu gehen, nämlich im Bewußtsein, ein guter Vater oder eine gute Mutter zu sein, die sich nichts Arges vorzuwerfen haben. Aufgegeben wird wieder jener beschwerliche Versuch von Frauen und Männern, rückblickend nach dem Sinn ihrer täglichen Beziehungen zu forschen, ob nämlich das Gutgemeinte gegen die eigene Absicht Ungutes bewirkt haben könnte. Die Spaltung in gute und schlechte Eltern, in verteufelte Väter und idealisierte Mütter schafft eine Beziehungsdynamik, in der die Kinder zu Gegenständen der mütterlichen Erfolgsbestätigung werden. Es bewahrheitet sich, daß der psychische Vorgang der Spaltung, der das unerträglich Widersprüchliche in eine angenehme Polarität von unwahren Eindeutigkeiten zerlegt, nur zu Schein-Heiligkeit, Pseudo-Klarheit und Schein-Frieden führt. Jeder Versuch, beängstigende Verhältnisse durch Vereinfachungen angstfrei zu machen, führt zu Ausgrenzungen, zu Haß, Lieblosigkeit und einer Spaltung der Welt in Böse und Gute. Das gilt ganz offensichtlich nicht nur für das Verhältnis zu Fremden und Ausländern. Es gilt nicht minder für das Bedürfnis, der kindlichen Psychosexualität ihre ängstigenden Impulse zu nehmen, die uns ebenfalls fremd durch Verleugnung wurden. Die Aufteilung der Eltern in gute und böse ist ein solcher Versuch, die beunruhigende Fremdheit, als die uns die alltäglichen Unangemessenheiten erscheinen, durch eine weitere Spaltung »kaltzustellen«.

Es ist nicht ohne historische Tragik, daß die ursprünglich von der Frauenbewegung in der alten Bundesrepublik ausgelöste Debatte über emotional einsichtsfähige Beziehungen zwischen Eltern und Kindern die Feindbilder vom bösen Mann und bösen Vater und die Idealbilder von der guten Frau und guten Mutter hervorgebracht hat. Tragisch daran ist, daß die ursprünglich gegen die kindliche Dressur gerichtete Politik den Anspruch nicht mehr aufrechterhalten kann, anstelle von Dressur *Beziehungseinsicht* zu setzen. Die Entwertungen des Männlichen und des Väterlichen im Mann verhindern das nicht weniger als die Idealisierungen des Mütterlichen in der Frau. Daß Enttäuschung dabei eine Rolle spielt, ist wahr. Die Veränderungen im Arrangement der Geschlechter sind angesichts der hochgesteckten Ziele der 70er und 80er Jahre hinter den weitreichenden Erwartungen zurückgeblieben. Aber der hohe Anspruch, Elternschaft jenseits der Arbeitsteilung von weiblicher Kindererziehung und männlichem Broterwerb zu durchdenken, war ohne Enttäuschung nicht denkbar. Statt die Schwierigkeiten anzuerkennen und im Bewußtsein der momentanen Stagnation die zaghaft veränderte Arbeitsteilung als augenblickliche Grenze des Möglichen zu akzeptieren, wird mit vielfältigen Spaltungsmechanismen der klammheimliche Rückzug in die abermals idealisierte Familie vollzogen. Die heftigsten Kritikerinnen elterlicher Unangemessenheiten sind beim Versuch, die kindlichen Bedürfnisse zu erahnen, gescheitert. Eine Folge davon ist, daß der Einsicht in die eigene Gefühlswelt Grenzen gezogen wurden. Unbewußt wurde mit der Verteuflung des Vaters das Elend der Knaben »übersehen«. Wären die Mütter offen für ihre eigene Welt, so stürzte ihre gespaltene Welt von guten Müttern und bösen Vätern in sich zusammen. Wären die Männer offen für ihre eigene Welt, so würden sie die Spaltungen nicht aus Scham in ihrer Weise nachvollziehen.

Der Mechanismus der Spaltung fordert Opfer. Es geht nicht nur um Unredlichkeiten oder Halbheiten im Denken und Fühlen. Spaltung ist Gewalttätigkeit, und wen sie trifft, den schmerzt sie. Daß psychische Spaltungen dazu führen, die Familie wieder zu verherrlichen, liegt auf der Hand. So soll es dann wunschgemäß, der Spaltung entsprechend, jene reale Familienstruktur nicht mehr geben, die für die Kinder lebenswichtig ist und die zugleich wegen ihrer Vorzüge die Hölle sein kann. Es entspricht dem konservierenden Zeitgeist, wenn die Familie von ambivalenzfähigen Betrachtungen abermals entkoppelt werden soll. Die weltliche Idealisierung der Mutter, die der zerfallenen christlichen folgt, ruft dazu auf, die Geschichte zu vergessen und die Familie wiederum als nur gut und nur förderlich zu sehen. Die schlechten und destruktiven Elemente werden auf die anomalen, die gewalttätigen und sexualisierenden Familien abgespalten. Dort können sie ohne Gefahr für Selbsterkenntnis und affektive Einsicht verurteilt, besichtigt und verdammt werden.

Anmerkungen

Vorwort

1 Engler, Wolfgang: Die zivilisatorische Lücke; Versuche über den Staatssozialismus, Frankfurt/M. 1992. Vgl. auch Böhm, Tatjana: Wo stehen wir Frauen nach 40 Jahren getrennter Geschichte in Deutschland West und Ost. In: Feministische Studien, 10. Jahrgang, November 1992, Nr. 2, und *Transit*, Europäische Revue, Verlag Neue Kritik, Frankfurt/M., die die Probleme der Veränderungen in den realsozialistischen Ländern in vielerlei Hinsicht hervorragend dokumentiert und analysiert.

Sexualität zwischen Wunsch und Wirklichkeit

1 *Newsweek:* Sex and Psychotherapy, April 13, 1992, Seite 46.
2 Diesem Kapitel liegt ein überarbeiteter Vortrag zugrunde, den ich am 10. Juni 1992 auf Einladung der Nordrheinwestfälischen Minister für die Gleichstellung von Mann und Frau und Minister für Arbeit, Gesundheit und Soziales in Köln vor Lehrern, Sexualberatern, Sexualpädagogen und AIDS-Beratern unter gleichlautendem Titel gehalten habe. Der Vortrag wurde am 4. November 1992 in *Frankfurter Rundschau*, Dokumentation, abgedruckt.
3 Reich, Wilhelm: Die Funktion des Orgasmus, 1969.
4 Marcuse, Herbert: Der eindimensionale Mensch, 1964.
5 Es hat heute manchmal den Anschein, als seien die *bewußt* als Grenzverletzung formulierten Slogans der 60er Jahre wie »Vice is nice, incest is best« oder »If it feels good, do it!« zu *unbewußten* Rechtfertigungen verkommen.
6 Von der Onanie ist das hinlänglich bekannt, daß sie Ersatz für andere nichtsexuelle Affektzustände, wie zum Beispiel Angst, leistet.
7 Richter, Horst-Eberhard: Mut zur Angst, 1992.
8 Shengold, Leonard: Soul Murder, Yale University, 1989.

Frauen und ihre Söhne

1 Vgl. zum Beispiel hierzu: Rijnaarts, Josephine: Lots Töchter, 1988.
2 Vgl. Teergen, Frauke: Beer, Parbst, Timm: Sexueller Mißbrauch von Jungen und Mädchen; Psychodynamik und Bewältigungsstrategien. In: Gegenfurther u. Keuken (Hg.) Sexueller Mißbrauch an Kindern und Jugendlichen. Diagnostik, Krisenintervention, Therapie. Westarp Wissenschaften, Essen 1992. Die Autoren berichten, daß über die Hälfte der Teilnehmerinnen der Befragung angaben, daß Familienangehörige – vor allem die Mutter – den Mißbrauch wahrgenommen, jedoch geschwiegen haben.

3 Armstrong, Louis: Kiss Daddy Good Night. 10 Years After, 1987.
4 Rutschky, Katharina: Erregte Aufklärung, 1992.
5 Shengold, Leonard: Soul Murder. The Effects of Childhood Abuse and Deprivation, Yale University, 1989.
6 Vgl. Dux, Günter: Die Spur der Macht im Verhältnis der Geschlechter. Über den Ursprung der Ungleichheit zwischen Frau und Mann, Frankfurt 1992. Er stellt die Vorstellung einer geschlechtsspezifischen Machtausübung in Frage: Macht und Herrschaft ist demnach nur »männlich«.
7 Siehe Shengold, Leonard, a. a. O.
8 Mertens, Wolfgang, Hans-Jürgen Lang: Die Seele im Unternehmen. (Hg.) Gerhard Lenz, 1991, Seite 13 ff.
9 Vgl. Kimmel, Michael: Changing Men. New Directions in Research on Men and Masculinity, Sage Publications, 1987.
10 Devereux, George: Angst und Methode in den Verhaltenswissenschaften, München 1973.
11 Pilgrim, Volker: Muttersöhne, 1986.
12 Theweleit, Klaus: Buch der Könige; Orpheus und Eurydike, Bd. 1, 1988, Verlag Stroemfeld / Roter Stern, 1988 und Theweleit: Männerphantasien, 1977.
13 Ich denke hier an die halb verschleierte Araberin, deren Augen als das allein Sichtbare einen hochkultivierten Beziehungsanspruch praktizieren, in dem fast jeder Sinnesausdruck aus dem Auge kommt.
14 Eine Ausnahme davon bildet der surrealistische Maler Max Ernst, der die Maria als schlagende Mutter mit weitausholendem Arm darstellt.
15 Vgl. Christine von Braun: Gott-Essen, Frau-Essen. In: *Lettre International* Heft 17, 1992, S. 67.
16 Walser, Martin: Verteidigung der Kindheit, 1991.
17 Olivier, Christiane: Jokastes Kinder; Die Psyche der Frau im Schatten der Mutter, 1988, S. 69 ff.
18 Ähnliches können wir bei Nancy Friday: Befreiung zur Lust, 1992, in wesentlich trivialisierterer Weise beobachten.

Eltern trennen die Generationen

1 Vgl. hierzu Courtois, Christine A.: Healing the Incest Wound, 1988.
2 An felsenfester Überzeugung ist wohl niemand anderes zu übertreffen als die feministische Theologin Christa Mulack: Natürlich weiblich, 1990, S. 140 ff.
3 Die Bezeichnung wurde von dem holländischen Psychoanalytiker J. A. Groen in einer Polemik über den Inzest in Holland gebraucht. Zitiert ohne vollständige Quelle bei J. Rijnaarts. Lots Töchter, 1988, S. 15.
4 Eine ideologische Kritik hat es in der ehemaligen DDR ohne jeden Zweifel gegeben. Aber vordergründig, wie die sozialistischen Errungenschaften waren, führte die Kritik der bürgerlichen Familie zu keiner in die Tiefenschichten der Menschen reichenden sozialpsychologischen Veränderung von Sitten und Gefühlen.

5 Das heißt natürlich nicht, daß es keine vergesellschaftete Erziehung in der Form von Kinderkrippen, Kindergärten, Horten etc. geben soll.

6 Ohne jeden Zweifel hat es in der mannigfaltig differenzierten Frauenbewegung immer schon Kritiken der Selbstidealisierung und der Feindbildproduktion gegeben. Die frühen Problematisierungen, wie sie etwa von Barbara Sichtermann in den 70er Jahren formuliert wurden, konnten sich allerdings gegen den Main-Stream-Feminismus nicht durchsetzen. Die Fatalisierung der Männer-Frauen-Beziehung mit ihrer ausdrücklichen Abwertung nicht nur des Mannes, sondern des Männlichen im allgemeinen, entsprach einem weit verbreiteten Bedürfnis von Frauen, das Geschlechterarrangement in eine Welt von Guten und Bösen aufzuteilen. Diese Spaltung der Realität hat die Frauen abermals aus dem Verständnis der Geschichte herauskatapultiert, obwohl sie sich doch gerade *bewußt handelnd* in sie zurückbegeben wollten. Sie weigern sich, mit der Spaltung der Welt in Gut und Böse Verantwortung für die Geschichte zu übernehmen, deren Teil sie so gut und so schlecht wie die Männer sind. In einem brillanten Aufsatz hat Karin Windaus-Walser 1989 unter dem Titel »Gnade der weiblichen Geburt« in *Feministische Studien*, 6. Jg. darauf hingewiesen, daß die Geschlechterteilung nach Guten und Bösen dem unbewußten Wunsch der Frauenbewegung entspricht, sich ebenfalls von der Verantwortung für die Geschichte des Nationalsozialismus, eben der Rolle der eigenen Mütter, zu befreien. Das heißt, schuldlos – weil unbeteiligt – zu sprechen! Wie wenig dieser Mechanismus der »Persilscheinmentalität« überwunden wurde, führte 1992 Helke Sander in ihrem Film »BeFreier und Befreite. Krieg Vergewaltigungen Kinder« vor, indem sie die vergewaltigten Frauen in dem von Deutschen überfallenen Rußland und die vergewaltigten Frauen im besiegten Deutschland zu einer undifferenzierten Einheit »Wir weibliche Vergewaltigungsopfer« verschweißt.

7 Shengold, Leonhard: Soul Murder. The Effects of Childhood Abuse and Deprivation, Yale University, 1989; John Leopold Weil: Instinctual Stimulation of Children, Vol. 1 und 2, International Universities Press, 1989; Hunter, Mic (Hg.): The Sexually Abused Male, Vol. 1 und 2, New York 1990.

8 Vgl. den sogenannten »Kinsey Effekt«: Kinsey, A. C., B. Pomeroy, C. E. Martin: Das sexuelle Verhalten des Mannes, 1964, und Kinsey, A. C., B. Pomeroy, C. E. Martin und P. H. Gerbhard: Das sexuelle Verhalten der Frau, 1963, die den Amerikanern und wohl auch den deutschen Lesern vor Augen führte, daß ihre Sexualpraktiken gar nicht so pervers und einmalig waren, wie sie annahmen.

9 Vgl. Friday, Nancy: Befreiung zur Lust, 1991, die sexuelle Zwangsvorstellungen von Frauen mit Phantasien der Befreiung auf nicht wenigen Seiten ihres Buches durchgängig verwechselt.

10 Vgl. hierzu Laplanche, Jean: Die allgemeine Verführungstheorie und andere Aufsätze, 1988.

11 In bezeichnender Weise hat »Henry Wilcox« in dem Film »Howards End« in Situationen der Beschämung wie ein kleines Kind sich ungesehen dadurch gemacht, daß er seinem Auge den Blick zum Außenstehenden verstellte.

12 Siehe hierzu das Statement von Mia Farrows Tochter in Vanity Fair: Mia's Story, New York, November 1992.
13 Vgl. Rijnaarts, Josephine: Lots Töchter, 1988, die nur *ein* Beispiel für diese Tendenz ist.

Sohnes Scham und Mutters Beschämung

1 Wurmser, Leon: Die Maske der Scham, 1990; und: Flucht vor dem Gewissen, 1987.
2 Freud, Sigmund: Drei Abhandlungen zur Sexualtheorie, GW, Band V, S. Fischer, Frankfurt/M. 1981, S. 120.
3 Es geht hier um das Problem vieler Knaben, daß sie sich in ihrer Kindheit – vorwiegend jedoch in der Pubertät – als geheimer Vertrauter ihrer Mutter fühlen oder dieser Vertrauter sind. Wir gehen dem in der Befragung »Wie sehen Männer ihre Mütter« im einzelnen nach.
4 Vgl. hierzu Mentzos, Stavros: Interpersonale und institutionelle Abwehr, Frankfurt/M. 1990, und Freud, Anna: Das Ich und die Abwehrmechanismen, München 1964 (Fischer Taschenbuch 42001).
5 Vgl. hierzu Friday, Nancy: Befreiung zur Lust, 1991, die in unkritischer Manier zahlreiche Beispiele über fragwürdige Befreiungsphantasien gibt, die höchst unangemessene Gefühle und Handlungen für den Sohn bedeuten.
6 Vgl. Friday, Nancy: a. a. O.
7 Zur Zeit schließe ich eine Befragung unter Männern ab, die deren Beziehungen zu ihren Müttern untersucht: »Wie Männer ihre Mütter sehen«.

Der Penis als frühes Objekt endloser Sorge

1 Mit der Feststellung, daß *»die Söhne heute auch nicht mehr sind, was sie einmal waren«*, kommentierte eine Studentin und Mutter von Söhnen die Lehrveranstaltung im Wintersemester 1992/93, in der die Ergebnisse der Umfrage *»Wie sehen Söhne ihre Mütter?«* erstmalig diskutiert werden sollten. Das *»verheerende Urteil«*, das von Enttäuschung zeugte, sollte wohl an das Pflichtgefühl der anwesenden erwachsenen *»Söhne«* appellieren und sie am Nachdenken hindern. Die Kritikerin ist nur zur Mitteilung ihrer Enttäuschung erschienen. Am Seminar hat sie dann nicht weiter teilgenommen.
2 Vgl. Stoller, R.: Mothers contribution to infantile transvestite behaviour. In: *Int. J. of Psychoanalysis* 47: 1966, S. 384–395, und ders.: Symbiosis anxiety and the development of masculinity. In: *Archive Gen. Psychiatry*, 30: 1974, S. 164–172.
3 Lidz, Theodor und Ruth W. Lidz: Weibliches in Männliches verwandeln. In: R.M. Friedmann: Zur Psychoanalyse des Mannes, 1991.
4 Um 1500, zu sehen in der Samuel H. Kress Collection in der National Gallery of Art in Washington.

5 Hier sollen allerdings die Ärztinnen vernachlässigt werden, obwohl ihre Motive für medizinische Indikationen zur *»kindlichen Penisvorbeugung«* nicht ausreichend abgedeckt werden.

6 Daß der höhere Anteil in den neuen Bundesländern nicht mit den westdeutschen Erziehungsdebatten der vergangenen zwei Jahrzehnte in Verbindung zu bringen ist, liegt auf der Hand. Es bedarf hierzu einer gesonderten Analyse.

7 Die Beschneidung gilt im Judentum als eines der grundlegenden Gebote neben der Beachtung des Sabbats und dem Verbot des Genusses unreiner Tiere. Die Beschneidung soll am achten Tage nach der Geburt des Knaben stattfinden. Der achte Lebenstag bildet den Übergang aus dem Tabu-Zustand in eine neue Lebensstufe. Für die besondere Heiligkeit, die die Juden der Beschneidung zumessen, sprechen die Berichte über den Märtyrertod von Frauen, die ihre Söhne trotz Verbot beschneiden ließen. Die Beschneidung gilt als Zeichen des Bundes mit Gott. Vgl. Genesis 17, Exodus 4,25. In der islamischen Welt hingegen wird die Beschneidung zwischen dem 5. bis 7. Lebensjahr ausgeführt. Jüdische, islamische und medizinische Beschneidungen unterscheiden sich durch die Art des durchgeführten Schnittes. Siehe auch: *Encyclopaedia Judaica*, Berlin 1929, und *The New Encyclopaedia Britannica*, Vol. 3, 15. E, 1961. Zur Bedeutung vgl. Heinsohn, Gunnar: Was ist Judentum? In: Werner Bohleber/John S. Kafka (Hg.) Antisemitismus. S. 155f.

8 Vgl. *The New England Journal of Medicine*, May 3, 1990. Die Schätzungen des National Center of Health Statistics der Vereinigten Staaten von Amerika gingen für 1987 von 1,19 Millionen beschnittenen Knaben aus.

9 Wir sehen in dieser Auslassung, der ein Erlahmen unserer penetrativen Neugier entspricht, keineswegs *nur* eine verfahrenstechnische Ungenauigkeit, die es selbstverständlich auch ist, sondern vor allem eine Angstreaktion. Sie dürfte darin begründet sein, daß wir das ganze Ausmaß weiblich-mütterlicher Stimulationen am Sohnesgenital in seiner letzten Genauigkeit nicht wissen wollten, weil es zu unerträglich und beängstigend geworden wäre. Diese Vermutung wird dadurch auf der faktischen Ebene bestätigt, daß die ursprüngliche Fassung des Fragebogens diese Genauigkeit enthielt, daß sie aber aus *»Platzersparnisgründen«* später gestrichen wurde.

10 Das trifft auch auf die unangemessenen Handlungen des Vaters an seiner Tochter zu; es gilt auch für Handlungen am gleichgeschlechtlichen Kind.

11 Hontschik, B.: Die Appendektomie als mechanische Psychotherapie bei jungen Frauen. In: Söllner, W., Wesiack, W., Wurm, B. (Hg.): Sozio-Psycho-Somatik. Gesellschaftliche Entwicklung und psychosomatische Medizin, 1989, S. 234–244.

12 Bei dieser frivolen Mutterhilfe geht es selbstverständlich nicht nur um Auswirkungen auf sein Sexualverhalten, sondern, und das ist noch viel folgenreicher, um grundlegende Momente seiner Persönlichkeitsentwicklung.

13 Es gibt Kulturen, in denen solche Genitalmanipulationen zur Kindererziehung gerechnet werden. Bruno Bettelheim: Symbolische Wunden, München 1975 (Fischer Taschenbuch 7322).

14 Vgl. Hontschik, B., a.a.O.

15 Dieser Vorgang ist den Auseinandersetzungen in Scheidungsverfahren ums Sorgerecht für das Kind durchaus vergleichbar. Siehe auch Katharina Rutschky: Erregte Aufklärung: Kindesmißbrauch: Fakten und Fiktionen, 1992, und Richard A. Gardener: The Parental Alienation Syndrome and the Differentiation Between Fabricated and Genuine Child Abuse, 1987.

16 Vgl. Herbert Marcuse: Der eindimensionale Mensch, 1964, und David Riesmann: Die einsame Masse, Hamburg 1972.

17 Amendt, Gerhard: Die Macht der Frauenärzte, (1982) 1992 (Fischer Taschenbuch 3769).

18 Hier zeigt sich abermals, daß der Penis, ob klein oder groß, nie *nur* als Organ in Erscheinung tritt, sondern von Anfang an in kulturelle Muster der Sexualität, d.h. auch ihrer Verbote, eingebunden ist. Den Penis des Sohnes *»in Ruhe zu lassen«* ist deshalb so schwer, weil die kindliche Sexualität von Anfang an die Erwachsenen fasziniert. Der beste Hinweis darauf ist die noch immer geltende wütende bis verzweifelte Leugnung der kindlichen Sexualität.

Ein Kosename für den Penis

1 In einer Gruppendiskussion mit Studenten und Studentinnen wurde darauf hingewiesen, daß es zwar auch Kosenamen für die Vagina gibt, daß diese aber sehr viel seltener verwandt werden. Häufiger sind hingegen abschätzige Äußerungen im alltäglichen Umgang für die Vagina. Sie werden meist von Männern in Abwehr ihrer Angst vor der weiblichen Sexualität benutzt. Hierbei läßt sich kaum noch von Kosenamen sprechen, da der abwertende Charakter, der bewußtseinsfähig ist, vorherrscht. Sicher wäre es sehr sinnvoll, weil für das Verständnis von Frauen und ihren Töchtern sehr erhellend, wenn deren Kosenamen ebenfalls auf die Tendenzen ihrer unbewußten Phantasien diskutiert würden.

2 Es ist durchaus denkbar, daß das Wort »Messinghahn« sich auf eine metallene Version von männlichem Federvieh bezieht. Der Begriff ruft dann andere Assoziationen hervor, aber die Elemente der Triebkontrolle sind die gleichen.

3 Freud, Sigmund: Das Interesse an der Psychoanalyse, GW, Band VIII, S. 409ff.

4 Technisch gesprochen geht es hier darum, ob bestimmte Fragenkombinationen signifikant miteinander korrelieren oder ob sie das nicht tun.

5 Das heißt nicht, daß *alle* Frauen mit einem Kosenamen den Penis küssen und sexuell unzufrieden sind. Sie weichen nur von der anderen Gruppe in signifikanter Weise ab.

6 In einer Diskussion mit Studenten und Studentinnen über den verborgenen Sinngehalt der Kosenamen wurde von mehreren Männern zu Schnipp-Schnapp »Überflüssiges« assoziiert.

Die Mutter soll den Penis streicheln

1 Vgl. Nancy Friday: Befreiung zur Lust. Frauen und ihre sexuellen Phantasien, München 1992.

2 Feministische Autorinnen schrecken vor einer solchen Beziehung zwischen Frauen und ihren Söhnen keineswegs zurück. Sie können die Vorstellung aber nur in ihr Bewußtsein treten lassen, wenn sie zuvor das Begehren des Sohnes in einen bereits mächtigen Mann projiziert haben. Die Frau kann dann wiederum als Opfer einer sexuellen Verführung und Gewalttat gesehen werden. Ihre eigenen Wunschanteile an der Verführung lassen sich dann verleugnen. Dem Gedanken an den Inzest kann so nachgegeben werden. Aber es muß vorab, wie gesagt, der eigene Wunsch durch eine halluzinierte Gewalthandlung des Sohnes von aller Schuld freigesprochen werden. In diesem Sinne ist die Opferthese als Antwort auf unsere Frage so zu verstehen, daß die Frau den Wunsch des Sohnes nur erfüllt, wenn er sie gewaltsam dazu bringt. Diese »feministische« Position ist so gesehen diejenige Reaktionsform, die am nachhaltigsten das Inzestbegehren der Frau abwehren muß, weil es am ausdrücklichsten besteht. Vgl. hierzu Christine A. Courtois: Healing the Incest Wound, 1988, S. 68ff.

3 Vgl. Peter Weiss: Abschied von den Eltern, 1962, und Franz Kafka: Brief an den Vater, 1975, die beide den erotischen Charakter des Schlagens aus autobiografischer Sicht beschreiben; auch Freud, S.: Ein Kind wird geschlagen, GW, Band XII (1947), 1986.

Die Zukunft einer Beziehung

1 Vgl. Kakar, Sudhir: The Inner World. A Psycho-Analytic Study of Childhood and Society in India, Oxford University Press, 1978.

2 Siehe hierzu auch: Olivier, Christiane: Jokastes Kinder, 1988, S. 70f.

3 Diese Überlegungen gelten grundsätzlich auch für die Wahrnehmung der Sexualität der Tochter.

4 Diese Weise, die kindliche Sexualität zu leugnen, hat unverkennbare Ähnlichkeiten mit den christlichen Religionen, die das »Reine« an den Kindern erhalten wollen, indem sie deren Asexualität betonen.

5 Vgl. Mentzos, Stavros: Interpersonale und institutionalisierte Abwehr, Frankfurt 1990.

6 Freud, Anna: Das Ich und die Abwehrmechanismen, München 1964.

7 Vgl. hierzu: Danzelot, Jacques: Die Ordnung der Familie, Frankfurt/M. 1980.

8 Eine hervorragende Problemskizze hierzu: Windaus-Walser, Karin: Gnade der weiblichen Geburt. In: *Feministische Studien:* Radikalität und Differenz, 6. Jg. 1989.

9 Ich beziehe mich hier auf eine Diskussion und ein weitverbreitetes gesellschaftliches Selbstverständnis, nach der Frauen – bar aller Machtmittel – sich

im öffentlichen wie privaten Raum bewegen. So gesehen können sie nicht für die Geschichte verantwortlich gemacht werden und zum Beispiel nicht befragt werden, welche Rolle die Mütter im faschistischen System zwischen 1933 und 1945 spielten.

10 Die Vergleichbarkeit der *Traumaauswirkung* ist keine Legitimation, die sexuelle Gewalt an Frauen mit der Ausrottung von Juden, Sinti und Roma während des nationalsozialistischen Terrors zu vergleichen. Dieser Trend in manchen feministischen Gruppen ist vielmehr eine Verharmlosung des Nationalismus und ein untauglicher Versuch, mit den verschwiegenen Handlungen der Muttergeneration zu Rande zu kommen.

11 Insofern war der Film von Rainer Wolffhardt »Die Umarmung des Wolfes« irreführend, als er die Protagonistin ihre Inzesterfahrung entdecken ließ wie ein herumliegendes Spielzeug.

12 Davon leben nicht nur die Massenmedien, sondern ebenso einige »couragierte Enthüllerinnen« des Elends von Mädchen. Das Widersinnige der »Gewaltdebatte« besteht zum Teil gerade darin, daß die Entrüsteten ihre eigenen »ungelebten« Phantasien an dürftigen und von Journalisten nicht selten erfundenen Geschichten hochspielen. Dem Widersinnigen gesellt sich das Dramatische bei, wenn die Empörten dabei ihre eigenen kindlichen Erfahrungen seelenmordender Beziehung nicht erkennen können, weil sie sich gegen das unerträgliche Erinnern durch entlastende Identifizierung mit Opfern schützen.

13 Vgl. die Kritik zur öffentlichen Debatte des Kindesmißbrauchs und von Sexualgewalt: Rutschky, Katharina: Erregte Aufklärung, 1992, und Paglia, Camille: Sex, Art, and American Culture, 1992. Katharina Rutschky hat sicher einen wunden Punkt in der feministischen Sorge um sexuell mißbrauchte Kinder berührt, wenn sie unterstellt und dann auch nachweist, daß die Zahlenfixierung vieler feministischer Autorinnen nicht nur höchst unkritisch ist, sondern unausgesprochen dem Zwecke dient, die unangemessen behandelten Mädchen als globalen Nachweis einer männlichen Verworfenheit vorzuführen. Es geht demnach nicht um die Zahl der mißbrauchten Mädchen, sondern um das politische Ziel, die Männer zu »verteufeln«. So überzeugend Katharina Rutschky diesen Nachweis führt, so verändert sich mit der zurückgestutzten Hochrechnungslogik nicht das Problem unangemessener Beziehungen von Vätern zu ihren Töchtern. Es geht um Traumatisierungen. Unerheblich ist die Zahl der Fälle für die Gewichtung der individuellen Erfahrung.

14 Beispielhaft wurde das Ende 1992 in der Empörung über massenhafte Mehrfachvergewaltigungen hauptsächlich von muslimischen Frauen in Bosnien vorgeführt. Daß wenige Wochen zuvor eine vergleichbare Gewalttat an einer tödlich verunglückten Frau in Erlangen mit dem Ziel vorgenommen wurde, sie um jeden Preis am Sterben zu hindern, solange sie nicht geboren hatte, wurde dabei »übersehen«. Übersehen wurde ebenfalls, was für eine grauenhafte Erfahrung es für Männer in einer frauenversorgenden Kultur sein muß, wenn sie mitansehen müssen, wie ihre Frauen vergewaltigt werden. Zumal

wenn sie in ein kulturelles Selbstverständnis des Geschlechterarrangements eingebunden sind, in dem Männlichkeit die fremde Verfügung über die eigene Frau ausschließt. Die Einseitigkeit der öffentlichen Wahrnehmung bestätigt die voyeuristischen Motive.

15 Eine Journalistin und ein Journalist des *Stern*-Magazins hatten stellenweise erfolgreich den Versandhandel mit kinderpornografischen Videos aufgedeckt.

Literaturverzeichnis

Adams, Kenneth M.: Silently Seduced. When Parents Make Their Children Partners, 1991

Amendt, Gerhard: Das Leben unerwünschter Kinder, Frankfurt/M. 1992 (Fischer Taschenbuch 11079)

Amendt, Gerhard: Die Macht der Frauenärzte (1982), Frankfurt/M. 1992 (Fischer Taschenbuch 3769)

Armstrong, Louis: Kiss Daddy Good Night, 10 Years After, 1987

Beiderwieden, Jens; Eberhard Windaus; Reinhart Wolff: Jenseits der Gewalt, Frankfurt/M. 1986

Bettelheim, Bruno: Die symbolischen Wunden, Pubertätsriten und der Neid des Mannes, München 1975 (Fischer Taschenbuch 7322)

Bieler, Manfred: Still wie die Nacht; Memoiren eines Kindes, Hamburg 1989

Böhm, Tatjana: Wo stehen wir Frauen nach 40 Jahren getrennter Geschichte in Deutschland West und Ost. In: *Feminstische Studien* 10. Jahrgang, November 1992, Nr. 2

Braun, Christine von: Gott-Essen, Frau-Essen, In: *Lettre International,* Heft 17, 1992

Chodorow, Nancy: Das Erbe der Mütter; Psychoanalyse und Soziologie der Geschlechter, München 1985

Corbin, Alain (Hg.): Die sexuelle Gewalt in der Geschichte, Berlin 1992

Courtois, Christine A.: Healing the Incest Wound, 1988

Danzelot, Jacques: Die Ordnung der Familie, Frankfurt/M. 1980

Devereux, George: Angst und Methode in den Verhaltenswissenschaften, München 1973

Dux, Günter: Die Spur der Macht im Verhältnis der Geschlechter. Über den Ursprung der Ungleichheit zwischen Frau und Mann, Frankfurt/M. 1992

Encyclopaedia Judaica, The: Berlin 1929

Engler, Wolfgang: Die zivilisatorische Lücke; Versuch über den Staatssozialismus, Frankfurt/M. 1992

Ford, C.S.; Beach, F.A.: Formen der Sexualität, Hamburg 1968

Freud, Anna: Das Ich und die Abwehrmechanismen, München 1964 (Fischer Taschenbuch 42001)

Freud, Sigmund: Ein Kind wird geschlagen, GW, Band XII (1947), S. Fischer, Frankfurt/M. 1986

Freud, Sigmund: Das Interesse an der Psychoanalyse, GW, Band VIII, 1985

Freud, Sigmund: Drei Abhandlungen zur Sexualtheorie, Frankfurt, GW, Band XI, 1985

Friday, Nancy: Befreiung zur Lust, 1991

Gardener, Richard A.: The Parental Alienation Syndrome and the Differentiation Between Fabricated and Genuine Child Abuse, 1987

Genesis 17, Exodus 4,25
Heinsohn, Gunnar: Was ist Judentum? In: Werner Bohleber/John S. Kafka (Hg.) Antisemitismus, Bielefeld 1992
Hirsch, Mathias: Realer Inzest, Heidelberg 1990
Hontschik, B.: Die Appendektomie als mechanische Psychotherapie bei jungen Frauen. In: Söllner, W., Wesiack, W., Wurm, B. (Hg.) Sozio-Psycho-Somatik. Gesellschaftliche Entwicklung und psychosomatische Medizin, 1989
Hunter, Mic (Hg.): The Sexually Abused Male, Vol 1 and 2, New York 1990
Kafka, Franz: Brief an den Vater, Frankfurt/M. 1975
Kakar, Sudhir: The Inner World; A Psycho-Analytic Study of Childhood and Society in India, Oxford University Press, 1978
Kimmel, Michael: Changing Men; New Directions in Research on Men and Masculinity, Sage Publications, 1987
Kinsey, A. C., B. Pomeroy, C. E. Martin und P. H. Gebhard: Das sexuelle Verhalten der Frau, 1963
Kinsey, A. C., B. Pomeroy, C. E. Martin: Das sexuelle Verhalten des Mannes, 1964
Klein, Jörg: Inzest, Kulturelles Verbot und natürliche Scheu, Westdeutscher Verlag, 1991
Laplanche, Jean: Die allgemeine Verführungstheorie und andere Aufsätze, 1988
Lenz, Gerhard (Hg.): Die Seele im Unternehmen, 1990
Lidz, Theodor und Ruth W. Lidz: Weibliches in Männliches verwandeln. In: R. M. Friedmann: Zur Psychoanalyse des Mannes, 1991
Marcuse, Herbert: Der eindimensionale Mensch, 1964
Mead, Margaret: Jugend und Sexualität in primitiven Gesellschaften, Band 3: Geschlecht und Temperament in drei primitiven Gesellschaften, München 1970
Mentzos, Stavros: Interpersonale und institutionalisierte Abwehr, Frankfurt/M. 1990
New Encyclopaedia Britannica, The: Vol. 3, 15. E, 1961
New England Journal of Medicine, May 3, 1990
Olivier, Christiane: Jokastes Kinder, Die Psyche der Frau im Schatten der Mutter, 1988
Paglia, Camille: Sex, Art, and American Culture, 1992
Parsons, Talcott: Das Inzesttabu in seiner Beziehung zur Sozialstruktur und zur Sozialisierung des Kindes. In: ders., Beiträge zur soziologischen Theorie, Neuwied am Rhein, Berlin 1964
Pilgrim, Volker: Muttersöhne, 1986
Rank, Otto: Das Inzest-Motiv in Dichtung und Sage, Leipzig und Wien 1912
Reich, Wilhelm: Die Funktion des Orgasmus, 1969
Reiche, Reimut: Geschlechterspannung. Eine psychoanalytische Untersuchung, Frankfurt/M. 1990 (Fischer Taschenbuch 1032a)
Reiche, Reimut: Mann und Frau. In: *Psyche*, 40. Jahrgang, 1986
Reik, Theodor: Das Ritual, Imago Bücher, 1928
Richter, Horst-Eberhard: Mut zur Angst, 1992

Riesmann, David: Die einsame Masse, Hamburg 1972
Rijnaarts, Josephine: Lots Töchter, 1988
Rutschky, Katharina: Erregte Aufklärung, 1992
Shengold, Leonard: Soul Murder. The Effects of Childhood Abuse and Deprivation, Yale University, 1989
Stoller, R.: Mothers contribution to infantile transvestite behaviour. In: *Int. J. of Psychoanalysis*, 47, 1966
Stoller, R.: Symbiosis anxiety and the development of masculinity. In: *Archive Gen. Psychiatry*, 30, 1974
Teergen, Frauke; Beer, Parbst, Timm: Sexueller Mißbrauch von Jungen und Mädchen. Psychodynamik und Bewältigungsstrategien. In: Gegenfurther & Keuken (Hg.) Sexueller Mißbrauch an Kindern und Jugendlichen, Diagnostik, Krisenintervention, Therapie. Westarp Wissenschaften, Essen 1992
Theweleit, Klaus: Buch der Könige, Orpheus und Eurydike, Bd. 1, 1988, Frankfurt/M. 1988
Theweleit, Klaus: Männerphantasien, Frankfurt/M. 1977
Transit, Europäische Revue, 1 bis 4, 1990–1992, Verlag Neue Kritik, Frankfurt
Vanity Fair: Mia's Story, New York, November 1992
Walser, Allisa: Geschenkt. In: Klagenfurter Texte. (Hg.) Heinz Felsbach und Siegbert Metelko, München 1992
Walser, Martin: Verteidigung der Kindheit, Frankfurt/M. 1991
Weich, M.: The terms »mother« and »father« as a defense against incest. In: *J. Am. Psychoanal. Assn. 16*, 1968 (783)
Weil, John Leopold: Instinctual Stimulation of Children. From Common Practice to Child Abuse, Vol 1 und 2, International University Press, 1989
Weiss, Peter: Abschied von den Eltern, 1962
Welldon, Estela V.: Mutter, Madonna, Hure, Die Verherrlichung und Erniedrigung der Mutter und der Frau, Fellbach 1992
Windaus-Walser, Karin: Gnade der weiblichen Geburt. In: *Feminstische Studien*: Radikalität und Differenz, 6. Jg. 1989
Wurmser, Leon: Die Maske der Scham, 1990
Wurmser, Leon: Flucht vor dem Gewissen, 1987

A

1. **Wenn Sie mehrere Söhne haben. Für welchen Sohn möchten Sie Ihre Antworten geben?**
   - ☐ Erstgeborener
   - ☐ Zweitgeborener
   - ☐ Drittgeborener
   - ☐ ____________

2. **Wie alt ist dieser Sohn?**
   Er ist ____ Jahre alt

3. **Finden Sie, daß Männer wenig zur täglichen Kindererziehung beitragen?**
   - ☐ ja
   - ☐ nein

4. **Traf oder trifft das auch auf Ihren Partner oder Ehemann zu?**
   - ☐ stimmt genau
   - ☐ stimmt eher
   - ☐ stimmt eher nicht
   - ☐ stimmt nicht

5. **Kinder ohne Mann im Hause ganz allein zu erziehen ist schwer!**
   - ☐ stimmt genau
   - ☐ stimmt eher
   - ☐ stimmt eher nicht
   - ☐ stimmt nicht

6. **Am schwersten ist es jedoch, einen Sohn ganz alleine zu erziehen!**
   - ☐ stimmt genau
   - ☐ stimmt eher
   - ☐ stimmt eher nicht
   - ☐ stimmt nicht

7. **Wie wirkt sich das Ihrer Ansicht nach auf die häusliche Atmosphäre aus, wenn kein Partner oder Ehemann zwischen Mutter und Sohn steht?**
   Mehrfachnennungen möglich
   - ☐ er muß die Mutter nicht mit dem Vater teilen
   - ☐ es gibt keinen Unfrieden zwischen Vater und Sohn
   - ☐ die Mutter muß nicht zwischen beiden vermitteln
   - ☐ er wird zum Ersatz für den Partner
   - ☐ es fehlt ihm die Auseinandersetzung mit dem Vater
   - ☐ er klebt an der Mutter
   - ☐ anders, nämlich ____________

8. **Konnten oder können Sie mit Ihrem Partner oder Ehemann über die Sexualerziehung Ihres Sohnes sprechen?**
   - ☐ immer
   - ☐ gelegentlich
   - ☐ selten
   - ☐ nie

9. **Ist der Sohn, für den Sie Ihre Antworten geben, ein Wunschkind von Ihnen?**
   - ☐ nein
   - ☐ ja

10. **Ist dieser Sohn ein geplantes Kind?**
    - ☐ nein
    - ☐ ja

11. **Hat auch der Vater sich diesen Sohn gewünscht?**
    - ☐ nein
    - ☐ ja

12. **Welche Erkrankungen und Schwierigkeiten hatte Ihr Sohn bisher?**
    - ☐ Hauterkrankungen
    - ☐ Bettnässen
    - ☐ Schlafstörungen
    - ☐ Sprachschwierigkeiten
    - ☐ andere: ____________

13. **Wie würden Sie Ihr Verhältnis zu Ihrem Sohn beschreiben?**
    - ☐ er kann von mir haben, was er will
    - ☐ er macht mir ständig Ärger
    - ☐ wir können gut miteinander streiten
    - ☐ er ist folgsam und macht alles, was ich sage
    - ☐ ich werde mit ihm einfach nicht fertig
    - ☐ anderes: nämlich ____________

14. Wenn Sie sich selbst beschreiben würden! Welche Eigenschaft wird Ihnen am ehesten gerecht?

☐ kühl
☐ warm
☐ hingebungsvoll
☐ sinnlich
☐ verführend

15. Jeder weiß, daß der Umgang mit Kindern unterschiedliche Anforderungen an Mütter stellt, die sich kaum mit einem einzelnen Wort beschreiben lassen. Was charakterisiert noch am ehesten die Art, wie Sie mit Ihrem Sohn umgehen?

☐ streng
☐ nachsichtig
☐ gewährend
☐ versagend
☐ gütig

B

Nun möchten wir Ihnen einige Fragen zum Zubettgehen Ihres Sohnes und zu seinen Schlafgewohnheiten stellen!

1. Würden Sie sagen, daß das Einschlafen Ihres Sohnes mit Problemen verbunden war oder ist?

☐ immer
☐ meistens
☐ gelegentlich
☐ nie

2. Legten oder legen Sie sich noch für eine Weile zu ihm?

☐ immer
☐ meistens
☐ gelegentlich
☐ nie, bitte weiter bei Frage 5

3. Wenn Sie sich zu ihm legten oder legen, was machten oder machen Sie dann?

Mehrfachnennungen möglich

☐ ich lese ihm vor
☐ wir schmusen
☐ ich streichle ihn
☐ wir reden zusammen
☐ anderes, nämlich ____________

4. Schliefen oder schlafen Sie dann auch in seinem Bett ein?

☐ immer
☐ oft
☐ gelegentlich
☐ nie

5. Sind Sie der Meinung, daß irgendwann einmal der Zeitpunkt kommt, an dem Eltern darüber entscheiden müssen, ob ihr Kind grundsätzlich erst einmal in seinem Bett schläft?

☐ ja
☐ nein

6. Wie alt war Ihr Sohn, für den Sie die Antworten geben, als Sie diese Entscheidung trafen?

____ Monate ____ Jahre alt
☐ die Frage steht noch nicht an

7. Wer hat das bei Ihnen entschieden?

☐ ich allein
☐ ich mit meinem Partner
☐ mein Partner allein
☐ das hat sich so ergeben
☐ der Sohn

8. Stellen Sie sich vor, Sie sind alleine im Bett und Ihr Sohn kommt zu Ihnen: Was kam oder kommt Ihren Reaktionen noch am nächsten?

☐ ich freue mich und lasse ihn ins Bett
☐ ich genieße es, aber ich bringe ihn in sein Bett
☐ er engt mich ein, aber ich laß' ihn bleiben
☐ er stört mich, und ich bringe ihn in sein Bett
☐ anders, wie ____________

9. Wenn Ihr Sohn bei Ihnen schläft oder schlief, in welcher Lage wacht er meistens auf?

Nur zwei Nennungen!

☐ er liegt an meinem Kopf
☐ er liegt an meinen Füßen
☐ auf meiner Außenseite

☐ an der Außenseite meines Partners
☐ er hat ein Bein über meine Hüfte gelegt
☐ er liegt zwischen mir und meinem Partner
☐ er liegt auf mir
☐ er liegt eng an mich gekuschelt

10. **Wenn Ihr Partner abwesend ist, darf dann Ihr Sohn bei Ihnen im Bett schlafen?**
☐ ja, gelegentlich
☐ ja, regelmäßig
☐ ja, immer
☐ nein

11. **In welchen Situationen sehen Ihre Kinder Sie nackt?**
Mehrfachnennungen möglich
☐ beim Aufstehen
☐ beim Zubettgehen
☐ beim Baden
☐ im gemeinsamen Badezimmer
☐ nie
☐ anders, wie ____________

12. **Glauben Sie, daß Ihr Sohn, wenn er groß ist, ein besseres Verhältnis zu Frauen haben wird als sein Vater?**
☐ ja, er wird fürsorglicher sein
☐ ja, er wird feinfühliger sein
☐ ja, er wird offener sein
☐ ja, er wird selbstloser sein
☐ nein
☐ anderes ____________

13. **Stellen Sie sich bitte einmal vor, Sie sollten Ihrem Sohn gute Ratschläge für sein Verhältnis zu Frauen mit auf den Lebensweg geben! Worauf sollte er nach Ihrer Erfahrung besonderen Wert legen?**
☐ daß er merkt, was Frauen wünschen
☐ daß er ihre Mühen nicht gering schätzt
☐ daß er ihre Wünsche nach Selbständigkeit respektiert
☐ anders, wie ____________

C

1. **Vor welchen Eigenschaften von Frauen sollte er sich Ihrer Meinung nach hüten?**
☐ daß sie zuviel von ihm fordern
☐ daß sie ihn kontrollieren wollen
☐ daß sie ihn überflüssig machen wollen
☐ anders, wie ____________

Nun möchten wir Ihnen einige Fragen zur Sauberkeitserziehung Ihres Sohnes stellen!

2. **Sind Sie der Ansicht, daß Ihr Sohn sich selbst ordentlich waschen kann?**
☐ ja
☐ nein

3. **Bis zu welchem Alter haben Sie Ihren Sohn von »oben bis unten« gewaschen?**
____ Lebensjahr
☐ bis heute

4. **Bis zu welchem Alter haben Sie Ihren Sohn von »oben bis unten« abgetrocknet?**
____ Lebensjahr
☐ bis heute

5. **Sind Sie der Ansicht, daß Ihre Tochter sich selbst ordentlich waschen kann?**
☐ ja
☐ nein
☐ ich habe keine Tochter

6. **Beteiligt sich Ihr Partner am Waschen der Kinder?**
☐ ja, beim Sohn
☐ ja, bei der Tochter
☐ bei beiden
☐ ich habe keine Tochter
☐ nein

7. **Baden Sie gemeinsam mit Ihrem Sohn?**
☐ ja
☐ nein
☐ nicht mehr seit ____ Lebensjahr

8. Glauben Sie, daß ein Vater seine Kinder ordentlich waschen kann?
- ☐ nein
- ☐ nur ein Notbehelf
- ☐ so gut wie die Mutter
- ☐ besser als die Mutter

9. Würden Sie Ihrem Sohn in einem bestimmten Alter sagen, daß er sich »unten rum« selbst waschen soll?
- ☐ ja, spätestens im Alter von
- ☐ ____ Jahren
- ☐ nein, solange es ihn nicht stört

10. Wenn Sie das Genital Ihres Sohnes waschen oder gewaschen haben, was glauben Sie, welches Gefühl Ihr Sohn dabei hat?
- ☐ es kitzelt ihn
- ☐ es ist komisch
- ☐ es stört ihn
- ☐ es erregt ihn
- ☐ er ist das gewöhnt
- ☐ anders, wie? ____________

11. Wenn ein Vater die Scheide seiner Tochter wäscht, was glauben Sie, welches Gefühl seine Tochter dabei hat?
- ☐ es kitzelt sie
- ☐ es ist komisch
- ☐ es stört sie
- ☐ es erregt sie
- ☐ sie ist das gewöhnt
- ☐ anders, wie? ____________

12. Egal, ob Sie eine Tochter haben oder nicht: Wenn der Vater die Scheide seiner Tochter wäscht, was haben Sie dann für ein Gefühl?
- ☐ gemischte Gefühle
- ☐ ganz normale Gefühle
- ☐ Mißbrauch
- ☐ abscheulich

13. Wann meinen Sie, sollte die Mutter spätestens aufhören, das Genital ihrer Kinder zu waschen?

____ Lebensjahr bei der Tochter
____ Lebensjahr beim Sohn
Anmerkung: ____________

14. Wann meinen Sie, sollte der Vater spätestens aufhören, das Genital seiner Kinder zu waschen?

____ Lebensjahr bei der Tochter
____ Lebensjahr beim Sohn
Anmerkung: ____________

15. Haben Sie Ihrem Sohn gezeigt, wie er seine Vorhaut waschen muß?
- ☐ ja, im ____ Lebensjahr
- ☐ nein, der Vater
- ☐ nein, der Partner
- ☐ niemand
- ☐ das ist noch zu früh

Es kommt sehr häufig vor, daß Mütter sich Sorgen machen, daß das Genital Ihres Sohnes sich nicht richtig entwickeln könnte.

16. Kennen Sie diese Sorge auch?
- ☐ ja
- ☐ nein, bitte weiter bei Frage 4

D

1. Erinnern Sie sich an eine Situation, in der Sie beunruhigt waren?
- ☐ als sein Penis entzündet war
- ☐ er hatte einen zu kleinen Penis
- ☐ als er an seinem Penis immer gefummelt hat
- ☐ als er beim Wasserlassen Schmerzen hatte
- ☐ anders, wie ____________

2. Welche Angst haben Sie damit verbunden?
- ☐ er wird später keine Kinder zeugen können
- ☐ er wird Frauen später nicht befriedigen können
- ☐ ich habe etwas falsch gemacht
- ☐ er wird sexuell impotent werden
- ☐ er wird unglücklich werden
- ☐ anders, wie ____________

3. Haben Sie schon einmal mit jemandem darüber gesprochen?
- ☐ Partner/Ehemann
- ☐ Vater des Kindes
- ☐ Arzt/Ärztin
- ☐ Freundin
- ☐ Mutter
- ☐ nein

4. Hat eine Ärztin oder ein Arzt bei Ihrem Sohn eine Vorhautverengung festgestellt?
- ☐ nein
- ☐ ja, eine Operation hat stattgefunden
- ☐ ja, eine Operation ist geplant
- ☐ eine Operation ist nicht notwendig

5. Haben Sie erst einmal vorbeugend etwas gegen eine Vorhautverengung selbst gemacht?
- ☐ die Vorhaut öfters zurückgestreift
- ☐ mit warmem Wasser gewaschen
- ☐ seinen Penis regelmäßig untersucht
- ☐ nein, bitte weiter bei Frage 8
- ☐ anderes: ____________

6. Wann haben Sie damit begonnen?
- ____ Monate
- ____ Jahre

7. Wann haben Sie damit aufgehört?
- ____ Monate
- ____ Jahre
- ☐ dauert noch an

8. Sollte jede Mutter eigentlich regelmäßig darauf achten, ob der Penis ihres Sohnes sich richtig entwickelt?
- ☐ ja
- ☐ nein
- ☐ anderes ____________

9. Glauben Sie, daß der Penis Ihres Sohnes sich richtig entwickelte oder entwickelt?
- ☐ nein, zu klein
- ☐ ja, altersgemäß
- ☐ nein, zu groß
- ☐ weiß nicht
- ☐ anders, wie ____________

10. Es gibt Mütter, die sich schwertun, den Penis ihres Sohnes zu berühren. Wie ergeht oder erging Ihnen das?
- ☐ seinen Penis anzufassen ist gefühlsneutral
- ☐ es hat mich irritiert
- ☐ manchmal ging meine Phantasie mit mir durch
- ☐ es hat mich Überwindung gekostet
- ☐ es hat mich irgendwie fasziniert
- ☐ anders, wie ____________

11. Ein Mann erinnerte sich im Alter von 45 Jahren, daß seine Mutter ihm als 8jährigem die Hose heruntergestreift hat, um mit einer Nachbarin zu prüfen, ob sich die Hoden gesenkt haben: Wie würden Sie das Verhalten seiner Mutter bewerten?
- ☐ besorgt
- ☐ gefühllos
- ☐ mißbräuchlich
- ☐ unangebracht
- ☐ schädlich

12. Was glauben Sie, wie der 8jährige das erlebt hat?
- ☐ gelassen
- ☐ wütend
- ☐ beschämend
- ☐ aufregend
- ☐ anderes: ____________

13. Wenn Sie die Entwicklung von Mädchen und Knaben vergleichen: Ist die Sorge um die Genitalien auch bei Mädchen berechtigt?
- ☐ nein
- ☐ ja
- ☐ anders, wie ____________

E

Wir möchten Ihnen jetzt einige Fragen zu Ihrer Partnerschaft stellen, vorausgesetzt Sie leben zur Zeit in einer Partnerschaft! Wenn nicht, gehen Sie bitte zu Frage 6.

1. **Worüber gibt es hauptsächlich Konflikte?**
   - ☐ Hausarbeit
   - ☐ Geld
   - ☐ Kinder
   - ☐ Fremdgehen
   - ☐ Sexualität
   - ☐ Alkohol
   - ☐ anderes ____________

2. **Wer ist nach Ihrer Meinung schuld an den Konflikten in Ihrer Partnerschaft?**
   - ☐ eher der Partner
   - ☐ wir beide
   - ☐ eher ich
   - ☐ der Sohn
   - ☐ die Tochter
   - ☐ anderes ____________

3. **Wie würden Sie zum jetzigen Zeitpunkt Ihre Partnerschaft beurteilen?**
   - ☐ glücklich
   - ☐ im großen und ganzen gut
   - ☐ wenig zufriedenstellend
   - ☐ unglücklich

4. **Schlafen Sie mit Ihrem Partner in einem gemeinsamen Bett?**
   - ☐ ja
   - ☐ nein, jeder im eigenen Bett
   - ☐ nein, seit wir zusammenleben nicht
   - ☐ nein, seit der Geburt des Kindes nicht mehr
   - ☐ nein, seit einem Konflikt nicht mehr
   - ☐ anderer Anlaß: ____________

5. **Haben Sie noch Sexualverkehr mit Ihrem Partner?**
   - ☐ nein
   - ☐ ja

6. **Gleich, ob Sie in einer Partnerschaft leben oder nicht: Wie würden Sie Ihr Sexualleben beurteilen?**
   - ☐ sehr gut
   - ☐ gut
   - ☐ befriedigend
   - ☐ unbefriedigend

7. **Wie wurde in Ihrer Familie mit Sexualität umgegangen?**
   - ☐ wenig offen
   - ☐ offen
   - ☐ zu offen
   - ☐ wie offen ____________

8. **Wurden Sie sexuell aufgeklärt?**
   - ☐ nein, bitte weiter bei Frage 11

   Mehrfachnennungen möglich
   - ☐ ja, Mutter
   - ☐ ja, Vater
   - ☐ ja, Bruder
   - ☐ ja, Schwester
   - ☐ Schule
   - ☐ andere: ____________

9. **Wie alt waren Sie damals?**

   ____ Jahre

10. **Wie ging das vonstatten?**

    Mehrfachnennungen möglich
    - ☐ über Gespräche
    - ☐ über Bücher
    - ☐ Untersuchungen am eigenen Körper
    - ☐ Untersuchungen am fremden Körper
    - ☐ mir wurde gezeigt, wie Sex gemacht wird

11. **Würden Sie sagen, daß es in Ihrer Familie sexuellen Mißbrauch gab?**
    - ☐ ich weiß es nicht
    - ☐ ich vermute es nur
    - ☐ ja, an mir
    - ☐ an meinem Bruder
    - ☐ an meiner Schwester
    - ☐ nein

12. **Wenn ja, wer hat mißbraucht? Mehrfachnennungen möglich**
   - ☐ Bruder
   - ☐ Schwester
   - ☐ Mutter
   - ☐ Vater
   - ☐ Wer sonst? ____________

Nun einige Fragen zur kindlichen Neugierde Ihres Sohnes!
Es ist bekannt, daß die Söhne in einem bestimmten Lebensalter fast naturgemäß eine auffällige Neugierde für den nackten Körper, vor allem die Scheide und die Brüste ihrer Mutter zeigen.

13. **Haben Sie diese Neugierde bemerkt?**
   - ☐ ja
   - ☐ er ist noch zu jung
   - ☐ nein, bitte weiter bei Frage F/2

14. **Wie haben Sie sich oder wie würden Sie sich dieser Neugierde gegenüber verhalten?**
   - ☐ ich lenke ihn ab
   - ☐ ich weise ihn zurück
   - ☐ ich schimpfe ihn aus
   - ☐ ich lasse ihn gewähren
   - ☐ anderes: ____________

15. **Wie alt war Ihr Sohn damals?**
   ____ Monate oder ____ Jahre
   - ☐ er ist noch zu jung

F

1. **Mit welchen Gefühlen würden oder haben Sie auf die sexuelle Neugierde Ihres Sohnes reagiert?**
   - ☐ verwundert
   - ☐ beschämt
   - ☐ hilflos
   - ☐ ärgerlich
   - ☐ stolz
   - ☐ anders, wie ____________

2. **Eine Mutter berichtete über die sexuelle Neugierde ihres 6jährigen Sohnes, die nicht zu übersehen war, und sagte wörtlich: »Wenn er seinen Penis einmal reinstecken will, was ist schon dabei, ich laß ihn!«. Wie beurteilen Sie das?**
   - ☐ einmal ist keinmal
   - ☐ Teil der Sexualerziehung
   - ☐ der Sohn kann ruhig von der Mutter lernen
   - ☐ bedenklich
   - ☐ schamlos
   - ☐ das schädigt den Jungen
   - ☐ anderes ____________

3. **Ein 6jähriger Junge redet mit seiner Mutter darüber, ob sie ihn oder die Schwester lieber habe. Am Ende sagt er ganz verschmitzt: Ich weiß doch, daß Mütter Jungen lieber haben als Mädchen! Was sagen Sie dazu?**
   - ☐ er hat den Nagel auf den Kopf getroffen
   - ☐ er hat ein bißchen recht
   - ☐ er hat absolut unrecht
   - ☐ anderes ____________

Jetzt möchten wir Ihnen einige Fragen zur sexuellen Entwicklung Ihres Sohnes stellen.

4. **Haben Sie Gliedversteifungen bei Ihrem Sohn wahrgenommen?**
   - ☐ ja
   - ☐ nein, bitte weiter bei Frage 7

5. **Wie alt war Ihr Sohn, als Sie erstmals Gliedversteifungen wahrgenommen haben?**
   ____ Monate oder ____ Jahre

6. **Was kam Ihren Reaktionen damals am nächsten?**
   - ☐ ich war darauf vorbereitet
   - ☐ ärgerlich, weil das nicht sein muß
   - ☐ irgendwie fühlte ich mich schuldig
   - ☐ normal, weil es zur Entwicklung gehört
   - ☐ irgendwie war ich stolz

7. **Ließen oder lassen Sie Ihren Sohn beim Kuscheln und Schmusen auch Ihre Brust berühren?**
   - ☐ ja, mir macht das nichts aus
   - ☐ ja, so lernt er den weiblichen Körper kennen
   - ☐ ja, ich lasse es zu, aber so ganz wohl ist mir nicht dabei
   - ☐ nein

8. **Ab welchem Alter haben Sie es nicht mehr zugelassen?**
   ____ Monate oder ____ Jahre
   - ☐ ich lasse es zu

9. **Ließen oder lassen Sie Ihren Sohn beim Schmusen und Kuscheln auch Ihre Scheide berühren?**
   - ☐ ja, mir macht das nichts aus
   - ☐ ja, so lernt er den weiblichen Körper kennen
   - ☐ ja, ich lasse es zu, aber so ganz wohl ist mir nicht dabei
   - ☐ kam noch nicht vor
   - ☐ nein

10. **Ab welchem Alter haben Sie es nicht mehr zugelassen?**
    ____ Monate oder ____ Jahre
    - ☐ ich lasse es zu

11. **Es gibt Mütter, die den Penis ihres Sohnes liebkosen, um sich zu erregen. Können Sie das gefühlsmäßig nachvollziehen?**
    - ☐ überhaupt nicht
    - ☐ nur schwer
    - ☐ durchaus
    - ☐ anders, wie ____________

12. **Kennen Sie Frauen, die den Penis ihres Sohnes liebkosen, um sich zu erregen?**
    - ☐ ja
    - ☐ nein

13. **Kennen Sie Frauen, denen Sie es zutrauen würden?**
    - ☐ ja
    - ☐ nein

14. **Es gibt Mütter, die mit ihren Söhnen Sexualverkehr haben. Können Sie das nachvollziehen?**
    - ☐ überhaupt nicht
    - ☐ nur schwer
    - ☐ durchaus

15. **Kennen Sie Frauen, die das tun?**
    - ☐ ja
    - ☐ nein

G

1. **Kennen Sie Frauen, denen Sie es zutrauen würden?**
   - ☐ ja
   - ☐ nein

2. **Es ist nicht bekannt, wie weit dieses Verhalten verbreitet ist. Was würden Sie vermuten?**
   - ☐ häufig
   - ☐ oft
   - ☐ selten
   - ☐ nie

3. **Haben Sie Angst, daß Ihr Sohn homosexuell werden könnte?**
   - ☐ gelegentlich
   - ☐ immer
   - ☐ nein

4. **Männer, die homosexuell sind, können keine sexuelle Beziehung zu Frauen eingehen.**
   - ☐ das stimmt mich traurig
   - ☐ das finde ich in Ordnung
   - ☐ das stößt mich ab
   - ☐ das finde ich sympathisch

5. **Ist Ihr Sohn homosexuell?**
   - ☐ das läßt sich heute noch nicht sagen
   - ☐ nein
   - ☐ weiß nicht
   - ☐ ja

6. **Es gibt Frauen, die das Stillen auch sexuell genußvoll erleben. War das bei Ihnen auch so?**
   - ☐ nein
   - ☐ ja

7. **Bei welchem Kind war dieses Gefühl größer?**
   - ☐ Tochter
   - ☐ Sohn
   - ☐ bei beiden gleich
   - ☐ habe keine Tochter

8. **Bis zu welchem Alter haben Sie Ihren Sohn gestillt?**
   ____ Monate oder ____ Jahre

9. **Bis zu welchem Alter haben Sie Ihre Tochter gestillt?**
   ____ Monate oder ____ Jahre
   - ☐ ich habe keine Tochter

10. **In der Öffentlichkeit wird ausführlich über den sexuellen Mißbrauch von Vätern an ihren Töchtern gesprochen. Was halten Sie davon?**
    - ☐ das wurde höchste Zeit
    - ☐ das halte ich alles für übertrieben
    - ☐ das hat nichts mit dem normalen Vater zu tun
    - ☐ die Väter werden beschimpft, um die Mütter zu schonen

11. **Über sexuellen Mißbrauch von Müttern an Söhnen wird nur selten gesprochen. Woran könnte das Ihrer Meinung nach liegen?**
    - ☐ Mütter mißbrauchen ihre Söhne nicht
    - ☐ Mütter tun es viel seltener
    - ☐ Mütter machen es anders, nämlich ____________

12. **Irgendwann kommt der Zeitpunkt, an dem Ihr Sohn sich nicht mehr vor Ihnen ausziehen will! Wie verhalten Sie sich?**
    - ☐ ich gehe auf seinen Wunsch ein
    - ☐ ich tue, als hätte ich es nicht gehört
    - ☐ ich mache mich über ihn lustig
    - ☐ ich rede es ihm liebevoll aus

13. **Haben Sie schon einmal geträumt, daß zwischen Ihnen und Ihrem Sohn eine intime Beziehung besteht?**
    - ☐ nein, bitte weiter bei Frage 15
    - ☐ ja, einmal hatte ich einen solchen Traum
    - ☐ ja, davon träume ich häufiger
    - ☐ den Traum habe ich seit Jahren immer wieder

14. **Welche Gefühle hatten Sie, als Sie aus diesem Traum erwachten?**
    - ☐ ich war entsetzt
    - ☐ ich war sprachlos
    - ☐ ich hatte ein gelöstes Gefühl
    - ☐ ich war sehr glücklich

15. **Haben Sie eine solche oder ähnliche Phantasien gelegentlich im Wachzustand?**
    - ☐ ja
    - ☐ nein

16. **Haben Sie einen Kosenamen für den Penis ihres Sohnes?**
    - ☐ nein
    - ☐ ja, nämlich ____________

17. **Eine Mutter sagte einmal über ihren Sohn: »Ich liebe seinen Penis!« Wie stehen Sie zu diesem Gefühl?**
    - ☐ ich kenne dieses liebevolle Gefühl
    - ☐ ich verstehe, wenn andere Frauen dieses Gefühl haben
    - ☐ ich kenne dieses Gefühl nicht

18. **Bemerkten oder bemerken Sie, daß Ihr Sohn sich selbst befriedigt?**
    - ☐ ja, selten
    - ☐ ja, oft
    - ☐ nein, bitte weiter bei Frage 4

H

1. **Wenn ja, wann haben Sie es zum ersten Mal bemerkt?**
   Im Alter von ____ Jahren

2. **Wie reagieren oder wie reagierten Sie darauf?**
   - ☐ ich lasse ihn gewähren
   - ☐ ich übersehe es geflissentlich
   - ☐ ich versuche ihn davon abzubringen
   - ☐ ich mißbillige es
   - ☐ anders, wie ____________

3. **In welchen Situationen befriedigt er sich meistens selbst?**
   - ☐ wenn er Streit mit mir hatte
   - ☐ wenn in der Schule etwas schiefging
   - ☐ wenn ich ihn zurückweise
   - ☐ wenn er überfordert ist
   - ☐ ich weiß es nicht
   - ☐ andere, welche ____________

4. **Stellen Sie sich einmal vor, Sie kommen ins Zimmer, und Ihr Sohn liegt dort halbnackt und befriedigt sich selbst? Wie würden Sie sich verhalten?**
   - ☐ ärgerlich werden
   - ☐ verlegen werden
   - ☐ ihn streicheln
   - ☐ so tun, als sei nichts dabei
   - ☐ sagen, daß ich seine Intimität nicht teilen will
   - ☐ anders, wie ____________

5. **Wie reagierten Sie oder wie würden Sie auf die Doktorspiele reagieren, die Ihr Sohn mit Mädchen z. B. aus der Nachbarschaft oder dem Bekanntenkreis macht?**
   - ☐ ich ermutige ihn
   - ☐ ich lasse ihn gewähren
   - ☐ ich bin irritiert
   - ☐ ich bin eifersüchtig
   - ☐ ich unterbinde es

6. **Wenn Ihr Sohn sich schämt, übersehen Sie das?**
   - ☐ durchaus möglich
   - ☐ daran habe ich noch nie gedacht
   - ☐ nein

7. **Wenn eine Mutter die Genitalien ihres Sohnes streichelt, wie sehen Sie das?**
   - ☐ ein Zeichen mütterlicher Sorge
   - ☐ harmlos
   - ☐ überflüssig
   - ☐ das gehört sich nicht
   - ☐ krankmachend
   - ☐ abscheulich

8. **Stellen Sie sich einmal vor, Ihr Sohn möchte, daß Sie seinen Penis streicheln. Wie würden Sie darauf reagieren?**
   - ☐ ich erfülle ihm seinen Wunsch
   - ☐ ich lenke ihn ab
   - ☐ ich sage nein
   - ☐ ich werde ärgerlich
   - ☐ ich drohe mit dem Vater
   - ☐ ich schlage ihn
   - ☐ anders, wie ____________

9. **Wenn ein Vater die Genitalien seiner Tochter streichelt, wie sehen Sie das?**
   - ☐ ein Zeichen väterlicher Sorge
   - ☐ harmlos
   - ☐ überflüssig
   - ☐ das gehört sich nicht
   - ☐ krankmachend
   - ☐ abscheulich

10. **Stellen Sie sich einmal vor, Ihr 14jähriger Sohn würde Ihnen zum Geburtstag wunderschöne Unterwäsche schenken. Wie würden Sie darauf reagieren?**
    - ☐ ganz weg von so viel Zartsinn
    - ☐ einerseits erfreut, andererseits komisch berührt
    - ☐ ich wäre verlegen gewesen
    - ☐ das ist schon peinlich
    - ☐ anders, wie ____________

11. Sollte sich Ihr Mann oder Partner Ihrer Meinung nach davon ein Stück abschneiden?

☐ ja
☐ nein

12. Ein solches Geschenk sollten nur erwachsene Männer machen!

☐ stimmt genau
☐ stimmt eher
☐ stimmt eher nicht
☐ stimmt nicht

13. Wie häufig treten oder traten Verliebtheitsgefühle zu Ihrem Sohn auf?

☐ regelmäßig
☐ gelegentlich
☐ selten
☐ nie

14. In welchen Situationen treten oder traten diese Gefühle am ehesten auf?

Bitte beschreiben Sie diese Situationen ______________

I

---

1. Es gibt Mütter, die den Penis ihres Sohnes mit der hohlen Hand zärtlich bedecken, wenn sie ihn knuddeln. Machen oder machten Sie das auch?

☐ nein
☐ ja, bis zum Alter von ____
☐ ja, ich mache das immer noch

2. Wenn ja, welche Gefühle haben oder hatten Sie dabei?

☐ zärtliche
☐ aufgeregte
☐ gar keine
☐ beunruhigende

3. Es gibt Mütter, die den Penis ihres Sohnes küssen, wenn sie mit ihm zärtlich sind. Machen oder machten Sie das auch?

☐ nein
☐ ja, bis zum ____ Lebensjahr

4. Wenn ja, welche Gefühle haben oder hatten Sie dabei?

☐ zärtliche
☐ erregte
☐ gar keine
☐ beunruhigende

5. Können Sie sich vorstellen, daß Ihr Sohn später einmal als Verführung auffaßt, was Sie nur gut gemeint haben?

☐ ja
☐ nein

6. Was glauben Sie, welcher Eindruck von Ihnen als Frau bei Ihrem Sohn einmal vorherrschen wird?

☐ kühl
☐ warm
☐ hingebungsvoll
☐ sinnlich
☐ verführerisch

7. Wenn Sie zurückblicken, können Sie sagen, daß es Phasen zwischen Ihnen und Ihrem Sohn gegeben hat, in denen Ihr Sohn oft ärgerlich und gereizt Ihnen gegenüber war?

☐ nein
☐ ja, oft
☐ ja, selten
☐ meistens

Wenn ja, wie alt war Ihr Sohn damals?

____ Jahre alt

Die meisten Kinder haben irgendwann einmal Erfahrungen mit Doktorspielen gemacht.

8. Können Sie sich daran erinnern, ob es auch in Ihrer Kindheit Doktorspiele gab?

☐ nein, bitte weiter bei Frage 11
☐ ja, mit Brüdern
☐ ja, mit Schwestern
☐ ja, mit Nachbarskindern
☐ ja, mit Erwachsenen

9. **Können Sie sich noch daran erinnern, wie alt Sie damals waren?**
   ____ Jahre
   ☐ nein

10. **Zu den Doktorspielen hat wohl jede so ihre Erinnerungen. Was kommt Ihrer damaligen Einstellung zu Doktorspielen noch am nächsten?**
   ☐ ich habe alles mitgemacht
   ☐ ich habe andere dazu animiert
   ☐ ich habe mich geschämt
   ☐ ich hatte Angst, erwischt zu werden

Nun einige Fragen zur körperlich-seelischen Entwicklung Ihres Sohnes!

11. **Hat Ihr Sohn nächtliche Samenentleerungen?**
   ☐ ja
   ☐ nein, weiter bei Frage 15

12. **In welchem Alter haben Sie erstmals nächtliche Samenentleerungen Ihres Sohnes wahrgenommen?**
   Im Alter von ____ Monaten
   ____ Jahren
   ☐ ist noch zu klein

13. **Wenn Samenentleerungen auftreten oder auftraten, wie haben Sie reagiert?**
   ☐ Taschentuch unters Kopfkissen gelegt
   ☐ so getan, als bemerkte ich es nicht
   ☐ ich habe mit ihm darüber geredet
   ☐ ich habe seinen Vater eingeschaltet
   ☐ auf das Schädliche habe ich ihn hingewiesen
   ☐ anders, wie ____________

14. **Was waren oder sind Ihre Gefühle?**
   ☐ Stolz
   ☐ Ärger
   ☐ Verwirrung
   ☐ Aufregung

15. **Wenn Ihr Sohn Freundinnen mit nach Hause bringt oder bringen würde, wie reagieren Sie darauf?**
   ☐ erfreut
   ☐ gleichgültig
   ☐ bin nicht begeistert
   ☐ es stört mich

J

Abschließend möchten wir Sie noch um einige Angaben zu Ihren Lebensverhältnissen bitten!

1. **In welcher Form sind Sie zur Zeit tätig?**
   ☐ als Hausfrau
   ☐ als Angestellte
   ☐ als Arbeiterin
   ☐ als Beamtin
   ☐ als Selbständige
   ☐ anderes ____________

2. **Im erlernten Beruf?**
   ☐ ja
   ☐ nein

3. **Welchen Beruf haben Sie erlernt?**
   ____

4. **Haben Sie Ihre Berufsausbildung abgeschlossen?**
   ☐ ja
   ☐ nein

5. **Sind Sie zur Zeit arbeitslos?**
   ☐ ja
   ☐ nein

6. **Vorausgesetzt Sie waren oder sind beruflich tätig! Wie befriedigend ist oder war diese Tätigkeit für Sie?**
   ☐ sehr befriedigend
   ☐ ausreichend
   ☐ eher wenig befriedigend
   ☐ überhaupt nicht

7. **Wie haben Sie Ihre Schulbildung abgeschlossen?**
   ☐ mit der Hauptschule
   ☐ mit der mittleren Reife
   ☐ ohne Abschluß
   ☐ mit dem Abitur

8. Haben Sie studiert oder studieren Sie zur Zeit?
- ☐ nein
- ☐ ja, Fachhochschule
- ☐ ja, Universität

Studienfach: ____________

9. Haben Sie Ihr Studium abgeschlossen?
- ☐ nein
- ☐ ja
- ☐ noch nicht

10. Würden Sie sich selbst als religiös bezeichnen?
- ☐ ja
- ☐ nein

11. Welche Nationalität haben Sie?

____

12. Wie alt sind Sie?

____ Jahre

13. Wie viele Kinder haben Sie? ____

Alter 1. Sohn ____
Alter 2. Sohn ____
Alter 3. Sohn ____
Alter 1. Tochter ____
Alter 2. Tochter ____
Alter 3. Tochter ____

14. Wir möchten gerne wissen, wie Sie im Augenblick leben.
- ☐ in einer lockeren Partnerschaft
- ☐ in verschiedenen Partnerschaften
- ☐ gänzlich ohne Partnerschaften
- ☐ in einer festen Partnerschaft, ohne verheiratet zu sein
- ☐ in einer ehelichen Verbindung
- ☐ in einer homosexuellen Partnerschaft

15. Wie lange leben Sie in der angegebenen Form?

____ Monate
____ Jahre

16. Leben Sie vom Vater des Kindes getrennt?
- ☐ ja
- ☐ nein

Wie alt war Ihr Kind, als Sie sich trennten?

Alter des Sohnes ____
Alter der Tochter ____

17. Verstehen Sie sich als alleinerziehende Mutter?
- ☐ nein
- ☐ ja, das hat sich so ergeben
- ☐ ja, das habe ich so gewollt und geplant
- ☐ ja, ich habe den Vater verlassen
- ☐ ja, der Vater hat mich verlassen

18. Welche Postleitzahl hat der Ort, in dem Sie leben?

☐ West ________ Ost ________

Wir bedanken uns dafür, daß Sie sich die Zeit genommen haben, den Fragebogen auszufüllen. Bitte stecken Sie den Fragebogen in den beigefügten Freiumschlag und senden Sie ihn uns zu.

Tabelle B10

Wenn Ihr Partner abwesend ist, darf dann Ihr Sohn bei Ihnen im Bett schlafen?

Antworten	Anzahl	%-Zahl
Ja, gelegentlich	436	52,2
Ja, regelmäßig	28	3,3
Ja, immer	70	8,3
Nein	296	36,2
	830	100,0

Tabelle D2

Es kommt sehr häufig vor, daß Mütter sich Sorgen machen, daß das Genital ihres Sohnes sich nicht richtig entwickeln könnte.
Welche Angst haben Sie damit verbunden?

Antworten	Anzahl	%-Zahl
Er wird später keine Kinder zeugen können	47	14,6
Er wird Frauen später nicht befriedigen können	8	2,5
Ich habe etwas falsch gemacht	58	18,0
Er wird sexuell impotent werden	3	0,9
Er wird unglücklich werden	32	9,9
Die Vorhautverengung wird ihm Schmerzen bereiten	109	33,9
Anders, wie ...	77	23,9
	322	103,7*

* Mehr als 100 %, da Mehrfachantwort möglich.

Frage D3 – Dauer der Penisstimulierung in Monaten und ärztliche Anordnung: Ja/Nein

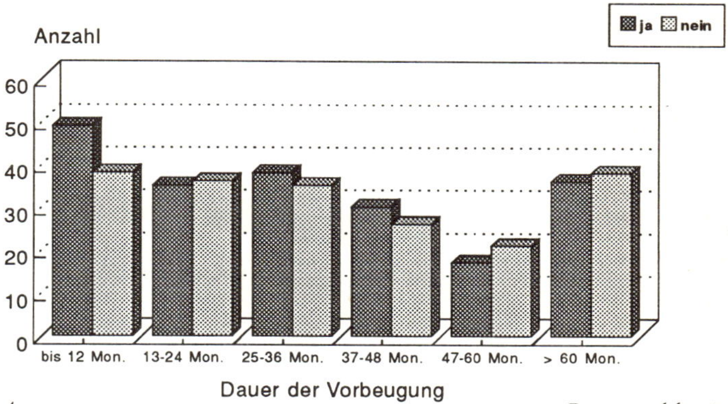

Abb. 4

Gesamtzahl = 399

Tabelle D5

Haben Sie erst einmal vorbeugend etwas gegen eine Vorhautverengung selbst gemacht?

	Alte BRD		Alte DDR		Gesamt	
Antworten	**Anzahl**	**%**	**Anzahl**	**%**	**Anzahl**	**%**
Die Vorhaut öfters zurückgestreift	126	29,4	258	60,7	384	45,0
Mit warmem Wasser gewaschen	25	5,8	74	17,4	99	11,6
Seinen Penis regelmäßig untersucht	16	3,7	30	7,1	46	5,4
Nein	259	60,5	105	24,7	364	42,7
Anderes ...	36	8,4	35	8,2	71	8,3
	428	107,8*	425	118,1*	853	113,0*

* Mehr als 100%, da Mehrfachantwort möglich.

Frage D6 – Beginn der Penisstimulierung nach Lebensjahren (LJ)

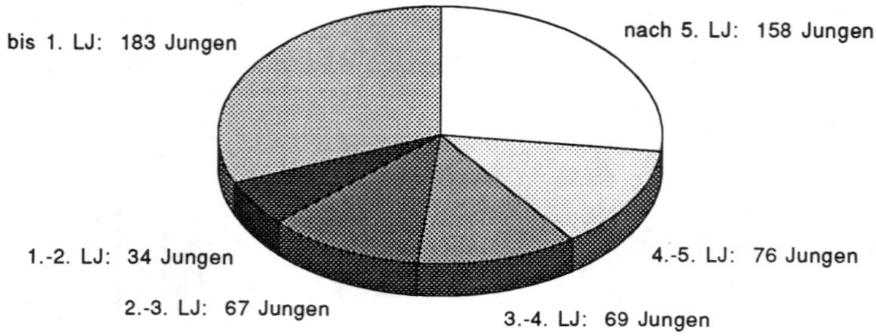

Abb. 1

Zahl = 439

Frage D6/D7 – Dauer der Penisstimulierung

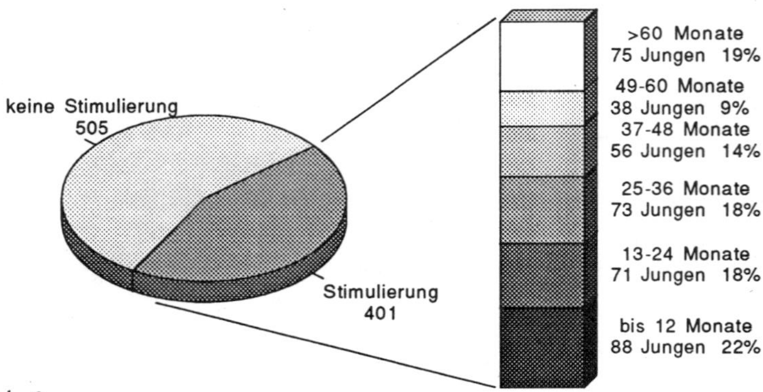

Abb. 2

Frage D7 – Ende der Penisstimulierung nach Lebensjahren (LJ)

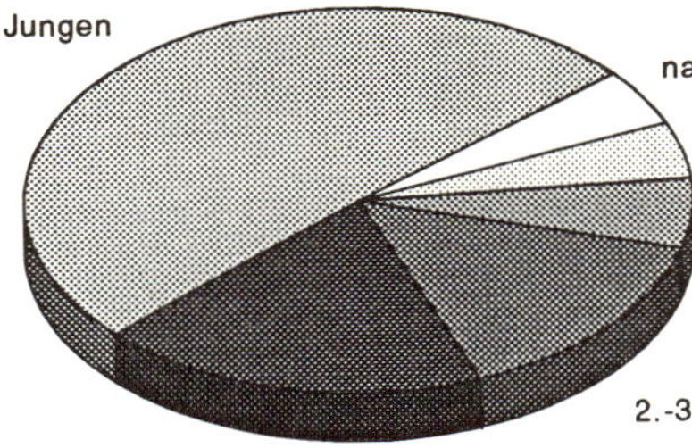

Abb. 3 Zahl = 422

Tabelle D8

Sollte jede Mutter eigentlich regelmäßig darauf achten, ob der Penis ihres Sohnes sich richtig entwickelt?

	Alte BRD		Alte DDR		Gesamt	
Antworten	**Anzahl**	**%**	**Anzahl**	**%**	**Anzahl**	**%**
Ja	259	58,9	348	80,7	607	69,7
Nein	60	13,6	24	5,6	84	9,6
Anderes ...	121	27,5	59	13,7	180	20,7
	440	100,0	431	100,0	871	100,0

Tabelle D10

Es gibt Mütter, die sich schwertun, den Penis ihres Sohnes zu berühren. Wie ergeht oder erging Ihnen das?

	Alte BRD		Alte DDR		Gesamt	
Antworten	**Anzahl**	**%**	**Anzahl**	**%**	**Anzahl**	**%**
Seinen Penis anzufassen ist gefühlsneutral	277	62,2	353	81,9	630	71,9
Es hat mich irritiert	31	7,0	11	2,6	42	4,8
Manchmal ging meine Phantasie mit mir durch	5	1,1	2	0,5	7	0,8
Es hat mich Überwindung gekostet	7	1,6	5	1,2	12	1,4
Es hat mich irgendwie fasziniert	62	13,9	14	3,2	76	8,7
Anders, wie ...	77	17,3	62	14,4	139	15,9
	445	103,1*	431	103,8*	876	103,5*

* Mehr als 100 %, da Mehrfachantwort möglich.

Tabelle D11

Ein Mann erinnerte sich im Alter von 45 Jahren, daß seine Mutter ihm als 8jährigem die Hose heruntergestreift hat, um mit einer Nachbarin zu prüfen, ob sich die Hoden gesenkt haben: Wie würden Sie das Verhalten seiner Mutter bewerten?

Antworten	Anzahl	%-Zahl
Besorgt	39	4,4
Gefühllos	340	38,7
Mißbräuchlich	59	6,7
Unangebracht	447	50,9
Schädlich	133	15,1
	878	115,8*

* Mehr als 100 %, da Mehrfachantwort möglich.

Tabelle F5

Wie alt war Ihr Sohn, als Sie erstmals Gliedversteifungen wahrgenommen haben?

Antworten	**%-Zahl**
Keine Gliedversteifungen wahrgenommen	15,9
Ich habe Gliedversteifungen wahrgenommen:	
Im 1. Lebensjahr	50,2
Im 2. Lebensjahr	11,4
Im 3. Lebensjahr	10,0
Im 4. Lebensjahr	5,3
Zwischen 5. – 10. Lebensjahr	13,2
Zwischen 11. – 12. Lebensjahr	1,5
Weiß nicht	7,5
	107,5*

* Mehr als 100 %, da Mehrfachantwort möglich.

Tabelle G11

Über sexuellen Mißbrauch von Müttern an Söhnen wird nur selten gesprochen. Woran könnte das Ihrer Meinung nach liegen?

	Alte BRD		**Alte DDR**		**Gesamt**	
Antworten	**Anzahl**	**%**	**Anzahl**	**%**	**Anzahl**	**%**
Mütter mißbrauchen ihre Söhne nicht	9	2,0	26	6,1	35	4,1
Mütter tun es viel seltener	263	59,6	294	69,5	557	64,5
Mütter machen es anders	183	41,5	119	28,1	302	35,0
	441	103,1*	423	103,7*	864	103,6*

* Mehr als 100 %, da Mehrfachantwort möglich.

Tabelle H6

Wenn Ihr Sohn sich schämt, übersehen Sie das?

Antworten	**Alte BRD** Anzahl	%	**Alte DDR** Anzahl	%	**Gesamt** Anzahl	%
Durchaus möglich	98	22,2	128	30,0	226	26,1
Daran habe ich noch nie gedacht	56	12,7	63	14,8	119	13,7
Nein	287	65,1	235	55,2	522	60,2
	441	100,0	426	100,0	867	100,0

Tabelle H8

Stellen Sie sich einmal vor, Ihr Sohn möchte, daß Sie seinen Penis streicheln. Wie würden Sie darauf reagieren?

Antworten	**Anzahl**	**%-Zahl**
Ich erfülle ihm seinen Wunsch	77	8,8
Ich erfülle mit Bedingung	63	7,9
Ich lenke ihn ab	201	23,0
Ich sage nein	412	47,1
Ich werde ärgerlich	4	0,5
Ich drohe mit dem Vater	1	0,1
Ich schlage ihn	1	0,1
Anders, wie …	144	16,1
	903	103,6*

* Mehr als 100 %, da Mehrfachantwort möglich.

Tabelle H10

Stellen Sie sich einmal vor, Ihr 14jähriger Sohn würde Ihnen zum Geburtstag wunderschöne Unterwäsche schenken. Wie würden Sie darauf reagieren?

Antworten	Anzahl	%-Zahl
Ganz weg von so viel Zartsinn	67	7,7
Einerseits erfreut, andererseits komisch berührt	426	48,9
Ich wäre verlegen gewesen	84	9,6
Das ist schon peinlich	40	4,6
Anders, wie ...	279	32,0
	872	102,8*

* Mehr als 100 %, da Mehrfachantwort möglich.

Tabelle H11

Sollte sich Ihr Mann oder Partner Ihrer Meinung nach davon ein Stück abschneiden?

	Alte BRD		Alte DDR		Gesamt	
Antworten	Anzahl	%	Anzahl	%	Anzahl	%
Ja	97	23,1	162	40,9	259	31,7
Nein	316	75,2	228	57,6	544	66,7
Anders geantwortet	7	1,7	6	1,5	13	1,6
	420	100,0	396	100,0	816	100,0

Tabelle H12

Ein solches Geschenk sollten nur erwachsene Männer machen!

Antworten	Anzahl	%-Zahl
Stimmt genau	159	18,5
Stimmt eher	315	36,6
Stimmt eher nicht	154	17,9
Stimmt nicht	232	27,0
	860	100,0

Nachwort zur Taschenbuchausgabe

Sind wir alle nur noch Opfer?

In unserer Kultur kann man zuweilen den Eindruck gewinnen, als gäbe es nur noch Opfer, und keine selbständig handelnden Menschen mehr. Es scheint kaum noch jemand sein eigenes und vor allem das Leben anderer durch sein Verhalten zu beeinflussen. Den Kritiken feministischer Theoretikerinnen zum Geschlechterverhältnis zufolge ist besonders die weibliche Existenz durch eine vielseitig entfaltete Opferhaltung bestimmt. Kaum ein Bereich des privaten oder öffentlichen Lebens ist danach noch zu erkennen, aus dem Frauen nicht Einschränkungen, Versagungen und Gewalt entgegenschlügen.

Wenn nun, wie es sich andeutet,[1] die Männer ebenfalls verleugnen, daß sie die Geschichte selbst gemacht haben und statt dessen nur Opfer der Frauen, ganz besonders der Mütter sein wollen, so wäre das nicht nur die Wiederkehr des feministischen Opferkultes in gegengeschlechtlicher Gestalt, er wäre auch ebenso falsch. Weder Männer noch Frauen sind in irgendeiner Beziehung, sei sie privater, psychosexueller, öffentlicher, kultureller oder politischer Art, nur Opfer. Beide Geschlechter machen auf ihre Weise Geschichte, und bei der Ausübung ihrer Macht verbrennen sie sich selbst und anderen die Finger, aber sie bringen auch Gutes hervor.

Wer die Welt, wie die tonangebenden Feministinnen , nur in »Täter« und »Opfer« aufteilt, der denkt den Prozeß der Zivilisation nicht nur in Kategorien schlechter Detektivromane, sondern der hat sozusagen seinen Geist bereits aufgegeben und sich von der eigenen Geschichtsmächtigkeit verabschiedet. Wer so denkt, kann nur noch hoffen, daß ein Erlöser oder eine Erlöserin kommt und befreiend ihre Flügel über sie deckt.

Im allgemeinen ist in der Geschichte der Menschheit solche Hoffnung den Religionen hienieden oder dem Leben nach dem Tod zugeschrieben worden. Die moderne Geschichte hat solche Erlöser in der Gestalt totalitärer Systeme »auf Erden« mit schrecklichem Blutzoll und dem Verlust fragiler Zivilisationsfortschritte auftreten lassen. Feministischer Mystizismus und ebensolche Kosmologie mit ihren Göttinnen und Heilsversprechungen, die alle Frauen zu liebenden Schwestern machen, weil es zwischen Müttern und Töchtern keine Rivalität mehr gibt, und die Gesellschaft in ein Reich des Friedens verwandeln, stellen keine Lösung dar, sondern sind allenfalls neue Sprachhülsen.

Wer die Frauen qua Geschlecht, eben Biologie, Anatomie und Genen, als Opfer eines universell destruktiven Patriarchats sich vorstellt, der kann letztlich nur noch auf diese übernatürlichen Fügungen zur »Ohnmacht der weiblichen Schicksalsnatur« warten. Denn wer hat schon einmal erlebt, daß die »Unterdrücker« die »Unterdrückten« befreien? Zumal wenn sich herausstellt, daß die »Unterdrückten« in Wirklichkeit sehr viel mehr als nur ihre Ketten zu verlieren haben.

Wenn jetzt noch die zaghaft keimende Reflexion der Männer über ihr Schicksal sich zu einem Opfermythos versteigt, dann kommen den Frauen nicht nur ihre »Täter« abhanden, die ihr Opferstatus voraussetzt, denn zu Recht müßte man sich fragen, ob es einen Weltgeist gäbe, einen *deus ex machina* oder eine extraterrestrische Energie, die uns alle ins Unglück stürzt und niemandem mehr die Zuständigkeit für sein Handeln überläßt.[2] Der Geschlechterkampf hätte ein Ende gefunden, weil alle nur noch Unterdrückte wären. Die Täter sind abhanden gekommen. Allen geht es nur unendlich schlecht, und immer sind die anderen daran schuld! Keiner ist mehr seines Glückes Schmied, geschweige denn die Ursache seines Unglücks.

Die Ära der großen Utopie von der revolutionären Arbeiterklasse, die alles zum Besten wenden und in einem umwälzenden Akt alle erniedrigenden Ketten sprengen sollte, scheint durch ihr Gegenteil ersetzt. Wir sind alle nur noch Opfer – keiner will der Täter gewesen sein, und jeder braucht professionelle Experten, die ihn aus seinem Elend befreien! Keiner tut mehr etwas für sich selber!

Bei meinem Versuch, das Verhältnis der Frauen zu ihren Söhnen zu verstehen, geht es nicht darum, die kleinen Söhne und großen Männer als neue Opfergruppe aus der Taufe zu heben, die nur noch unser Mitgefühl verdient und für die wir stillschweigend hoffen können, daß sich auch für sie eines Tages ein Erlöser, ja vielleicht sogar eine Heilsbringerin einfinden wird.

Es ist zu hoffen, daß der Blick der Männer auf ihre Geschichte nicht in endlosem Zorn und zählebiger Melancholie endet und daß er die Erfahrung der *realen* und *phantasierten* Kränkungen nicht in einen Kult des Selbstmitleids und des Hasses verwandelt. Die Beziehungen der Geschlechter werden sich nicht ändern können, solange »der Haß die Züge verzerret« – und sei das politisch oder theoretisch noch so anspruchsvoll formuliert!

Auch geht es mir nicht darum, den weiblichen Theoretikern und Agitatoren des universellen Opferkultes – die es immerhin fertigbrachten, der »Maria dolorosa« eine säkulare Variante beizustellen – die Unzuverlässigkeit ihrer Zahlenspiele vorzuhalten, mit denen sie die unendliche Geschichte ihres Nur-Leidens belegen wollen.[3] Wer zu politischen Zwecken oder aus undurchschautem Geschlechterhaß in dieser oder jener Weise sich als Opfer funktionalisieren läßt, der kann sich gegen den sekundären Mißbrauch in seiner Position als »Opferklientel« nur selbst wehren.

Aber man muß sich der manipulativen Dynamiken der Opferschaftstheoretiker[4] vergewissern, um zu verstehen, daß die Opferthesen, die sie vertreten, mitunter gar nicht auf Hilfe für die »Opfer« zielen, sondern globale Vorurteile über die Täter, nämlich Ideologien, bestätigen sollen.[5] Das dient einem innerpsychischen Zweck, den ich hier nicht entfalten will.[6] Aber das politische Gesellschaftsspiel, die Geschlechter in das gute und das schlechte zu trennen, trägt durchaus totalitäre Züge, wie die amerikanische Universitätsszene mittlerweile zeigt.[7]

Es scheint für viele Frauen, besonders jene, die sich der feministischen Frauenbefreiung zuordnen, ein Problem zu sein, das Bewußtsein aufzugeben, sich als Opfer der Geschichte zu fühlen. Obwohl die moderne Frauenbewegung als Angriff auf die Ungleichheiten im Geschlechterarrangement angelegt war, hat keine psychologische Theorie oder politische Bewegung den Gedanken an die weibliche Passivität so sehr gefördert und obendrein institutionell festgezurrt wie die Frauenbewegung und ihre Theoretikerinnen selbst. Die These von der Universalität des Opferseins als einer »feministischen Grundhaltung« ist eine ontologische Festschreibung der Unfähigkeit zur Aktivität, eben mit Macht und Gewalt Beziehungen und gesellschaftliche Verhältnisse gestalten zu können.

Daß Frauen das in sehr eigenwilligen Formen schon in der Beziehung zu ihren Söhnen tun, habe ich in den vorausgegangenen Kapiteln beschrieben. Das widerspricht vielen groben wie fein gewirkten privaten und öffentlichen Opferschaftsverständnissen. So geht es zum Beispiel darum, die Machtpotentiale der anal kontrollierenden Mutter, welche die Kinder beiderlei Geschlechts erreichen und mit denen sie ganze Generationen drangsalieren, als solche anzuerkennen. Aus der Sicht moderner Frauen wird das ihre Lust nach Macht nicht befriedigen, die sie auf das außerfamiliäre Leben richten. Das ist verständlich. Für die Identifikation der Kinder mit der Mutter ist es aber wichtig, daß sie frei von

Schuldgefühlen und Loyalitätskonflikten zum Beispiel diese real wirksame anale Kontrollmacht als die Domäne der Frauen anerkennen können, mit der sie ihre Kinder und den Partner/Vater beherrschen. Unter Mittelklassefrauen setzt das wahrscheinlich mehr bewußte Wahrnehmung voraus als unter Lower-class-Frauen!

Die Unwilligkeit, die Ideologie von der weiblichen Passivität aufzugeben, ist ohne Frage vielfältig bestimmt.[8] So enthält sie auch einen bedeutsamen Aspekt zur alltäglichen Geschlechterdynamik. So fiel mir auf, daß Frauen, die diese Studie rezensierten,[9] wenig Neigung zeigten, die realen Beschämungen nachzuvollziehen, die weibliche Unachtsamkeit oder Absicht den Söhnen zufügt. Die Rezensentinnen hatten etwas anderes im Sinn. Wissenschaftlich mäßig verbrämt und weit entfernt von der Mütterlichkeit, als deren Anwältinnen sie auftraten, ließen sie vielmehr einen hochbesetzten Wunsch aufscheinen. Er hatte weder mit Empathie für die Söhne noch mit sorgender Mütterlichkeit, geschweige denn mit Humanisierung der Geschlechterbeziehung zu tun. Die Rezensentinnen hatten allein Machtpolitisches im Sinn. Sie wollten nicht zulassen, daß das Leiden der Söhne an ihren Müttern zur Sprache kommt und, das ist das Entscheidende, womöglich sogar zu einer »ernsthaften Konkurrenz zum weiblichen Opferstatus ausarten« könnte. Nicht nur das Leiden, sondern vor allem das Monopol daran sollte weiblich bleiben. Wer sich um das Leiden reißt, der muß daran aber einen bemerkenswerten Genuß verspüren. Man wird darin zum Beispiel eine narzißtische Gratifikation aus dem sado-masochistischen Triebschicksal erblicken können. Sie führt dazu, daß die Identifizierung mit der eigenen Mütterlichkeit das Gedeihen der Söhne dem politischen Pathos der Humanisierung des Geschlechterarrangements aussetzt. Der verborgene Genuß am veröffentlichten Leid soll als Quelle der Macht erhalten bleiben. Die verleugnete Aktivität, die damit verbunden ist, soll nicht bewußt werden. Der Preis für das masochistische Sichfügen soll nicht gesenkt werden. Die Angst könnte sein, daß Männer beginnen könnten, sich der unbewußten Schuld, den Regungen ihres Über-Ichs, zu entziehen, die von Theorien über die Frauen als Opfer verschärft werden.

In meinen Hinweisen auf nachlässige, fahrlässige und absichtsvolle Demütigungen der Söhne schien den Rezensentinnen eine große Gefahr enthalten zu sein. Wenn Frauen fürchten, daß Männer in dem Augenblick aufhören, sich schuldig zu fühlen, wenn sie merken, daß Frauen selbst tun, was sie den Männern vorwerfen, dann sollte das aufhorchen lassen. Danach würden Männer nämlich nur dann etwas »Wiedergutmachendes« tun, solange die unbewußten Schuldgefühle an ihnen nagen und nicht von einer Bewußtheit individueller und historischer Schuld abgelöst werden. Die Bewußtheit der Schuld würde das Nachdenken und Verändern nahelegen. Sie würde es überhaupt möglich machen, zu benennen, was falsch, zerstörerisch und selbsterniedrigend ist. Die Beziehung der Geschlechter würde damit überhaupt erst als veränderbare Geschichte in den Blick geraten.

Das unbewußte Schuldgefühl hingegen ist etwas anderes. Es löst Gefühle der Orientierungslosigkeit aus und bildet eine mächtige Barrikade gegen Veränderungen. An das unbewußte Schuldgefühl mit Deklarationen über den Opferstatus der Frauen zu erinnern, birgt große Kraft in sich. Es demütigt die Männer, vor allem die veränderungswilligen, zugleich hält es sie in einem Zustand der Bewegungslosigkeit. Und nichts ist machtvoller als die Bestätigung von Schuldgefühlen. Sie machen bewegungslos und fesseln den Beschuldigten an den Beschuldiger.

Wer den Geschlechterkampf mit diesem Instrumentarium führt, geht nicht ohne Vorteile daraus hervor. Es ist zwar ein schäbiger Gewinn. An den Beziehungen der Geschlechter ändert er allerdings nichts. Zumindest haben die »Opfer« den fragwürdigen Genuß, daß ihnen die »Täter« als moralisch Verwerfliche erscheinen. Aber zugleich vermittelt es den Genuß, trotz offizieller Opferangehörigkeit doch insgeheim aktiv sein zu können.

Wer so lebt, muß Angst davor haben, daß beschämende Handlungen der Frauen zur »Aufkündigung« von Schuldgefühlen führen. Die Männer verändern sich dadurch zwar nicht, aber sie zeigen Reaktionen. Das wirkt erleichternd, obwohl es nicht befreiend ist. Die Rezensentinnen in *Pro Familia* und in *Psychologie heute* scheinen zu fürchten, was Gerda Lerner so beschreibt:

> *»Haben wir einmal die Auffassung von der Frau als der Besiegten der Geschichte, die von gewalttätigen Männern, unerklärlichen ›Kräften‹ und gesellschaftlichen Institutionen niedergehalten und zum Objekt degradiert wurde, aufgegeben, so müssen wir als ein wesentliches Stück des Puzzles erklären, wie Frauen an der Entstehung und der Aufrechterhaltung jenes Systems beteiligt sind, in dem sie eine solche untergeordnete Position innehaben.«* [10]

Aber es gibt eine weitere unglückliche Prämisse im Diskurs der Geschlechter, die Generationengrenzen überschreitet und der Wahrnehmung mütterlicher Beschämungen im Wege steht. Diese Prämisse hat ebenfalls mit der Idealisierung der Frauen durch feministische Opfermythen zu tun. Diese sind, wie ich bereits angedeutet habe, verweltlichte Varianten des religiösen Kultes von der »reinen Maria«.

Es ist heute möglich, Kinder mit weniger Entsagungen aufzuziehen als in der Vergangenheit. Das Maß der *überflüssigen* Entsagungen steigt deshalb, weil für große Teile der Bevölkerung der relative Reichtum vieles möglich macht, was früher undenkbar gewesen wäre.

Wenn wir über die Beziehungen von Eltern zu ihren Kindern sprechen, dann müssen wir uns vergegenwärtigen, daß es, anders als in dem weitverbreiteten feministischen und pädagogischen Optimismus, eine ideale Kindheit nie geben wird. Das hängt nicht von Reichtum oder Armut ab. Es hängt von den psychischen Fähigkeiten der Menschen ab, *innere* Konflikte zu bewältigen, nämlich Triebverzicht zu leisten und ihre Aggressionen zu beherrschen. Weil diese Fähigkeiten sehr beschränkt zu sein scheinen und auf schwankendem zivilisatorischen Grund stehen, kann es weder ideale Eltern noch ideale Situationen, geschweige denn ideale Gemeinwesen geben. Im kindlichen Leben wird es deshalb weiterhin Entsagungen geben, nämlich schwere Verzichte, wie der Tod eines Elternteils, eines Geschwisters, der Verlust der Liebe eines Elternteils, die sexualisierende Traumatisierung oder die Trennung der Eltern usw. Ganz zu schweigen vom zunehmenden materiellen Elend, das die elterlichen Fähigkeiten schneller als sonst an ihre Grenzen stoßen läßt, innerpsychische Konflikte zu lösen. Eine der wesentlichen Säulen der Kultur ist der Triebverzicht.

Wir müssen die Kinder sowohl vor unseren unangemessenen Wünschen wie vor den destruktiven Prozessen der Gesellschaft schützen. Aber wir dürfen aus der liebenswerten Utopie von einer heilen Welt ihnen den Anschluß an die wirkliche Welt nicht verstellen. Wir müssen sie befähigen, Konflikte auszuhalten. Das werden sie zuerst mit ihren Eltern erfahren. Wenn sie es dort nicht erfahren, werden sie es nie erfahren und später nur zu Handlungen in der Lage sein, die selbstdestruktiv und gesellschaftsfeindlich sind.

Ein wichtiges Ergebnis meiner Studie ist, daß viele Frauen aus der Unzufriedenheit ihrer Partnerschaft in eine inselartige Glücksbeziehung zum Sohn flüchten möchten. Sie wollen ihm das Beste geben und für sich das Beste daraus machen. Den gefühlsmäßigen Verwirrungen, die sich daraus für die Söhne ergeben, ist weder mit Schuldeingeständnissen noch mit Verleugnung beizukommen. Es geht vielmehr um die Sensibilisierung der Frauen für die »Strategien«, mit denen sie eine feindlich erlebte Welt gemeinsam mit dem Sohn in eine gute zu verwandeln trachten.[11]

Wenn wir uns vergegenwärtigen, daß wir den Kindern nichts Ideales bieten können, so heißt das natürlich nicht, auf die kindlichen Wünsche und Regungen keine Rücksicht zu nehmen und allem seinen Lauf zu lassen. Es geht darum, daß wir als Erwachsene die Grenzen unserer guten Absichten erkennen. Wir leben als Eltern nicht in abgeschotteten Räumen, die Kinder vor äußeren Einflüssen bewahren können. Und niemand wird es trotz noch so großer Anstrengungen bewerkstelligen, einen beschützten Raum für seine Kinder zu schaffen. Selbst wenn er unter privilegierten Bedingungen lebt, so trägt jeder die Geschichte seiner eigenen verzichtreichen Kindheit mit sich herum.

Was für uns unerfüllt geblieben ist, das wollen wir unseren Kindern als Ziel für eine bessere Zukunft vorgeben. Gut meinend, zwingen wir sie, es besser zu haben, als wir es einst hatten, obwohl sie möglicherweise etwas völlig anderes wollen.

Kindheit wird immer mit Verzicht, Opfern und Traumata verbunden sein. Das gilt auch für das Verhältnis der Söhne zu ihren Müttern. Das Schweigen darüber bestätigt keine Ausnahme. Vielleicht ist das hermetische Schweigen sogar ein Hinweis darauf, daß dieses Verhältnis besonders schwere Traumatisierungen einschließt, über die sich so schwer sprechen läßt, weil die Beziehung der Frau zu ihrem Sohn so großartige Seiten hat. Der Wunsch liegt dann nahe, das Großartige so einmalig sein zu lassen, daß es keine Verwirrung für den Knaben einschließen möge.

Aber daraus dürfen wir nicht schließen, daß die Aufdeckung von Verwirrungen uns besonders grauenerregende »Opfertatsachen« vor Augen führt. Jedes Schicksal bleibt in dieser Verwirrung individuell. Manche Söhne leiden ein Leben lang daran, die einen in dieser, die anderen in jener Weise. Aber es gibt nichts Kollektives und schon gar nichts Gesetzmäßiges. Vor allem gibt es weder eine moralische noch eine wissenschaftlich gesicherte Wahrheit, von *männlichen Opfern im allgemeinen* zu reden. Die Kategorie der *geopferten Männer* gibt es nicht!

Sexualisierende Episoden oder anhaltende Minitraumatisierungen schädigen nicht ein gesamtes Leben, sondern mitunter nur bestimmte Erlebnisfähigkeiten. Das ist schlimm genug, aber zugleich zeigt es, daß teilweisen Beeinträchtigungen der Beziehungsfähigkeit durchaus andere Fähigkeiten gegenüberstehen können, die es möglich machen, mit überwältigenden Erfahrungen halbwegs lebens- und glücksfähig zu bleiben. Solche Überlebenstechniken werden vom einzelnen spontan aktualisiert. Frühreif zu werden ist eine häufige Form, sich der vereinnahmenden Mutter zu entziehen. Geschützte Kindheit geht damit freilich unwiederbringbar verloren, aber der Knabe findet doch einen Weg, sich den verwirrenden Zugriffen zu entziehen.

Bei der Betrachtung von Biographien wundern wir uns darüber, daß aus schrecklichen Verhältnissen ein Künstler mit faszinierenden Gemälden, Kompositionen oder literarischen Werken hervorgeht. Nicht jeder ist ein Künstler, und schon gar nicht jedem gelingt es, anderen sein Schicksal in künstlerischer Form mitzuteilen. Wer eine bedrückende Kindheit mit Traumatisierungen und schweren verwirrenden Beziehungen durchlebt hat, der wird im Erwachsenenleben mit eingeschränkter Glücksfähigkeit leben müssen, selbst wenn ihm das Kunststück gelingt, erfolgreich zu fliehen.

Es geht nicht um eine Moral, welche die Welt in Gerechte und Ungerechte aufteilt, sondern um die sensible Wahrnehmung unserer Beziehungen zu unseren Kindern. Wir sollten prüfen, was wir aus der Position mächtiger Eltern an unseren Kindern wiederholen, was uns selber in unserer Kindheit widerfahren ist und was wir durch Umkehr ins Gegenteil zwanghaft wiederholen, obwohl wir den Kindern alle erdenklichen Freiheiten einräumen und sie vor dem bewahren wollen, was uns widerfahren ist.

Anmerkungen

1 Ich beziehe mich hier auf Tendenzen in der neuen Männerbewegung und auf implizite Opfermentalitäten, wie sie zum Beispiel in den Schriften von Volker Pilgrim: *Muttersöhne*, 1986, zu finden sind, desgleichen in: *Männerforum*, Nr. 9, November 1993, S. 4 ff.

2 Siehe hierzu Louis Menand: The War of all against all. In: *The New Yorker*, 14. März 1994, S. 74 ff.

3 Sehr überzeugend hat das Katharina Rutschky: *Erregte Aufklärung*, 1992, an ausgewählten Beispielen gezeigt. Vgl. auch Christiane Hoff Sommers: *Who Stole Feminism?*, (voraussichtlich) 1994.

4 Vgl. zum Beispiel Christa Mulack: *Natürlich weiblich: Die Heimatlosigkeit der Frau im Patriarchat*, 1990. Gegen die Opfermythologie vgl. Waltraud Schoppe: Bitte kein Sektierertum. In: *taz*, 16. April 1994.

5 Christiane Hoff Sommers, a. a. O.

6 Siehe hierzu das bemerkenswerte Buch von Elisabeth Brainin, Vera Ligeti, Samy Teicher: *Vom Gedanken zur Tat*, Frankfurt/M. 1993.

7 Ich denke hier an die Verfolgungen Andersdenkender in einem Verfahrenssystem ohne demokratische Legitimationen.

8 Daß sich hier Bezüge zur Rolle der Frauen im Nationalsozialismus als heimliche Stichwortgeber unbewußt durchsetzen, ist unverkennbar. Vgl. hierzu: Elisabeth Brainin, Vera Ligeti, Samy Teicher, a.a.O. Sie zeigen z.B. an den »Täterschaftskonstruktionen« von Margarete Mitscherlich, daß deren psychoanalytische Theoriebildung zum Geschlechterverhältnis Mechanismen unterliegt, die das Mutterbild rein und aggressionsfrei halten sollen.

9 Vgl. *Pro Familia*, 6/1993, und *Psychologie heute*, Oktober 1993.

10 Gerda Lerner: *Die Entstehung des Patriarchats*, Frankfurt/M. 1991.

11 Gerhard Amendt: *Ich lehne mich zurück, mein Sohn, und vertraue auf dich.* Wie Söhne ihre Mütter sehen (in Vorbereitung).

Geist und Psyche

Begründet von Nina Kindler 1964

Kinderpsychologie

Bruno Bettelheim
Die Geburt des Selbst. Band 42247

Gerd Biermann (Hg.)
Kinderpsychotherapie. Band 12039

U. Bronfenbrenner
Die Ökologie der menschlichen Entwicklung
Band 42312

Anna Freud
Einführung in die Technik der Kinderanalyse
Band 42111
Zur Psychoanalyse der Kindheit
Band 11519

Hans G. Graber
Pränatale Psychologie. Band 42123

Peter Hamann
Kinderanalyse
Band 11890

Evelyn Heinemann/
Udo Rauchfleisch/
Tilo Grüttner
Gewalttätige Kinder
Band 10760

Melanie Klein
Frühstadien des Ödipuskomplexes
Frühe Schriften 1928-1945
Band 10969
Die Psychoanalyse des Kindes
Band 42291

Daniel Widlöcher
Was eine Kinderzeichnung verrät
Band 42254

D.W. Winnicott
Von der Kinderheilkunde zur Psychoanalyse
Band 42249
Reifungsprozesse und fördernde Umwelt
Band 42255
Familie und individuelle Entwicklung
Band 42261

Hans Zulliger
Die Angst unserer Kinder
Band 42317
Heilende Kräfte im kindlichen Spiel
Band 42328
Umgang mit dem kindlichen Gewissen
Band 42324

Fischer Taschenbuch Verlag

fi 347 / 17

Geist und Psyche

Begründet von Nina Kindler 1964

Psychologische Ratgeber

Raymond Battegay
Psychoanalytische Neurosenlehre
Band 12233

Hellmuth Benesch u.a. (Hg.)
Psychologie-Lesebuch
Band 42310

Eric Berne
Was sagen Sie, nachdem Sie »Guten Tag« gesagt haben?
Band 42192

Gerd Biermann(Hg.)
Kinder-psychotherapie
Handbuch zu Theorie und Praxis
Band 12039

Leon Chertok
Hypnose
Band 42102

Gion Condrau
Einführung in die Psychotherapie
Geschichte, Schulen, Methoden, Praxis
Ein Lehrbuch
Band 42115

Heinrich Deserno
Die Analyse und das Arbeitsbündnis
Kritik eines Konzepts
Band 12131

Maurice Dongier
Neurosen
Band 42241

Viktor E. Frankl
Ärztliche Seelsorge
Band 42157

Ella Freeman Sharpe
Traumanalyse
Band 11818

Anna Freud
Einführung in die Technik der Kinderanalyse
Band 42111

Gesellschaft für wissenschaftliche Gesprächs-psychotherapie
Die klientenzen-trierte Gesprächs-psychotherapie
Band 42149

Tilmann Habermas
Zur Geschichte der Magersucht
Band 11825

Fischer Taschenbuch Verlag

fi 356 / 14 a

Geist und Psyche

Begründet von Nina Kindler 1964

Psychologische Ratgeber

Peter Hamann
Kinderanalyse
Zur Theorie und Technik. Band 11890

Evelyn Heinemann/ Udo Rauchfleisch/ Tilo Grüttner
Gewalttätige Kinder
Psychoanalyse und Pädagogik in Schule, Heim und Therapie
Band 10760

Karen Horney
Selbstanalyse
Band 42119

Sheldon B. Kopp
Das Ende der Unschuld
Ohne Illusion leben. Band 11375

Michael L. Moeller
Anders helfen
Band 11013

H. Nagera (Hg.)
Psychoanalytische Grundbegriffe
Band 42288

Gertrud Orff
Die Orff-Musik-Therapie
Bd. 42193

Badi Panahi
Grundlagen der modernen Psychotherapie
Band 12021

N. Peseschkian
Psychosomatik und Positive Psychotherapie
Band 11713

Erving und Miriam Polster
Gestalttherapie
Band 42150

Carl R. Rogers
Partnerschule
Band 42236
Therapeut und Klient
Band 42250

Ernst Simmel
Psychoanalyse und ihre Anwendungen
Band 11348

Daniel Widlöcher
Was eine Kinderzeichnung verrät
Band 42254

Hans Zulliger
Heilende Kräfte im kindlichen Spiel
Band 42328

Fischer Taschenbuch Verlag

fi 356 / 17 b

Wilfried Wieck

Männer lassen lieben
Die Sucht nach der Frau
Band 4734

In schonungsloser Offenheit beschreibt Wilfried Wieck die zerstörerischen Formen, mit denen die meisten Männer Frauen begegnen, zeigt, wie sie lieben lassen, anstatt selber zu lieben: »Ich hatte immer gedacht, daß der Mann in der Beziehung der Starke ist, daß er die Frau stützt und ihr hilft. Nun lernte ich, daß das Gegenteil stimmt.
Ein mutiges und unbequemes Buch, das den Weg der Provokation geht, um unser Bewußtsein zu verändern.

Wenn Männer lieben lernen
Band 11095

Männer lieben lassen – das war die Diagnose Wilfried Wiecks in seinem bekannt gewordenen Bestseller: Männer schenken, bringen und geben der Frau wenig. Sie nehmen und bezeichnen dieses Nehmen als Liebe. In seinem Buch wagt Wieck den Schritt von der Diagnose zur befreienden Therapie des Mannes in unserer Kultur, zur sehr konkreten Entwicklung seiner Liebesfähigkeit. Der Autor erzählt von seiner Arbeit mit Männergruppen, vom schwierigen Verzicht auf Verwöhnung und von der bejahenden Teilnahme am Sein und Leben der Frau: Dann dürfen wir die Frau, so Wieck, Geliebte nennen, bisher ist sie meist nur eine Genutzte.